Neue
Kleine Bibliothek 245

Kai Eicker-Wolf / Patrick Schreiner

Mit Tempo
in die Privatisierung

Autobahnen, Schulen, Rente –
und was noch?

PapyRossa Verlag

© 2017 by PapyRossa Verlags GmbH & Co. KG, Köln
Luxemburger Str. 202, 50937 Köln
Tel.:   +49 (0) 221 – 44 85 45
Fax: +49 (0) 221 – 44 43 05
E-Mail: mail@papyrossa.de
Internet: www.papyrossa.de

Umschlag: Verlag, unter Verwendung eines
            Fotos von picture alliance / dpa
Druck: Interpress

Die Deutsche Nationalbibliothek verzeichnet diese Publikation in
der Deutschen Nationalbibliografie; detaillierte bibliografische
Daten sind im Internet über http://dnb.d-nb.de abrufbar

ISBN 978-3-89438-655-9

Inhalt

1.
Einleitung

Mitte Oktober 2016 verständigten sich Bund und Länder, eine Bundesfernstraßengesellschaft[1] zu gründen. Die Vereinbarung war Teil eines umfassenden Pakets, mit dem die Finanzbeziehungen zwischen Bund und Ländern gänzlich neu geordnet werden sollen. Die Zustimmung der Länder zu einer Zentralisierung der Bundesfernstraßen war deren wesentliche Gegenleistung für die Bereitschaft des Bundes, zukünftig zusätzliche Finanzmittel im Umfang von fast zehn Milliarden Euro pro Jahr an die Länder abzutreten. Man könnte von einem Kuhhandel sprechen.

Die neue Gesellschaft soll nach ihrer Gründung nach und nach den Bau, die Planung und Verwaltung sowie den Betrieb der Bundesautobahnen (sowie einiger Bundesstraßen) übernehmen. Damit wird die bisherige Auftragsverwaltung Geschichte sein: Bis dahin waren die Länder im Auftrag des Bundes für die Bundesfernstraßen zuständig.

Dass die Bundesregierung und weite Teile des Bundestags eine solche Zentralisierung der Autobahnverwaltung in Deutschland anstrebten, war schon länger bekannt. Vielen war dies jedoch nicht genug: Nicht wenige Stimmen forderten darüber hinaus eine weitergehende Privatisierung der Autobahnen. Erstaunlich schnell allerdings, so schien es, war diese Möglichkeit vom Tisch. So titelte die *Süddeutsche Zeitung* schon am 21. November 2016: »Gabriel stoppt Autobahn-Privatisierung«.[2] *Spiegel Online* meldete drei Tage später: »Bundesregierung will Autobahnen doch nicht privatisie-

ren«.[3] Und die *ARD-Tagesschau* meldete auf ihrer Webseite: »Überlegungen innerhalb der Bundesregierung für eine Teilprivatisierung der geplanten Betreibergesellschaft für Autobahnen sind vom
Tisch. [...] Im Grundgesetz soll festgeschrieben werden, dass die
Betreibergesellschaft vollständig im Eigentum des Bundes bleibt.
Die Autobahnen selbst sollen ohnehin Eigentum des Bundes bleiben«.[4]

Hinter solchen Schlagzeilen, die sich in ähnlicher Weise auch in
weiteren Artikeln sowie in Pressemitteilungen von Bundestagsabgeordneten fanden, geriet zweierlei außer Betracht: Erstens, dass eine
Privatisierung der Autobahnen keineswegs vom Tisch war und ist.
Denn die direkte Privatisierung des Eigentums an den Infrastrukturen selbst oder an der Betreibergesellschaft sind nur zwei von vielen Privatisierungsvarianten. Zweitens geriet außer Betracht, dass
die Autobahnen keineswegs die einzigen Infrastrukturen sind, die
stärkeren Privatisierungstendenzen ausgesetzt sein sollen und sein
werden. Bestandteil der Bund-Länder-Vereinbarung ist vielmehr
auch die Möglichkeit einer direkten Förderung des kommunalen
Schulbaus durch den Bund. Dabei sollen so genannte Öffentlich-
Private Partnerschaften (ÖPP, auch englisch Public Private Partnership – PPP) ausdrücklich erlaubt sein. Und tatsächlich dürften
ÖPP in vielen Fällen das Mittel der Wahl sein.

In diesem Buch widmen wir uns kritisch diesen jüngsten Privatisierungsschritten bei Bundesfernstraßen und Schulen, wie sie
durch die Bund-Länder-Vereinbarung angestoßen wurden. Wir
schildern allerdings nicht nur die jüngsten Beschlüsse selbst, sondern untersuchen und beschreiben auch deren weitere Hintergründe. Dies ist sinnvoll, da in diesen Beschlüssen (mindestens) drei
langfristige politische Entwicklungen zusammenfallen: Erstens stehen sie im Kontext einer langjährigen politischen Förderung von
ÖPP als Variante der öffentlichen Beschaffung von Infrastruktur
(und als besondere Form der Privatisierung). Zweitens stehen sie
im Kontext von Schuldenbegrenzungsregeln wie der deutschen
Schuldenbremse und dem Europäischen Fiskalpakt. Diese verlan-

gen eine Begrenzung der Staatsverschuldung und schaffen damit Anreize und Notwendigkeiten, versteckte Verschuldungswege zu suchen. Drittens stehen die Beschlüsse zur Autobahn- und Schulprivatisierung im Kontext einer Rentenpolitik, die seit Jahren auf eine Stärkung privater und betrieblicher Altersvorsorge setzt – auf Kosten der solidarischen Gesetzlichen Rente.

Die oben zitierten Medienberichte, denen zufolge es nicht zu einer Privatisierung der Bundesfernstraßen kommen werde, haben den erwünschten Eindruck hinterlassen. Dies wurde uns immer dann vor Augen geführt, wenn wir im Kreis von Freundinnen und Freunden sowie Kolleginnen und Kollegen von unseren Plänen berichteten, dieses Buch zu schreiben: »Wieso das? Die Privatisierung ist doch vom Tisch!« war die häufigste Reaktion. Wir zeigen im Nachfolgenden, dass dies ein Irrtum ist. Vom Tisch sind lediglich die extremsten Formen der Privatisierung, um die es den handelnden Akteuren von Beginn an wohl ohnehin nicht gegangen war. Wir legen dar, dass die Privatisierung von Bundesfernstraßen und Schulen schlicht deshalb nicht vom Tisch sein kann, weil sie eine durchaus folgerichtige (wenn auch falsche) Reaktion auf vergangene Fehlentscheidungen ist: erstens auf die Fehlentscheidung, ÖPP zu fördern; zweitens auf die Fehlentscheidung, die staatliche Neu- und Gesamtverschuldung per Gesetz begrenzen zu wollen; drittens auf die Fehlentscheidung, bei der Altersvorsorge stärker auf private und betriebliche Versicherungsmodelle zu setzen.

Hierzu schildern wir in Kapitel 2 zunächst zwei Beispielfälle von Öffentlich-Privaten Partnerschaften, die mindestens nachdenklich machen sollten. Es ist dies zunächst die Sanierung der Schulen des Landkreises Offenbach (Hessen) im Rahmen von ÖPP, also ein kommunales Fallbeispiel. Dem folgt mit dem ÖPP-Ausbau und -Betrieb der Autobahn 7 Göttingen–Salzgitter ein Fallbeispiel, an dem sowohl das Land Niedersachsen als auch der Bund beteiligt waren und sind. In Kapitel 3 bieten wir eine kurz und übersichtlich gehaltene Darstellung verschiedener Privatisierungsformen, wobei ein Schwerpunkt auf den Öffentlich-Privaten Partnerschaften liegt. Da bei der Entscheidung zwischen ÖPP und konventioneller Beschaffung so genannte Wirtschaftlichkeitsuntersuchungen eine zentrale Rolle spielen, gehen wir auch auf diese etwas ausführlicher ein.

In Kapitel 4 beschreiben und analysieren wir anschließend zwei wesentliche Treiber der neuen Privatisierungswelle. Es sind dies zum einen Regelungen wie die deutsche Schuldenbremse und der Europäische Fiskalpakt, mit denen Staatsverschuldung begrenzt werden soll. Sie schaffen Anreize und Notwendigkeiten, nach Möglichkeiten zur Umgehung neuer Schulden zu suchen. Zum anderen sind dies rentenpolitische Entscheidungen, die auf eine Teilprivatisierung der Rente und eine Stärkung der kapitalmarktbasierten Eigenvorsorge zielten. Sie schaffen einen Bedarf an renditeträchtigen Anlagemöglichkeiten für das Altersvorsorge-Kapital.

Kapitel 5 skizziert jüngere und ältere politische Entwicklungen, die zu einer verstärkten Privatisierung und zur verstärkten Nutzung Öffentlich-Privater Partnerschaften führten und weiter führen. Neben Entwicklungen auf europäischer Ebene sind dies in jüngerer Zeit in Deutschland insbesondere die öffentlichkeitswirksame Arbeit der so genannten Fratzscher-Kommission sowie der eingangs beschriebene Kompromiss über eine Neuordnung der Bund-Länder-Finanzbeziehungen. Letzterer beinhaltet nicht nur die Gründung einer zentralen Bundesfernstraßengesellschaft, sondern auch die Möglichkeit des Bundes, finanzschwachen Kommunen bei der Finanzierung von Bildungsinfrastruktur direkt unter die Arme greifen zu dürfen.

Es folgen zwei weitere Kapitel (6 und 7), die die Zusammenhänge und Hintergründe von Privatisierung, Schuldenbremse bzw. Fiskalpakt und Rentenpolitik nochmals kurz und bündig zusammenfassen und daraus ein abschließendes Fazit ziehen.

Im Zuge der Recherchen zu diesem Buch haben uns zahlreiche Menschen unterstützt. Sie standen uns mit Informationen, Hinweisen und Hintergrundberichten zur Seite. Oder sie haben Teile des Buches kritisch und mit großer Sachkenntnis gegengelesen. Nicht alle diese Menschen wollen und können hier genannt werden – weshalb wir darauf verzichten, überhaupt Namen zu nennen. Umso herzlicher danken wir für ihre hilfreiche und engagierte Unterstützung. Ohne sie alle wäre dieses Buch nicht möglich gewesen.

2.
Zwei Beispiele fragwürdiger Öffentlich-Privater Partnerschaften

Fragwürdige, ja gescheiterte ÖPP-Projekte gibt es in Deutschland mittlerweile zuhauf. Über sie wird regelmäßig in der Lokalpresse berichtet, und meist werden sie kritisch diskutiert. Manche dieser Projekte finden auch überregionales Interesse. Immer wieder zeigt sich dabei, dass das Scheitern von ÖPP nicht einfach auf das Fehlverhalten oder Unvermögen einzelner Beteiligter zurückgeführt werden kann. Vielmehr sind mit ÖPP ganz grundlegende und systematische Probleme verbunden. Zwei Beispiele, an denen dies deutlich wird, stellen wir nachfolgend vor: einen kommunalen Fall (die Schulsanierung im Landkreis Offenbach) und ein Bundesprojekt (der Ausbau und Betrieb der A 7 zwischen Göttingen und Salzgitter).

2.1
Um die Hälfte teurer – das ÖPP-Fiasko der Schulsanierungen im Landkreis Offenbach

Hessen ist das Land der erloschenen »Privatisierungsleuchttürme«. Keine andere Landesregierung hat sich in den vergangenen Jahrzehnten auf diesem Gebiet so zu etablieren versucht wie die hessische unter ihrem früheren Ministerpräsidenten Roland Koch (CDU), wobei hier insbesondere zwei Großprojekte zu nennen sind. Die Justizvollzugsanstalt (JVA) in Hünfeld war die erste, in

Teilen als ÖPP-Projekt betriebene JVA in Deutschland. Die Ergebnisse dieses Projektes gelten spätestens seit einem entsprechenden Prüfbericht des Hessischen Rechnungshofs aus dem Jahr 2012 als ernüchternd.[5] Der ÖPP-Experte Werner Rügemer beschreibt die Geschichte dieser Teilprivatisierung als »Chronologie eines voraussehbaren Desasters«.[6] Das zweite, noch größere Leuchtturm-Projekt ist die Privatisierung der Universitätskliniken Gießen und Marburg nach deren Zusammenschluss.[7] Die Bilanz dieser Großprivatisierung ist mit Blick auf die Beschäftigungsverhältnisse und die Patientenversorgung so schlecht, dass es auf unabsehbare Zeit zu keinem weiteren, ähnlich gelagerten Vorhaben kommen dürfte.[8]

Eine besondere Note erhalten diese beiden gescheiterten Pilotprojekte dadurch, dass Roland Koch nach seiner Zeit als hessischer Ministerpräsident Vorstandsvorsitzender beim Konzern Bilfinger wurde, einem der Marktführer in Sachen Öffentlich-Private Partnerschaften. Eine Art Marktführer ist auch Hessen selbst: In keinem Bundesland wurden – gemessen an den Projektsummen – von Land und Kommunen mehr ÖPP-Projekte vergeben als hier.[9]

Auch auf kommunaler Ebene ist in Hessen einem Leuchtturm in Sachen Privatisierung und ÖPP mittlerweile das Licht ausgegangen: Die Rede ist vom wohl größten ÖPP-Schulsanierungsprogramm Europas, das im Jahr 2005 im Landkreis Offenbach auf den Weg gebracht wurde.[10] Der Landkreis liegt mit seiner Kreisstadt Dietzenbach zentral im Rhein-Main-Gebiet. Die nahtlos an Frankfurt am Main angrenzende Stadt Offenbach selbst gehört nicht dazu.

Im Jahr 2001 verkündete der seinerzeit amtierende Landrat Peter Walter (CDU) die Idee, die Schulen im Landkreis im Rahmen von Öffentlich-Privaten Partnerschaften sanieren und dann auch betreiben zu lassen. Neben den baulichen Maßnahmen sollten auch Reinigungs-, Sicherheits- und Hausmeisterdienstleistungen von privater Hand übernommen werden. Anders sei es nicht möglich, die Schulgebäude in einem vertretbaren Standard zu erhalten.

Walter versprach, mittels ÖPP gegenüber einer konventionellen Sanierung 18,5 Prozent der Kosten einsparen zu können. Den Auftrag mit einem kalkulierten Gesamtvolumen in Höhe von 780 Millionen Euro für Leistungen innerhalb eines 15-Jahre-Zeitraums (52 Millionen Euro pro Jahr) erhielten nach einer entsprechenden Ausschreibung die Unternehmen SKE für die Schulen im Westkreis und Hochtief für die Schulen im Ostkreis. Bevor die Verträge über die Sanierung und die Bewirtschaftung der Schulen unterzeichnet wurden, gab der Kreis schon mehrere Millionen Euro für Beratungsdienstleistungen aus. Die Angaben über deren genaue Höhe variieren zwischen 16,7 Millionen Euro und 30 Millionen Euro.[11]

Der Landkreis und SKE bzw. Hochtief gründeten jeweils eine Projektgesellschaft, an der der Landkreis allerdings mit lediglich 5,1 Prozent beteiligt ist. Die Verträge haben einen Umfang von rund 4.000 Seiten (24 DIN-A4-Ordner) – selbst der Hessische Rechnungshof merkte an, dass es schwierig sei, aufgrund des Umfangs und der Komplexität der gesamten Unterlagen einen vollständigen Überblick über das Projekt zu erlangen.[12] Die Kreditfinanzierung durch die Projektgesellschaften erfolgte – und das ist durchaus typisch für ÖPP-Projekte – durch »Forfaitierung mit Einredeverzicht«. Dabei verkaufen die Projektgesellschaften Forderungen aus den von ihnen zu erbringenden Leistungen gegenüber dem öffentlichen Auftraggeber an eine finanzierende Bank. So erhielten die Projektgesellschaften Kredite zu günstigen Konditionen, wie sie sonst nur bei Kommunalkrediten üblich sind.[13] Durch den Einredeverzicht verpflichtete sich der Landkreis als öffentlicher Auftraggeber, gemäß den vereinbarten Modalitäten an die Bank zu zahlen – und zwar auch dann, wenn die privaten Auftragnehmer Zusagen nicht einhalten würden. Für den Landkreis Offenbach bedeutet dies: »Er ist auch ungeachtet etwaiger Mängel – zum Beispiel auch im Falle einer Insolvenz der Projektgesellschaft – zur Zahlung des Leistungsentgelts in Höhe des Anteils der einredefreien Forderung an der monatlichen Leistungsvergütung verpflichtet. Mängelansprüche kann der Kreis daher nur gegenüber der Projektgesellschaft geltend machen, er kann diese aber nicht einer Zahlungsverpflichtung gegenüber den Banken entgegenhalten.«[14]

Im Jahr 2008 befasste sich der Hessische Rechnungshof im Rahmen einer Prüfung ausführlich mit der Schulsanierung und dem Betrieb der Schulen im Landkreis Offenbach. Er stellte in seinen Leitsätzen fest, dass ÖPP eine »geeignete Beschaffungsvariante der öffentlichen Hand für Waren und Dienstleistungen« sei, und dass die Vertragswerke des Landkreises Offenbach »nach derzeitigem Erkenntnisstand als angemessen zu beurteilen« seien.[15] Die Beschaffungsvariante ÖPP sei eine geeignete Erweiterung der bisherigen Beschaffungsvarianten und der Kreis Offenbach könne sie »bei künftigen Vergabeentscheidungen in seine Überlegungen einbeziehen.«[16]

Etwas später – im Januar 2010 – zogen der ÖPP-Pionier Landrat Walter und die Geschäftsführer von SKE und Hochtief im Kreishaus ebenfalls eine rundherum positive (Zwischen-)Bilanz. Der entsprechende Artikel hierzu in der Offenbacher Post erschien unter der Überschrift »Ende gut, alles gut«.[17] Walter stand seinerzeit kurz vor dem Ende seiner Tätigkeit als Landrat. Ähnlich wie sein Parteifreund Roland Koch ist er dem Themenkomplex Privatisierung und ÖPP verbunden geblieben: Er wurde Vorsitzender des Lobby-Vereins »PPP in Hessen und Thüringen e.V.«. Der Verein scheint allerdings nicht besonders aktiv zu sein – in der Öffentlichkeit taucht er kaum auf. Wer im Internet recherchiert, findet eine mit der Internet-Seite des Hessischen Finanzministeriums verlinkte Homepage. Dem zehnköpfigen Vorstand des Vereins gehören – außer dem im Jahr 2013 rechtskräftig wegen Untreue verurteilten[18] Walter – neben Vertretern der Kommunalen Spitzenverbände und einem Vertreter des Handwerks auch mehrere Vertreter der Bauindustrie sowie weitere kooptierte Mitglieder an.[19]

Auf jener Pressekonferenz Anfang des Jahres 2010 lobte der Noch-Landrat Walter die von ihm betriebene Schulsanierung über den grünen Klee:»Unsere Erfahrungen mit PPP sind absolut positiv – und zwar in jeder Hinsicht, egal ob es die Einhaltung von vertraglichen Details, Nachbesserungswünsche der Schulen, die Umsetzung der Sanierungen, Zeitkorridore, die Qualität der Baumaßnahmen oder die alltägliche Zusammenarbeit betrifft.« Vermerkt wird in dem Artikel zwar, dass der Kreis für das Jahr 2009 voraussichtlich mehr zahlen müsse als im Jahr 2005, aber dies wird über verschiedene höhere Ausgabenposten erklärt. Lediglich am Ende des Artikels findet sich ein kritischer Einwand von Gerhard Abendschein, dem Landesfachbereichsleiter Gemeinden der Gewerkschaft ver.di. Eine Sanierung, so Abendschein, wäre ohne ÖPP billiger gewesen. Diesem Einwand wird dann mit einem Verweis auf das gute Zwischenergebnis der Prüfung durch den Hessischen Rechnungshof aus dem Jahr 2008 begegnet – allerdings mit einem einschränkenden Hinweis auf eine beachtenswerte Bemerkung des Rechnungshofs: Der Erfolg des Offenbacher ÖPP-Projektes könne erst am Ende der Vertragslaufzeit wirklich beurteilt werden.

Insgesamt, so suggerierten es die Rechnungshof-Prüfung aus dem Jahr 2008 und die Pressekonferenz von Landrat Walter aus dem Jahr 2010, schien sich die Kritik insbesondere der Grünen im Offenbacher Kreistag[20] und die vehemente Kritik der Gewerkschaften ver.di und GEW[21] an der Schulsanierung als unzutreffend herauszustellen.

Einige Jahre nach Walters Ausscheiden wandte sich das Blatt mit einem zweiten Prüfbericht des Hessischen Rechnungshofs, erschienen im Jahr 2015. Jetzt zeigte sich: Die Befürchtungen waren berechtigt, dass die ÖPP-Schulsanierungen im Kreis Offenbach wesentlich teurer ausfallen werden als eine konventionelle Sanierung, und dass auf diesem Wege öffentliche Mittel im dreistelligen Millionenbereich verschwendet würden. Von einem »Ende gut, alles gut« konnte nun keine Rede mehr sein, vielmehr bewahrheitete sich, dass letztlich erst zum Schluss abgerechnet wird.

Zwar stellte der neue Rechnungshof-Bericht fest, dass sich Eltern sowie SchülerInnen zu den sanierten Schulen durchaus zufrieden äußern. Dies wird auch von den Kritikerinnen und Kritikern nicht bestritten. Verheerend fiel allerdings das neue Urteil des Hessischen Rechnungshofs in Bezug auf die Kostenseite aus. Die Zusammenarbeit von öffentlicher Hand und privaten Unternehmen wurde ja vor allem deshalb in Form von ÖPP durchgeführt, weil – wie dargestellt – eine Kostenersparnis gegenüber einer in Eigenregie erfolgenden Sanierung und Bewirtschaftung behauptet wurde. Statt der kalkulierten 780 Millionen Euro ging der Hessische Rechnungshof aber jetzt davon aus, dass die Gesamtkosten um 367 Millionen Euro – und damit um 47 Prozent (!) – bis zum Jahr 2019 höher ausfallen würden als geplant. Die Steigerung der Kosten sei wesentlich auf eine vertraglich vereinbarte Wertsicherungsklausel zurückzuführen. Diese sollte, so der Rechnungshof in seinem Bericht, »eintretende Preissteigerungen oder gegebenenfalls auch Preissenkungen während der Vertragslaufzeit ausgleichen. Sobald die in der Preisformel verankerten Werte für Baupreis-, Personal-, Erzeugerpreis- und Energiekostenindex einen Wert von 3 Prozent übersteigen, kommt es zu einer Anpassung der vertraglichen Leistungsvergütung in Höhe des Preisformelergebnisses«.[22]

Angesichts des Rechnungshof-Berichts wandelte sich auch die Berichterstattung in den Medien. So titelte die Offenbacher Post am 16. Januar 2015: »Naivität, Schlamperei, handwerkliche Fehler. PPP-Projekt: Hätte man's nur selbst gemacht…«.

Besonders verärgert zeigten sich die Gewerkschaften. Sie hatten schon im Planungsstadium des ÖPP-Projektes vor der dann ja auch eingetretenen Kostenentwicklung gewarnt, durch die der finanzielle Handlungsspielraum des Landkreises Offenbach stark eingeschränkt worden ist. Aufgrund der Kostenexplosion des einst als »Leuchtturm-Projekt« gefeierten Finanzierungsmodells mussten und müssen Ausgaben in anderen Bereichen gekürzt werden. Betroffen war und ist vor allem das Personal. Ruth Storn, Mitglied im GEW Kreisverband Offenbach-Land, schilderte in der Offenbacher Post die negativen Auswirkungen der ÖPP-Schulsanierung im Bildungsbereich. Die Kostenexplosion habe, so Storn, eine angespannte Haushaltslage im Kreis verursacht, was die Schließung von fünf wohnortnahen Schulen und dadurch längere Schulwege für die SchülerInnen zur Folge habe. Außerdem seien die Finanzierung für notwendige Assistenzen an Schulen (wie Sozialarbeit und technischer Support) eingeschränkt worden. Aufgrund der angespannten Haushaltslage sei das Schulbudget 2012 im Umfang von rund 1,38 Millionen Euro gekürzt worden.[23]

Karsten Arendt, lange Jahre Vorsitzender im ver.di-Landesfachbereich Gemeinden und Personalratsvorsitzender in der Kreisverwaltung im Landkreis, hat das ÖPP-Desaster von Beginn an miterlebt. Seine schon im Planungsstadium geäußerten Befürchtungen einer Kostenexplosion sind eingetroffen. Sehr gut beobachten lasse sich am Beispiel Offenbach aber auch die Erosion der Planungs- und Steuerungsfähigkeit der politischen Verantwortungsträger durch Öffentlich-Private Partnerschaften: »Die gewählten politischen Vertretungen geben mit der Auftragsvergabe im Rahmen von ÖPP in der Regel ihre politische Verantwortung für die von ihnen verantworteten Ressorts über sehr lange Vertragszeiträume auf, die Laufzeiten von ÖPP-Projekten variieren ja zwischen 15 und 30 Jahren. Ein Nachsteuern etwa wegen geänderter Anforderungen ist häufig kaum möglich oder wird extrem teuer.«

Dies mache, so Arendt weiter, die Entwicklung der Schullandschaft im Kreis Offenbach deutlich: »Zum Zeitpunkt der Planung und des Vertragsabschlusses war nicht absehbar, wie sich die gesellschaftlichen Anforderungen an die Schulen in relativ kurzen Zeitabschnitten verändern sollten. Die demographische Entwicklung und der sich daraus ergebende Bedarf an Schulplätzen ändern sich im Laufe des Vertragszeitraums, hinzu kommen andere Anforderungen an die Qualität des schulischen Angebotes. Zu denken ist etwa an die Einführung von Ganztagsschulen, Inklusion, Mittagsversorgung usw. Die hieraus resultierenden notwendigen baulichen Ergänzungen und Veränderungen der Schulen sind jedoch nicht Gegenstand der ursprünglichen ÖPP. Sie müssen entweder zu teilweise ungünstigen Konditionen mit den ÖPP-Betreibern nachverhandelt werden, oder sie können aus Kostengründen gar nicht durchgeführt werden.«

ÖPP stelle sich unter diesem Aspekt auch als ein Problem demokratischer, politischer Steuerung von teil- oder gesamtgesell-
schaftlichen Planungen und Prozessen dar. »Generationen von
politischen Verantwortungsträgern werden mit ÖPP-Verträgen in
ihren politischen Handlungs- und Steuerungsmöglichkeiten beschnitten. Bedauerlicherweise scheint es aber auch eine Reihe von
PolitikerInnen zu geben, die gerade das als großen Vorteil wahr-
nehmen. Der Verweis auf bestehende Verträge ist ein wohlfeiles
Argument, von der eigenen politischen Verantwortung abzulen-
ken.«[24]

Es bleibt abzuwarten, wie es im Landkreis Offenbach weiter-
geht. Dem zweiten Prüfbericht des Hessischen Rechnungshofs ist
zwar zu entnehmen, dass der Landkreis signalisiert hat, »angesichts
der aufgezeigten Kostenentwicklung der PPP-Projekte und der
Komplexität der Vertragsbeziehungen, die PPP-Verträge nicht zu
verlängern«.[25] Ob angesichts des Debakels tatsächlich ein Umdenken stattfindet, muss nach einem am 10. Januar 2017 in der Frankfurter Rundschau erschienen Artikel allerdings bezweifelt werden.
Dort wird der amtierende Landrat Oliver Quilling (CDU) wie folgt
zitiert: »Eltern, Lehrer und Schüler sind zufrieden, wie es in den
vergangenen Jahren an den Schulen im Kreis gelaufen ist«. Die
Schulen, so Quilling weiter, seien auf Vordermann gebracht worden und gut ausgestattet. Eine eigens installierte Arbeitsgruppe des
Kreistags habe bereits getagt. Und deren Empfehlung laute: die
Zusammenarbeit mit Privatunternehmen nach dem Auslaufen der
ÖPP-Verträge fortzusetzen. Auch er selbst tendiere dazu.[26] Ein weiterer Grund dafür wird an anderer Stelle genannt: Der Landkreis
habe wegen des ÖPP-Projekts gar keine eigenen Verwaltungsstruk-
turen und gar kein Fachpersonal mehr, das die Zuständigkeit für
die Schulen noch übernehmen könne.[27]

Wer bei den politischen Entscheidungsträgern zumindest im
Landkreis Offenbach angesichts von hunderten Millionen Euro
verschwendeter öffentlicher Gelder auf einen Lernprozess gehofft
hat, wird sich vermutlich enttäuscht sehen.

2.2
Tricks und Druck: Das ÖPP-Projekt
auf der A 7 Göttingen – Salzgitter

Als der damalige Bundesverkehrsminister Wolfgang Tiefensee
(SPD) im Juni 2008 in einer Pressemitteilung den Start der 2. Staffel von ÖPP-Projekten auf deutschen Autobahnen verkündete,
war wohl niemandem in Südniedersachsen klar, welche Folgen
das für diesen schönen Landstrich haben würde. Vielleicht auch,
weil wunderbar klang, was Tiefensee sagte: »Unsere Partner bauen moderne, sechsstreifige Strecken und erhalten sie über 30 Jahre
in einem hochwertigen Zustand. Den Vorteil haben alle Autofahrer.«[28]

Zuständig für Bau und Erhalt der Autobahnen sind in Deutschland derzeit noch die Länder, die im Auftrag des Bundes tätig
werden. Damit ist auch die Umsetzung von ÖPP auf Autobahnen
Ländersache – zumindest, solange es keine Bundesfernstraßengesellschaft gibt. Bis Anfang 2013 traf die Bundesregierung auf eine
ÖPP-freundliche schwarz-gelbe Landesregierung in Niedersachsen. Gemeinsam arbeitete man eines der von Tiefensee angekündigten Projekte aus: Eine private Firma sollte die A 7 zwischen
Göttingen und Salzgitter 30 Jahre lang betreiben und ein Teilstück
dieser Strecke erneuern sowie auf sechs Spuren erweitern.

Mit dem Widerstand, der sich ab dem Winter 2011/2012 in
der Region entfaltete, hatte man vermutlich weder in Hannover
noch in Berlin gerechnet. Beschäftigten, Personalvertretungen,
Gewerkschaften und PolitikerInnen (wie etwa dem südniedersächsischen SPD-Landtagsabgeordneten und Baugewerkschafter
Ronald Schminke) gelang es über Jahre, Sand ins ÖPP-Getriebe
zu streuen. Dabei hatten sie gute Argumente auf ihrer Seite.
Schon früh war klar, dass dieses Projekt nicht nur Arbeitsplätze
in der Straßenbauverwaltung und bei lokalen Bauunternehmen
gefährden, sondern auch zu enormen Kostensteigerungen führen
würde.

In einem Gutachten für das Landesverkehrsministerium unter Jörg Bode (FDP) ließ der Bundesrechnungshof im Januar 2012 kein gutes Haar an den ÖPP-Plänen von Bundes- und Landesregierung: Der Ausbau auf sechs Spuren hätte mit konventionellem Bau schon längst erfolgen können, ein Start des ÖPP-Projektes sei hingegen frühestens Ende 2016 möglich. Was nicht nur für AutofahrerInnen ärgerlich ist, sondern auch für SteuerzahlerInnen teuer. »Die Ausbauabschnitte sind bis dahin nur mit massiven Erhaltungsaufwendungen in einem verkehrssicheren Zustand zu halten. [...] Würde die Straßenbauverwaltung Niedersachsen die verbliebenen vier Bauabschnitte nach konventioneller Vorgehensweise ausbauen, könnte der Bund Erhaltungsausgaben von bis zu 45 Millionen Euro einsparen.« Die Wirtschaftlichkeit eines ÖPP-Projekts auf dieser Strecke sei alleine schon aufgrund dieser Verzögerungen zu bezweifeln.[29]

Landesminister Bode focht dies ebenso wenig an wie das Bundesministerium, dessen Leitung zwischenzeitlich Peter Ramsauer (CSU) übernommen hatte. Im März 2012 verwies Bode auf eine noch anzufertigende vorläufige Wirtschaftlichkeitsuntersuchung, die – wie bei jedem ÖPP-Projekt – Grundlage für eine Entscheidung über ÖPP sein werde. Einen weitgehend fertigen Entwurf der Untersuchung gab es dann seit August 2012. Die finale Fassung lag seit November 2012 vor. Erstellt wurde sie in monatelanger Detailarbeit von einer Arbeitsgruppe, an der neben Vertretern des Bundesverkehrsministeriums und der niedersächsischen Straßenbauverwaltung auch externe MitarbeiterInnen aus einschlägigen Unternehmensberatungen beteiligt waren.

Solche Wirtschaftlichkeitsuntersuchungen erweisen sich regelmäßig als anfällig für Einflussnahme und Manipulation – unter anderem, weil die Ergebnisse geheim und daher nicht kontrollierbar sind.[30] Auch im Falle der A 7 Göttingen-Salzgitter gab und gibt es Grund zumindest für große Skepsis. Schon ein Blick in eine Entwurfs-Präsentation,[31] die den Mitgliedern der Arbeitsgruppe im August 2012 vorgelegt wurde, legt den Verdacht nahe: Es muss einen politischen Willen gegeben haben, ÖPP durchzusetzen. »Lösungen ohne Umwege« haben die Berater das Dokument überschrieben. Schon das klingt doppeldeutig.

Erstens kalkulierte man als Bauzeit für ÖPP und für die konventionelle Beschaffung offenbar gleichermaßen den Zeitraum Januar 2015 bis Dezember 2018. Und das, obwohl bei konventioneller Beschaffung sofort bzw. sogar schon viel früher mit dem Bau hätte begonnen werden können. Eine entsprechende Bauzeitplanung der Landesstraßenbauverwaltung Niedersachsen fand als »zu ambitioniert« aber keinen Eingang in die vorläufige Wirtschaftlichkeitsuntersuchung. Bei ÖPP war ein früherer Beginn nicht möglich, da sich dieses Modell auf kleineren Streckenabschnitten wirtschaftlich nicht lohnt – es müssen zuerst sämtliche baurechtlichen Vorkehrungen getroffen sein, um dann einen größeren Streckenabschnitt ausschreiben zu können. Das kostet viel Zeit. Früher mit dem Bau zu beginnen, wäre aber – wie erwähnt – weitaus kostengünstiger gewesen.[32]

Zweitens hat man für die konventionelle Variante längere Bauzeiten unterstellt, als dies die Auftragsverwaltung Niedersachsen in ihrer Planung vorsah. Dies trieb die Kosten für die konventionelle Variante in die Höhe.

Drittens hat man den so genannten Diskontierungszinssatz zu hoch veranschlagt. Dies geschieht bei Wirtschaftlichkeitsuntersuchungen regelmäßig und wird ebenso regelmäßig vom Bundesrechnungshof kritisiert.[33] Dieser Zinssatz ist zur Berechnung der Wirtschaftlichkeit relevant, weil spätere Zahlungen (unter anderem aufgrund der Geldentwertung) bei gleichem Betrag weniger wert sind. Bei ÖPP und konventioneller Beschaffung fließen Gelder zu verschiedenen Zeitpunkten, sodass diese Zahlungen rechnerisch vergleichbar gemacht werden müssen (»Barwertmethode«). Da bei ÖPP im Regelfall ein größerer Teil der Zahlungen als bei konventioneller Beschaffung zeitlich nach hinten verlagert wird, wirkt sich ein höherer Diskontierungszinssatz positiv für ÖPP aus.[34]

Viertens hat man – neben dem Diskontierungszinssatz – eine Annahme für die Entwicklung der Inflation getroffen. Aus den uns vorliegenden Unterlagen ist zwar nicht ersichtlich, welchem Zweck dies diente. Es erscheint allerdings insofern unnötig und fragwürdig, als im gewählten Diskontierungszinssatz die Geldentwertung schon »eingepreist« ist.

Fünftens hat man Steuerrückflüsse in unterschiedlicher Weise berücksichtigt. Es ist üblich, bei ÖPP und konventioneller Beschaffung die zu leistenden Steuern von den jeweiligen Ausgaben abzuziehen. Denn schließlich sind Steuern ja immer zugleich auch Einnahmen der öffentlichen Hand. Fragwürdig ist aber, dass bei ÖPP neben Umsatz- auch Gewerbe- und Körperschaftsteuer sowie Solidaritätszuschlag abgezogen wurden, bei der konventionellen Beschaffung hingegen nur die Umsatzsteuer. Auch dies lässt ÖPP rechnerisch günstiger erscheinen, als es tatsächlich ist.

Sechstens hat man die von der Auftragsverwaltung des Landes Niedersachsen gelieferten, auf Erfahrungen basierenden Kostenwerte für den Bau und die Erhaltung der Autobahn »plausibilisiert« – hier also nach oben angepasst. So hat man etwa für bestimmte Brückenbauten die teuerste Variante veranschlagt, obwohl nach Angaben der Auftragsverwaltung oft ein kostengünstigerer Bau möglich gewesen wäre. Auf diese Weise hat man die Kosten für ÖPP wie auch für die konventionelle Beschaffung rechnerisch erhöht. Zugleich hat man so Spielräume für Private geschaffen, um »Effizienzvorteile« durch kostengünstigeres Bauen zu erzielen.

Siebtens hat man – in ähnlicher Weise – die Kosten für Planung und Management höher veranschlagt, als es die Erfahrungswerte der niedersächsischen Straßenbauverwaltung nahelegten.

Achtens hat man sowohl für ÖPP als auch für konventionelle Beschaffung zahlreiche (teils absurde) »Risiken« einkalkuliert. Zum einen hat man hierdurch die Gesamtkosten beider Varianten rechnerisch einmal mehr erhöht. Zum anderen konnte man auf diese Weise ÖPP wirtschaftlicher erscheinen lassen: Durch die Risiken stiegen die angeblichen Kosten für die konventionelle Variante barwertig um über 130 Millionen Euro. Als Risikokosten der ÖPP-Variante wurden hingegen barwertig nur 39 Millionen Euro veranschlagt. Auch wenn man der Begründung folgen mag, dass die Privaten selbst den verbleibenden Teil der Risiken tragen, erscheint die Differenz von über 90 Millionen Euro doch (zu) beträchtlich.

Neuntens hat man der ÖPP-Variante pauschal einen Abschlag auf die Kosten zugebilligt: Bei den Kostenblöcken Ausbau, Erhaltung und Betriebsdienst unterstellte man jeweils einen Effizienzvorteil von satten zehn Prozent. Dieses Vorgehen ist (bei wechselnden Prozentwerten) üblich und ein wichtiges rechnerisches »Argument« für die These, dass ÖPP in manchen Fällen günstiger sei als konventionelle Beschaffung. Zusätzliche Kosten für die Vergütung des ÖPP-Projektnehmers und für die Vertragsüberwachung durch die öffentliche Hand fallen demgegenüber nicht ins Gewicht.

Hinter einem solchen Vorgehen stecken offenbar zweierlei Absichten:[35] Zum einen lässt es die ÖPP-Variante günstiger erscheinen als die konventionelle. So konnte man am Ende ÖPP als barwertig etwa 29 Millionen Euro günstiger ausweisen. Zum anderen lässt es die Gesamtkosten für beide Varianten so hoch wie möglich erscheinen. Denn die Ausschreibung des Vorhabens als ÖPP-Projekt erfolgt auf Basis der errechneten ÖPP-Kosten. Wenn diese hoch ausfallen, fällt es ÖPP-Bewerbern leichter, mit ihrem Angebot und ihren tatsächlichen Kosten unter den errechneten Kosten zu bleiben. Was dann ÖPP-BefürworterInnen wieder als Argument dafür anführen, dass ÖPP günstiger ausfalle als eine konventionelle Beschaffung.

Der Bundesrechnungshof hat im Mai 2013 in einem weiteren Gutachten zu dieser Wirtschaftlichkeitsuntersuchung Stellung bezogen. Unter Verweis auf (nur) vier methodische Mängel heißt es dort: »Die Ergebnisse der vorliegenden Wirtschaftlichkeitsuntersuchung zum ÖPP-Projekt BAB A 7 vom November 2012 deuten darauf hin, dass nach dem derzeitigen Stand die Wirtschaftlichkeit der ÖPP-Variante nicht mehr gegeben ist. Wenn die Hinweise des

Bundesrechnungshofes beachtet werden, ergibt sich ein wirtschaftlicher Nachteil der ÖPP-Variante von 1,94 % oder 12,8 Millionen Euro (barwertig).«[36]

Gründe, die vorläufige Wirtschaftlichkeitsuntersuchung in Zweifel zu ziehen, gibt es also genug. Entsprechend laut war die Kritik. Der Landtagsabgeordnete Schminke kommentierte das Ergebnis der vorläufigen Wirtschaftlichkeitsuntersuchung harsch: »ÖPP geht nur mit Lug und Trug!« Der grüne niedersächsische Bundestagsabgeordnete und Finanzpolitiker Sven-Christian Kindler warf dem Bundesverkehrsminister Manipulation vor, »um die Privatisierung des A 7-Ausbaus durchzudrücken«. Die zuständige Gewerkschaft ver.di nannte die Berechnungen »fadenscheinig und nicht nachvollziehbar«; die mit der Wirtschaftlichkeitsuntersuchung beauftragten Büros hätten die Ergebnisse »zum Nachteil der konventionellen öffentlichen Bauweise […] schön gerechnet.«[37]

In der Sitzung des Rechnungsprüfungsausschusses des Bundestags vom 14. Juni 2013 trug sich daraufhin Denkwürdiges zu. Thema war eben jenes geplante ÖPP-Projekt in Südniedersachsen und die erneut negative Einschätzung des Bundesrechnungshofs. Selbst Ausschussmitglieder der damaligen Regierungsfraktionen CDU/CSU sowie FDP und selbst ein Mitarbeiter des CDU-geführten Bundesfinanzministeriums zeigten sich offenbar angesichts der Faktenlage skeptisch. Es brauchte ein ernstes Gespräch in kleiner Runde mit Verkehrsstaatssekretär Enak Ferlemann (CDU), um die schwarz-gelben Abgeordneten auf Linie zu bringen. So kam es schlussendlich – gegen die Stimmen der Opposition aus SPD, Grünen und Linken – zu einem Mehrheitsbeschluss pro ÖPP. Dies ist insofern erstaunlich, als der Rechnungsprüfungsausschuss üblicherweise im Konsens über Parteigrenzen hinweg entscheidet – wobei man sich zumeist dem Votum des Bundesrechnungshofs anschließt, den man als eine Art natürlichen Verbündeten ansieht.

Der niedersächsische Verkehrsminister Olaf Lies (SPD) – seit Anfang 2013 als Nachfolger Bodes im Amt – dürfte die Bedeutung dieses Vorgangs richtig erfasst haben, als er im Sommer 2013 in

einer Landtagsrede sagte: »Wenn dann auch noch der Rechnungsprüfungsausschuss des Deutschen Bundestages nach einer – man
beachte! – kurzen Sitzungsunterbrechung entgegen allen bisherigen Gepflogenheiten einfach abstimmen lässt und die Kritik des
Bundesrechnungshofes mehrheitlich nicht gelten lässt, dann ist das
für mich ein Indiz, dass dem ÖPP-Projekt hier mit allen Mitteln
zum Erfolg verholfen werden soll, koste es, was es wolle.«[38]

Zumindest mit den letzten Halbsätzen könnte Lies indes nicht
nur das Betreiben der Bundesregierung, sondern auch das seines
Amtsvorgängers Bode im Blick gehabt haben. Tatsächlich hat dieser wohl noch in den letzten Wochen vor der niedersächsischen
Landtagswahl im Januar 2013 die entscheidenden Weichen für
ÖPP gestellt. Im Dezember 2012 hat sein Ministerium dem Bundesverkehrsministerium mitgeteilt, dass man keine Anmerkungen
zur vorläufigen Wirtschaftlichkeitsuntersuchung habe. Damit war
Einvernehmen zwischen Bund und Land hergestellt. Der Staats-
rechtler Jörn Ipsen kam später in einem Gutachten für die (dann
rot-grüne) Landesregierung zu dem Ergebnis, dass auch aufgrund
dieses Einvernehmens ÖPP durch Niedersachsen nicht mehr verhindert werden könne.[39]

Das Vorgehen Bodes ist umso bedeutsamer, als seine eige-
ne Straßenbauverwaltung wiederholt auf die Fragwürdigkeit der
vorläufigen Wirtschaftlichkeitsuntersuchung und auf das kreative
Ignorieren niedersächsischer Zahlen hingewiesen hatte. Noch im
August 2012 war vereinbart worden, dass das Bundesverkehrs-
ministerium diesbezüglich offen gebliebene Fragen beantwortet.
Die gab es schließlich zuhauf – auch, weil zu den ÖPP-Kosten-
Berechnungen selbst den niedersächsischen Mitgliedern der
Arbeitsgruppe nicht alle Details offengelegt worden waren. Zur Be-
antwortung dieser Fragen kam es indes bis heute nicht. Stattdessen,
so scheint es, sollten KritikerInnen mundtot gemacht werden: Udo
Othmer, Amtsleiter der zuständigen Straßenbauverwaltung Bad
Gandersheim, musste sich wegen angeblicher »Illoyalität« einem
Disziplinarverfahren stellen. Einigen seiner MitarbeiterInnen wur-

den »dienstliche Erklärungen« darüber abverlangt, wann sie mit wem über die betreffenden Sachverhalte gesprochen hatten. Und Almuth Witthaus, die Präsidentin der Landesbehörde für Straßenbau und Verkehr, wurde versetzt. Sie hatte sich hinter ihre MitarbeiterInnen gestellt.[40]

Zumindest für Othmer ging die Sache gut aus: Die im Januar 2013 gewählte rot-grüne Landesregierung stellte das Disziplinarverfahren ein. Wie sie überhaupt eine ÖPP-kritische Linie verfolgte. Auch wenn es letztlich nicht gelang, ÖPP auf Südniedersachsens A 7 noch zu verhindern, hatte die Landtagswahl im Januar 2013 damit doch positive Veränderungen gebracht.

Für die Bundestagswahl im September 2013 galt dies nicht. Denn vor dieser Wahl hatten die ÖPP-KritikerInnen und die Beschäftigten der Straßenbauverwaltung noch einen mächtigen Partner: den SPD-Bundesvorsitzenden Sigmar Gabriel, dessen Wahlkreis in Südniedersachsen liegt. Er hatte sich mehrfach – auch öffentlich – für einen Ausstieg aus dem ÖPP-Projekt ausgesprochen. Nach der Wahl kam er als frischgebackener Bundeswirtschaftsminister dann zu der Erkenntnis, dass dies nicht mehr möglich sei. Das Projekt sei zu weit fortgeschritten. Und die Finanzen seien begrenzt.[41] Im weiteren Verlauf der Legislaturperiode wurde Gabriel neben Finanzminister Wolfgang Schäuble (CSU) und dem neuen Verkehrsminister Alexander Dobrindt (CSU) schließlich zu einem zentralen ÖPP-Akteur in Deutschland.

Eben jener Dobrindt gab dann im Februar 2017 das erfolgreiche Ende des Vergabeverfahrens zum ÖPP-Projekt in Südniedersachsen bekannt.[42] Ein privater Betreiber bekam den Zuschlag, ab Mai 2017 soll er tätig werden. Bauen kann er frühestens ab Herbst 2017. Also über zwei teure Jahre später, als in der vorläufigen Wirtschaftlichkeitsuntersuchung vorgesehen war. Und mindestens drei teure Jahre später, als (auf einer Teilstrecke) konventionell mit dem Ausbau hätte begonnen werden können. Die Gesamtkosten betragen nun plötzlich eine Milliarde Euro – was erstaunt, denn ÖPP wurde mit dem Argument ausgewählt, es sei 29 Millionen Euro günstiger als eine konventionelle Beschaffung. Und obwohl sich die Kosten anschließend um satte 400 Millionen Euro erhöhten, blieb man bei der ursprünglichen Entscheidung. Ob es eine Fortschreibung auch der Kosten einer konventionellen Beschaffung gegeben hatte, um auch weiterhin zu prüfen, welche Variante günstiger ist? Worauf der Kostenanstieg zurückzuführen ist? Wir wissen es nicht. Die Vorgänge sind ja geheim. Die Landesstraßenbauverwaltung Niedersachsen weiß von einer solchen Fortschreibung jedenfalls nichts. Und die Pressestelle des Bundesverkehrsministeriums hat eine entsprechende Anfrage unsererseits zweifach unbeantwortet gelassen.

3.
Was sind Privatisierung und Öffentlich-Private Partnerschaften?

Der Begriff der Privatisierung ist vieldeutig, der Begriff der Öffentlich-Privaten Partnerschaft kaum weniger. Beide existieren zudem in vielerlei Varianten. Nachfolgend erläutern wir beide Begriffe und stellen die wichtigsten ihrer Varianten vor. Da für ein Verständnis von ÖPP zudem die im Vorfeld vorgeschriebenen Wirtschaftlichkeitsuntersuchungen von zentraler Bedeutung sind, erläutern wir diese in einem eigenen Abschnitt.

3.1
Was ist Privatisierung, was ist ÖPP?

Öffentlich-Private Partnerschaften, kurz ÖPP, sind eine spezielle Art der Privatisierung, die um die Jahrtausendwende auch in Deutschland in größerem Umfang Verbreitung gefunden hat.

Üblicherweise werden Privatisierungen unterschieden in formelle, materielle und funktionale Privatisierung.[43] Im Falle einer *formellen Privatisierung*, die auch als *Organisationsprivatisierung* bezeichnet wird, wird ein Unternehmen von einer öffentlich-rechtlichen in eine private Rechtsform überführt. Bei der öffentlich-rechtlichen Rechtsform gibt es wiederum verschiedene Betriebsformen – Regiebetrieb und Eigenbetrieb/Landesbetrieb sind die wichtigsten.[44]

Bei einem *Regiebetrieb* handelt es sich im Grunde um einen Bestandteil der öffentlichen Verwaltung, der an die jeweilige Gebietskörperschaft (Bund, Land oder Kommune) gebunden ist. Eine Bibliothek oder ein Schwimmbad in einer Gemeinde werden in der Regel als Regiebetrieb geführt. Ein *Eigenbetrieb* (kommunale Ebene) bzw. ein *Landesbetrieb* (Ebene der Bundesländer) verfügt gegenüber einem Regiebetrieb über eine größere Selbständigkeit: Typische Beispiele für einen Eigen- und Landesbetrieb sind Krankenhäuser. In diesen Betriebsformen wird ein eigener Wirtschaftsplan erarbeitet; die Entscheidungskompetenz des Führungspersonals ist größer als bei Regiebetrieben. Im Gegensatz zu letzteren werden Einnahmen und Ausgaben nicht im Haushaltsplan der entsprechenden Gebietskörperschaft erfasst. Beim Regiebetrieb ist der Einfluss von Politik und Verwaltung folglich unmittelbarer und größer als beim Eigenbetrieb/Landesbetrieb.

Der mit der formellen Privatisierung stattfindende Wechsel hin zu einer privaten Rechtsform – zum Beispiel einer *Gesellschaft mit beschränkter Haftung (GmbH)* oder einer *Aktiengesellschaft (AG)* – erfolgt in der Regel aus betriebswirtschaftlichen Überlegungen. Das Ziel dieser Privatisierungsform ist die Etablierung von betriebswirtschaftlichen Kriterien bei der Betriebsführung. Außerdem unterliegt das so privatisierte Unternehmen nicht mehr dem öffentlichen Arbeits-, Tarif- und Vergaberecht. Ein Beispiel wäre die Überführung von ursprünglich als Eigenbetrieb geführten Stadtwerken in eine GmbH. Die formelle Privatisierung wird manchmal auch als »unechte Privatisierung« oder als »Scheinprivatisierung« bezeichnet, da trotz privater Rechtsform die öffentliche Hand alleiniger Eigentümer des entsprechenden Betriebes ist und bleibt. Das heißt, die Verantwortung für die Leistungserbringung bleibt in der Verantwortung der entsprechenden Gebietskörperschaft. Zu beachten ist allerdings, dass die formelle Privatisierung in vielen Fällen die Vorstufe für eine »echte« materielle Privatisierung ist. Ein Beispiel hierfür ist die bisher erfolgte formelle Privatisierung von Bundesbahn und ostdeutscher Reichsbahn zur Deutschen

Bahn AG, deren Ziel letztlich der Verkauf des Unternehmens über die Börse ist.

Im Falle einer *materiellen Privatisierung*, die auch als *Aufgaben-privatisierung* bezeichnet wird, zieht sich die öffentliche Hand aus der Bereitstellung von Gütern und Leistungen vollständig zurück. Die entsprechende Aufgabenwahrnehmung geht auf die Privat-wirtschaft über. Damit steht dann nicht mehr die Erfüllung einer öffentlichen Aufgabe der Daseinsvorsorge im Vordergrund, son-dern die Erzielung eines Gewinns. Diese Form der Privatisierung geht in der Regel mit dem Verkauf eines staatlichen Unternehmens oder generell von öffentlichem Eigentum einher, weshalb es sich zugleich um eine *Vermögensprivatisierung* handelt. Ein Beispiel für eine materielle Privatisierung ist ein kommunales Krankenhaus, das von einem privaten Krankenhauskonzern gekauft wird.

Neben der formellen und der materiellen ist die *funktionale Pri-vatisierung* die dritte Form der Privatisierung. Auch sie wird – genau wie die formelle Privatisierung – oft als »unechte« Privatisierung bezeichnet. Die öffentliche Hand ist in diesem Fall weiter für die eigentliche Aufgabe verantwortlich. Bei der Erbringung der in Fra-ge kommenden Leistung wird allerdings die Privatwirtschaft mit eingebunden, oder ihr wird die Aufgabenerfüllung übertragen. Auch hier kommen letztlich Gewinnerzielungsabsichten durch die Einbeziehung von Privaten ins Spiel, wobei die Letztverantwor-tung für die Leistungserbringung und die Qualitätssicherung bei den öffentlichen Gebietskörperschaften verbleibt. Eine Form der funktionalen Privatisierung stellt die so genannte vertragliche Öf-fentlich-Private Partnerschaft (Vertrags-ÖPP) dar. In einem weiten Verständnis des Begriffs kann aber jede Vergabe eines öffentlichen Auftrags an ein Privatunternehmen als funktionale Privatisierung verstanden werden.

Öffentlich-Private Partnerschaften können ganz allgemein als eine längerfristige, formalisierte Zusammenarbeit von öffentlicher Hand und Privatwirtschaft definiert werden. Dabei lassen sich Vertrags-ÖPP und institutionelle ÖPP unterscheiden. *Institutio-*

nelle ÖPP sind auf Dauer angelegt. Sie gründen auf einer Gesellschaft (meist GmbH oder AG) oder etwa auch einem Verein, an
der bzw. an dem mindestens ein öffentlicher und mindestens ein
privater Partner beteiligt sind. Verbreitet sind institutionelle ÖPP
etwa in der kommunalen Ver- und Entsorgung, der Informations-
technologie und Datenverarbeitung sowie der Wirtschafts- und
Tourismusförderung. Die Bezeichnung »ÖPP« wird für diese institutionelle Form der öffentlich-privaten Zusammenarbeit allerdings eher selten benutzt. Der Begriff ist im öffentlichen Diskurs
vorwiegend den *vertraglichen ÖPP* vorbehalten. Diese zeichnen
sich durch langfristige Vertragsbeziehungen zwischen öffentlichen
und privaten Partnern aus. Der private Partner erbringt längerfristige Leistungen, für die er ein Entgelt erhält.[45] Wenn wir in
diesem Buch von »ÖPP« sprechen, dann – übereinstimmend mit
dem öffentlichen Sprachgebrauch – ausschließlich im Sinne von
vertraglichen ÖPP.

In ihrer heutigen Form erdacht und konzeptioniert wurden
ÖPP in den 1990er Jahren in Großbritannien.[46] Schon bald fanden sie auch in Deutschland Anwendung. Ein wichtiger Schritt
zur größeren Verbreitung von ÖPP war hierzulande das »ÖPP-
Beschleunigungsgesetz«, das eine rot-grüne Bundestagsmehrheit
2005 beschloss. Der Staat bleibt bei ÖPP letztlich in der Verantwortung, er überträgt oder beteiligt die Privatwirtschaft über einen
längeren Zeitraum in größerem Umfang an der Erfüllung einer
öffentlichen Aufgabe. Dies ist in der Regel mit einer klassischen
Investitionstätigkeit verbunden. Es gibt aber auch ÖPP, bei denen
Dienstleistungen im Vordergrund stehen.[47] Unser Interesse gilt im
Rahmen dieser Publikation primär den Bereichen Hoch- und Tiefbau bzw. Infrastruktur.

Klassischerweise erfolgt eine staatliche Investition, indem die
öffentliche Hand den eigenen Investitionsbedarf feststellt, dann
entsprechende Planungen vornimmt und Aufträge vergibt. Die
Finanzierung einer solchen Investition, zum Beispiel die Renovierung einer Schule oder der Bau einer Kindertagesstätte oder einer

Straße, erfolgt aus Eigenmitteln – meist durch die Aufnahme eines Kredits seitens des jeweiligen öffentlichen Auftraggebers. Die Bauleistung erbringt in der Regel ein privates Unternehmen. Im Falle einer Kreditaufnahme genießt der Staat als sicherer Schuldner besonders günstige Zinskonditionen.

Im Falle einer Öffentlich-Privaten Partnerschaft hingegen sind privatwirtschaftliche Akteure nicht erst nach Erteilung des Bauauftrags involviert. Sie werden vielmehr schon im Rahmen der Aufgabendefinition beteiligt, und sie übernehmen Teile der Planung sowie in der Regel vollständig die Ausführung und den mehrjährigen Betrieb des entsprechenden Vorhabens. Auch die Finanzierung der Infrastruktur wird oft vom privaten ÖPP-Partner übernommen, dies ist aber keine Voraussetzung für ÖPP.[48]

Das Bundesfinanzministerium charakterisiert ÖPP wie folgt: »Öffentlich-Private Partnerschaften (ÖPP) sind langfristige, aber zeitlich befristete Vertragsbeziehungen zwischen einer staatlichen Instanz und einem privaten Unternehmen oder einem Konsortium privater Unternehmen, in denen der private Partner Errichtung, Betrieb und gegebenenfalls Finanzierung einer Infrastruktur übernimmt und dafür vom öffentlichen Partner Entgelte erhält und/oder das Recht, Entgelte von den Nutzern der Infrastruktur zu erheben.«[49] Zwei Beispiele von ÖPP hat das vorangegangene Kapitel vorgestellt: die Sanierung der Schulen im Landkreis Offenbach (auf 15 Jahre angelegt) sowie Ausbau und Betrieb der A 7 zwischen Göttingen und Salzgitter (auf 30 Jahre angelegt).

Für Öffentlich-Private Partnerschaften gibt es verschiedene Modelle. Diese unterscheiden sich etwa danach, ob während der Vertragslaufzeit der private oder der öffentliche ÖPP-Partner Eigentümer der Infrastruktur ist.[50] Im Hochbau (hier: Gebäudebau) ist eine Reihe von ÖPP-Varianten verbreitet. Beim *Inhabermodell* befinden sich Grundstück und Gebäude im Eigentum der öffentlichen Hand. Die private Seite übernimmt Planung, Finanzierung, Bau und Betrieb des entsprechenden Objektes. Sie enthält während der Vertragslaufzeit ein Leistungsentgelt, das die Kosten

deckt und auch einen Gewinn abwirft. Im Gegensatz zum Inhabermodell befindet sich die betreffende Immobilie beim *Erwerber-
modell* im Eigentum des privaten Auftragnehmers und geht nach
Vertragsende in das Eigentum des öffentlichen Auftraggebers über.
Auch beim *Leasingmodell* besitzt der private Auftragnehmer Grundstück und Gebäude. Die Refinanzierung erfolgt über Leasingra-
ten, am Ende der Vertragslaufzeit besteht eine Kaufoption für die
öffentliche Hand. Weitere Modelle sind das dem Leasingmodell
ähnliche *Vermietungsmodell* und das *Konzessionsmodell*, bei dem sich
die Beteiligung des privaten Unternehmens über Gebührenein-
nahmen finanziert.

Im Tiefbau (hier: Straßenbau) werden drei ÖPP-Modelle unterschieden, wobei die Differenz im Kern in der Art der Vergütung
liegt: Während im Rahmen des *Ausbaumodells (A-Modell)* auf Basis
eines Konzessionsvertrags eine auf dem Bauabschnitt erhobene
Maut ganz oder teilweise an den privaten Auftragnehmer weiter-
geleitet wird, erhält letzterer im *Verfügbarkeitsmodell (V-Modell)* sein
Entgelt unabhängig von der Verkehrsmenge: Werden die verab-
redeten Maßnahmen erfüllt, dann erhält das Privatunternehmen
das volle »Verfügbarkeitsentgelt«. Im Falle von Minderleistungen
zahlt die öffentliche Hand – zumindest theoretisch – weniger. Auch
beim *Fernstraßenbauprivatfinanzierungsgesetzmodell (F-Modell)* beruht
die Vergütung auf einem Konzessionsvertrag. Allerdings erfolgt
hier die Erhebung der Maut durch den ÖPP-Auftragnehmer; zahlen müssen die Maut zudem alle Nutzer, wobei die Gebührenhöhe
durch den öffentlichen Auftraggeber festgelegt wird.

Grundsätzlich lassen sich bei Öffentlich-Privaten Partnerschaften zwei Finanzierungsmodelle unterscheiden: erstens Projektfinanzierung und zweitens Forfaitierung mit Einredeverzicht. Die
Projektfinanzierung (siehe Schaubild 1) ist international weiter verbreitet. Der öffentliche Auftraggeber entwirft dabei ein Infrastruk-
turprojekt, das – wie immer bei ÖPP – die Planung, den Bau bzw.
die Sanierung und den Betrieb über meist 20 oder 30 Jahre umfasst.
Dieses schreibt er zur Realisierung aus. Spätestens wenn eine pri-

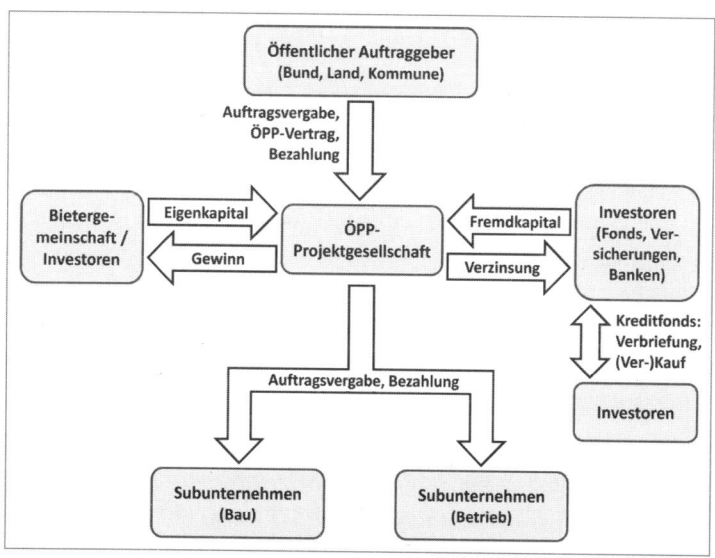

Schaubild 1: Projektfinanzierung. Eigene Darstellung.

vate Bietergemeinschaft schließlich den Zuschlag bekommt, gründet sie eine Projektgesellschaft. Diese wird den Auftrag durchführen und hierzu Aufträge an Subunternehmen vergeben. Wie jede Kapitalgesellschaft, hat die Projektgesellschaft ein gewisses Eigenkapital (meist 10 bis 20 Prozent) und nimmt zusätzlich Fremdkapital auf. Eigenkapital stellt zunächst die private Bietergemeinschaft zur Verfügung. Darüber hinaus kann sowohl Eigenkapital als auch Fremdkapital über Banken, Finanzmärkte, Versicherungen oder Investmentfonds bereitgestellt werden. Tendenziell stammt das Fremdkapital in der Bau- bzw. Sanierungsphase zunächst von Banken, institutionelle Anleger wie Versicherungen oder Investmentfonds steigen meist zu einem späteren Zeitpunkt ein.[51]

Teile des Fremdkapitals können überdies durch Kreditfonds zur Verfügung gestellt werden. Sie bündeln verschiedene Infrastruktur-Investments, basteln daraus neue Wertpapiere (»Verbriefung«) und verkaufen diese wiederum an weitere Investoren. Hierdurch erreichen sie eine zusätzliche Risikostreuung. Institutionelle Anle-

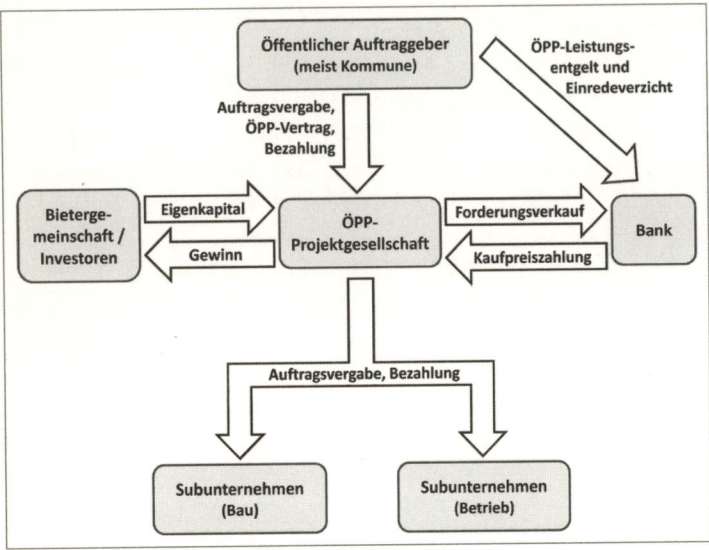

Schaubild 2: Forfaitierung mit Einredeverzicht. Eigene Darstellung.

ger wie Banken und Versicherungen können sich also direkt, aber mittels Kreditfonds auch indirekt an ÖPP-Projekten beteiligen.

Ein vor allem bei Kommunen in Deutschland verbreitetes Element von ÖPP-Projekten mit kleineren Investitionsvolumina ist dessen Finanzierung auf Basis eines Bankkredits in Verbindung mit *Forfaitierung mit Einredeverzicht* (siehe Schaubild 2). Wir haben sie schon im Abschnitt zur Schulsanierung in Offenbach erläutert. Durch den Verkauf der gegenüber dem öffentlichen Auftraggeber bestehenden Forderung an die finanzierende Bank sichert sich der Auftragnehmer kommunalkreditähnliche Konditionen. Der öffentliche Auftraggeber ist durch einen Einredeverzicht zur Zahlung an die Bank verpflichtet, er kann seine Zahlungen gegenüber dem privaten Auftragnehmer im Falle von unzureichenden Leistungen nicht mehr als Druckmittel einsetzen. Die Banken wiederum haben keinen Anreiz, den Auftragnehmer (Kreditnehmer) zu kontrollieren – denn sie erhalten ihr Geld vom öffentlichen Auftraggeber in jedem Fall.[52]

Ein neues ÖPP-Konstrukt, das auf die kommunale Ebene und ihren beträchtlichen Investitionsstau abzielt, ist im Auftrag des Bundeswirtschaftsministeriums auf Empfehlung der so genannten Fratzscher-Kommission von der Wirtschaftsprüfungs- und Beratungsgesellschaft PricewaterhouseCoopers (PwC) vorgeschlagen worden. Ziel ist die »Mobilisierung zusätzlicher privater Infrastrukturfinanzierung«, das heißt, es geht um die Schaffung von neuen Kapitalanlagemöglichkeiten im Bereich öffentlicher Infrastruktur. In ihrer gutachterlichen Stellungnahme[53] schlägt PwC die Schaffung einer staatlichen Infrastrukturgesellschaft vor, die gleichartige Investitionsprojekte (zum Beispiel die Sanierung von Brücken, den Bau von Kindertagesstätten oder die Renovierung von Schulen) gebündelt ausschreibt. So sollen auch kleinere Kommunen auf Basis von standardisierten Verträgen und Ausschreibungsverfahren ÖPP-Projekte umsetzen können. Die Ausschreibung eines entsprechenden Bündels von Investitionsprojekten soll einen Bieterwettbewerb auslösen, der zur Auswahl eines »aktiven Investors« führt. Dieser soll sowohl Eigenkapital als auch Management- und Steuerungskompetenzen in das Projekt einbringen. Er gründet eine »übergeordnete Projektgesellschaft«, an der sich auch die öffentliche Hand (staatliche Förderbanken) und »passive Investoren« beteiligen sollen. Die Umsetzung der Projekte vor Ort soll durch »untergeordnete Projektgesellschaften« erfolgen.

Angesprochen werden sollen so institutionelle Investoren wie Versicherungen, Pensionsfonds und berufsständische Versorgungswerke, die auch wegen des aktuellen Niedrigzinsumfeldes neue Anlagemöglichkeiten suchen. Sie erhalten so, laut PwC, »die von ihnen seit längerer Zeit gewünschte Möglichkeit, Gelder in öffentliche Infrastruktur zu investieren und dabei eine attraktive Rendite zu erzielen.«[54] Konkrete Renditeerwartungen werden von PwC auch genannt. So wird auf die »derzeit marktgängige Eigenkapitalverzinsungen für großvolumige ÖPP mit echter Risikoübertragung« verwiesen, die bei zehn bis 13 Prozent liege. Für passive Anleger sei eine niedrigere Rendite zu veranschlagen, die oberhalb von vier Prozent anzusiedeln sei.[55]

Es bleibt abzuwarten, ob solche ÖPP-Konstrukte tatsächlich entwickelt werden und ob sie sich durchsetzen können. In jedem Fall zeigt das Beispiel, in welche Richtung ÖPP-BefürworterInnen derzeit denken.

Öffentliche-Private Partnerschaften haben sich in Deutschland, wie einleitend erwähnt, erst rund um die Jahrtausendwende nennenswert verbreitet. Die vorherigen Privatisierungen erfolgten vor allem als formelle und dann materielle Privatisierungen wie etwa im Falle der Aufspaltung und des Verkaufs der Bundespost.[56] Die in Deutschland praktizierte Privatisierungspolitik, die letztlich nichts anderes als eine Erweiterung der Gewinnerzielungsmöglichkeiten für die Privatwirtschaft darstellt, folgt dabei neoliberalen Vorstellungen. Propagiert wird die Idee, dass vor allem die Privatwirtschaft Arbeitsplätze schaffen könne. Ein Staat, der zu viele Ressourcen durch Steuern binde, behindere die Tätigkeit des wirtschaftlich vermeintlich überlegenen privaten Unternehmenssektors. Die öffentliche Hand müsse sich auf ihre Kernaufgaben konzentrieren.[57] Allerdings haben sich die in der Regel mit Privatisierungsmaßnahmen geschürten Erwartungen in vielen Fällen nicht erfüllt. Es ist vielmehr eine Verteuerung und Verschlechterung von ehemals staatlich bereitgestellten Leistungen an der Tagesordnung.[58]

Negativ schlagen Privatisierungen auch für die ehemals staatlich Beschäftigten zu Buche. Zwar kommt es in der Regel kurzfristig nicht zu einer direkten Lohnkürzung oder zu einer Ausdehnung der Regelarbeitszeit. Jedoch sinken die Löhne mittel- bis langfristig, da von der Dauer der Beschäftigung abgeleitete Lohnerhöhungen und -kategorien abgeschafft werden, Neueinsteiger schlechtere Tarifverträge und niedrigere Einkommen erhalten, Zulagen gekürzt und innerbetriebliche Sozialleistungen sowie Betriebspensionen reduziert werden. Zudem geraten bestehende Tarifverträge unter Druck, da die privatisierten Unternehmen oft keinem oder einem ungünstigeren Tarifvertrag unterliegen. Folge hiervon ist Lohndumping und die Entstehung von Niedriglohnbereichen. Atypische und prekäre Beschäftigungsformen dringen weiter vor. Gerade im Dienstleistungsbereich kommt nach erfolgter Privatisierung und Marktliberalisierung überdies meist ein Kostenwettbewerb in Gang, der fast ausschließlich als Wettbewerb um möglichst niedrige Lohnkosten geführt wird (Flughäfen, öffentlicher Verkehr, Brief- und Paketdienste, Krankenhäuser, Abfallwirtschaft und andere). Außerdem versuchen Private oft schon kurzfristig, mit einem geringeren Personalbestand die gleichen Leistungen zu erbringen, was für die Beschäftigten mit einer erheblichen Arbeitsverdichtung einhergeht.[59]

Auch Öffentlich-Private Partnerschaften werden – wie »klassische« materielle Privatisierungen – offiziell damit begründet, dass Leistungen auf diese Weise besser, effektiver und effizienter erbracht werden können. Faktisch geht es aber auch hier darum, dass die Privatwirtschaft ihr Gewinnerzielungsinteresse auf weitere Bereiche der öffentlichen Aufgabenwahrnehmung ausdehnen kann. Echte Kosten- oder Effizienzvorteile gibt es in Summe nicht.

Tatsächlich lässt sich anhand zahlreicher Beispiele zeigen, dass Investitionen auf Basis von ÖPP in der Regel teurer ausfallen als konventionell durchgeführte öffentliche Investitionen. Auch weisen erstere oft erhebliche Qualitätsmängel auf. Mit den Schulen des Landkreises Offenbach und der Autobahn A 7 in Südniedersachsen haben wir zwei Beispiele beschrieben. Eine große Zahl ähnlicher Fälle wird in einem etwas älteren Buch von Werner Rügemer zu Öffentlich-Privaten Partnerschaften und in einem jüngst erschienen Buch von Tim Engartner anschaulich geschildert.[60] Aber auch die Rechnungshöfe von Bund und Ländern wiesen mittlerweile in einer ganzen Reihe von Gutachten nach, dass ÖPP-Projekte keineswegs besser, effektiver und effizienter sind als die konventionelle Beschaffung.[61] Der Wirtschaftswissenschaftler Holger Mühlenkamp kommt nach einem umfassenden Kostenvergleich von ÖPP und konventioneller Beschaffung zu einem eindeutigen und kritischen Ergebnis: »In der Gesamtschau gibt es kaum Felder, auf denen PPP der konventionellen Projektumsetzung im Allgemeinen überlegen sein dürfte.«[62]

Ein ähnliches Fazit zieht auch der Finanzausschuss des britischen Parlaments – ausgerechnet des Landes also, in dem ÖPP seine Wurzeln und weiteste Verbreitung hat.[63] Dort mussten die öffentlichen Auftraggeber 15 Prozent der Projekte wegen Kostenüberschreitung sogar schon nach kurzer Zeit abbrechen.[64] In Portugal, wo ÖPP ebenfalls weit verbreitet sind, tragen sie eine nicht unerhebliche Mitschuld an den massiven finanziellen Problemen des Landes. In einem Bericht hielt der Internationale Währungsfonds (IWF) 2011 fest: »Die ÖPP haben zu erheblichen finanziellen Belastungen der öffentlichen Hand geführt.«[65]

Gegen eine preisliche Überlegenheit von ÖPP sprechen von vornherein verschiedene Gründe. Jede unternehmerische Tätigkeit zielt darauf ab, einen Gewinn zu erwirtschaften. Allein schon deshalb ist es mehr als zweifelhaft, dass ÖPP wirtschaftlicher und kostengünstiger ausfallen kann als die Finanzierung, Sanierung und Bewirtschaftung der öffentlichen Infrastruktur in staatlicher Eigenregie. Schließlich sind die Gewinne der Privaten die Kosten der öffentlichen Auftraggeber. Unnötige Kosten verursacht zudem die Einschaltung von zahlreichen Beteiligten wie Steuerberater, Unternehmensberatungen, Anlagevermittler, Projektentwickler usw., die zudem teure Eigeninteressen verfolgen. Ohne solche externen Berater funktioniert ÖPP allerdings nicht – die öffentlichen Verwaltungen alleine wären mit der rechtlichen, vertraglichen, ökonomischen und fachlichen Komplexität der ÖPP-Projekte schlicht überfordert. Nicht zuletzt kommt es oft zu teuren und langwierigen Rechtsstreitigkeiten.

Aus Kostengründen, aber auch aus Sicht der Beschäftigten problematisch ist ferner, dass ÖPP-Projekte an die ÖPP-Projektgesellschaft vergeben werden, die als eine Art Generalunternehmer auftritt. Sie vergibt wiederum weitere Unteraufträge, insbesondere für Bau und Betrieb – es bilden sich Subunternehmerketten her-

aus. Die Projektgesellschaft befindet sich in einer starken Verhandlungsposition gegenüber ihren Auftragnehmern. Dadurch aber ist
die Gefahr von Dumping (im Extremfall bis hin zu Ausbeutung)
gegeben – und damit die Gefahr, dass private Gewinne durch
Rechtsbrüche, durch zu geringe Löhne und durch nicht gezahlte
Sozialversicherungsbeiträge entstehen.

Hinzu kommt, dass die Aufnahme von Fremdkapital für die
öffentliche Hand deutlich günstiger ist als für Privatunternehmen.
Zwar wird – wie erläutert – durch Forfaitierung mit Einredeverzicht oft versucht, den Zinsvorteil der öffentlichen Hand auf die
Privaten zu übertragen. Durch den Einredeverzicht verpflichtet
sich der öffentliche Auftraggeber allerdings, gemäß der vereinbarten Zahlungsmodalitäten an die Bank zu zahlen – und zwar
auch dann, wenn der private Auftragnehmer Zusagen nicht einhält. Kommt es zu Auseinandersetzungen über die Qualität der zu
erbringenden Leistungen, dann hat der öffentliche Auftraggeber
aufgrund der Entkopplung von Schuldendienst und Leistungserbringung kein Druckmittel in Form von Kürzungen der Zahlungen
gegenüber dem privaten Auftragnehmer mehr in der Hand. Selbst
die Rechnungshöfe warnen vor dieser Risikoübertragung auf den
öffentlichen Auftraggeber. Im Falle einer Insolvenz der Projektgesellschaft beispielsweise haftet die öffentliche Hand für die Schuldentilgung gegenüber der Bank, ohne dass entsprechende Gegenleistungen erbracht werden.[66]

Wenig überzeugend ist auch das Argument, dass ÖPP aufgrund
des zugrundeliegenden »Lebenszyklusansatzes« wirtschaftlicher
sei als konventionelle Beschaffung. Dahinter steht folgende Idee:
Wenn die ÖPP-Vertragsdauer der Nutzungsdauer einer Infrastruktur entspricht, dann habe der private ÖPP-Betreiber einen Anreiz,
in jeder Phase alle Folgewirkungen seiner Entscheidungen zu berücksichtigen. Beispielsweise lohne es sich dann nicht, mit schlechteren Materialien heute Kosten zu sparen, die übermorgen zu
mehrfach höheren Kosten führen. Von Planung über Bau und Betrieb bis zur Verwertung bzw. zum Rückbau soll so ein Anreiz zum

ökonomisch effizienten Wirtschaften gegeben sein.[67] So schrieb etwa das Bundeswirtschaftsministerium 2017 in einem Monatsbericht: »Der private Partner übernimmt die Verantwortung sowohl für die Errichtung des Investitionsprojektes als auch für seinen Betrieb. Damit liegt es in seinem Interesse, den Ressourceneinsatz über den gesamten Lebenszyklus – angefangen von der Planung über den Bau und die Finanzierung bis hin zum Ende der Betriebsphase – möglichst gering zu halten. Er ist somit angehalten, seine Leistungen nicht nur kurzfristig, sondern über einen langfristigen Vertragszeitraum zu optimieren.«[68]

Diese Idee ist im Grundsatz nicht falsch. Dennoch spricht sie gerade nicht für ÖPP, und zwar aus zwei Gründen: Erstens, auch wenn ÖPP-BefürworterInnen gerne den gegenteiligen Eindruck erwecken – der Lebenszyklusansatz kann grundsätzlich auch von einer öffentlichen Verwaltung verfolgt werden. Eine Voraussetzung dafür wäre gleichwohl eine entsprechende finanzielle Ausstattung, um nicht aus kurzfristigem Geldmangel heraus etwa auf schlechtere Materialien zurückgreifen zu müssen. Zweitens verfolgen ÖPP-Projekte in der Realität so gut wie nie den Lebenszyklusansatz, auch wenn oft das Gegenteil behauptet wird. Das können sie auch gar nicht. Der Lebenszyklusansatz würde nämlich verlangen, dass die Vertragslaufzeit der Lebensdauer einer Infrastruktur angepasst wird. Diese Lebensdauer – bei Straßen oder Brücken durchaus viele Jahrzehnte – überschreitet in der Regel aber die üblichen 20 oder 30 Jahre ÖPP-Laufzeit deutlich. Zudem ist die tatsächliche Lebensdauer kaum abschätzbar. Zwar gibt es statistische Erfahrungswerte und Durchschnitte, die genügen aber nicht. Den Lebenszyklusansatz mit privaten Partnern wirklich umzusetzen, würde voraussetzen, von Anfang an die tatsächliche Lebensdauer der gerade zu errichtenden Infrastruktur zu kennen.

Da eine Anpassung der ÖPP-Vertragslaufzeit an die Lebensdauer der Infrastruktur vor diesem Hintergrund nicht verlässlich möglich ist, besteht für Private ein Fehlanreiz. Sie können Kosten einsparen, soweit negative Folgewirkungen erst nach Verwertung bzw. Rückgabe der Infrastruktur an die öffentliche Hand auftreten werden. Hierin steckt ein weiteres ÖPP-Kostenrisiko, das an der angeblich höheren Effizienz dieser Beschaffungsvariante zweifeln lassen sollte. Bei der öffentlichen Eigenerledigung besteht dieser Fehlanreiz hingegen nicht: Wenn die öffentliche Hand eine Infrastruktur selbst verwaltet und betreibt, muss sie keine langfristigen, an Lebenszyklen angepassten Verträge schließen. Und ganz gleich, wie lange die Lebensdauer der Infrastruktur am Ende sein wird, hat sie die negativen Folgen von Fehlern jeglicher Art in jedem Fall zu tragen und wird sie entsprechend zu vermeiden suchen. Schließlich gibt es hier weder ein Vertragsende noch eine Rückgabe der Infrastruktur.

Höhere Kosten können für den öffentlichen Auftraggeber auch dadurch entstehen, dass er bei ÖPP-Projekten im Vergleich zu konventioneller Beschaffung weit weniger flexibel ist. Der öffentliche Auftraggeber kann sich etwa einem veränderten Nutzungsverhalten oder gewandelten Anforderungen an die betreffende Infrastruktur nur schlecht und nur unter Inkaufnahme zusätzlicher, höherer Kosten anpassen.[69] Er muss dann zusätzliche Leistungen Dritter einkaufen oder mit seinem ÖPP-Partner teuer nachverhandeln.

Letzteres wird bei ÖPP generell häufig gemacht. Nicht zuletzt führt die lange Vertragslaufzeit von bis zu 30 Jahren dazu, dass die Verträge *unvollständig* sind – »nicht für alle nach Vertragsabschluss auftretenden Eventualitäten lassen sich bereits in anfänglichen Verträgen abschließende Regelungen finden«, so das gewiss nicht ÖPP-kritische Bundesfinanzministerium.[70] Damit aber sind zumindest Nachverhandlungen erforderlich, die in der Regel teuer sind und unter Umständen mit Vereinbarungen enden, die für die öffentliche Hand gleichfalls ungünstig ausfallen.

Verhandelt wird allerdings nicht nur nach Vertragsabschluss, sondern auch vorher. Im Falle des ÖPP-Projekts an Schulen im Landkreis Offenbach umfassten die Vertragsunterlagen 24 Aktenordner. Solche Umfänge sind kein Ausnahmefall, sondern die Regel. Es ist leicht vorzustellen, dass all die darin festgehaltenen

Regelungen nicht einseitig und von Beginn an vom öffentlichen Auftraggeber vorgegeben werden können. Letzterer hält im Rahmen einer Ausschreibung vielmehr lediglich einige Eckpunkte fest, woraufhin sich private Unternehmen und Konsortien bewerben können. Mit zwei oder drei von ihnen führt die ausschreibende Stelle anschließend detailliertere Verhandlungen, die genauesten Verhandlungen dann mit einem einzigen Bewerber. Für ihre Beteiligung daran erhalten die Unternehmen gestaffelte Aufwandsentschädigungen, die durchaus auch siebenstellige Eurobeträge erreichen können. Wie sich im Falle des ÖPP-Projekts in Südniedersachsen gezeigt hat, können diese Ausschreibungen und Verhandlungen Jahre dauern. Dabei erhält der spätere private ÖPP-Auftragnehmer jede Menge Möglichkeiten, im Sinne der eigenen Rendite auf die Vertragsgestaltung Einfluss zu nehmen.

ÖPP sind aber nicht nur teuer, sondern auch aus demokratietheoretischer Sicht höchst problematisch. Dies beginnt schon mit ihrer Intransparenz: Nicht nur der Öffentlichkeit, sondern auch den politischen EntscheidungsträgerInnen in Parlamenten und kommunalen Räten werden die entscheidenden Vertragsinhalte regelmäßig vorenthalten. Und wenn letztere doch Einblick nehmen dürfen, dann lediglich in Geheimschutzräumen und ähnlichen Einrichtungen. Sie dürfen sich dann weder Notizen machen noch mit anderen Personen über die ausgehandelten Verträge sprechen. Diskussion über das Für und Wider, der Austausch von Argumenten ist dann nicht möglich.

Ein zweiter Grund, der aus demokratietheoretischer Sicht gegen ÖPP spricht, ist die damit einhergehende Selbstbindung der öffentlichen Hand. Wer einmal für 20 oder 30 Jahre Bau, Betrieb und Erhaltung einer Infrastruktur an ein privates Unternehmen vergibt, kann 20 oder 30 Jahre nicht mehr mitreden. Notwendige Vertragsänderungen und Anpassungen an gewandelte Nutzungsgewohnheiten sind teuer. Der Anreiz, die Dinge wie vereinbart weiterlaufen zu lassen, ist daher groß. Und dies durchaus auch über die Vertragslaufzeit von 20 oder 30 Jahren hinaus. Denn wenn ein öffentlicher Auftraggeber das eigene Personal erst einmal abgebaut hat, weil dessen Aufgaben ein Privater übernimmt, wird er das entsprechende Personal und Sachwissen nicht einfach wieder aufbauen können. Und wenn doch, dann nur für viel Geld, was eine entsprechende Entscheidung eher unwahrscheinlich macht. Das Beispiel des Landkreises Offenbach zeigt dies nachdrücklich. Insofern bindet die ÖPP-Vergabe nicht nur für 20 oder 30 Jahre, sondern im Extremfall für immer. Funktionale Privatisierung und materielle Privatisierung sind sich daher sehr viel näher und ähnlicher, als es auf den ersten Blick scheint.

3.2
Wirtschaftlichkeitsuntersuchungen bei ÖPP

Wann wird bei öffentlichen Infrastrukturvorhaben ÖPP angewandt – und wann nicht? Glaubt man den BefürworterInnen von ÖPP, dann kommt diese Beschaffungsvariante zum Zuge, wenn sie gegenüber der konventionellen Beschaffung Wirtschaftlichkeits-Vorteile aufweist. Aus Gründen, die wir im vorangegangenen Abschnitt ausführlich erläutert haben, gibt es aber wenig Anlass, überhaupt davon auszugehen, dass ÖPP wirtschaftlicher sein könnte. Und auch die Beispiele der ÖPP-Projekte an Schulen im Landkreis Offenbach und auf der A 7 Göttingen-Salzgitter unterstreichen diese Skepsis.

Dennoch wird zumindest für einzelne ÖPP-Projekte immer wieder behauptet, dass sie wirtschaftlicher seien als eine konventionelle Beschaffung. Als Beleg dafür wird regelmäßig auf Wirtschaftlichkeitsuntersuchungen verwiesen: ÖPP werde nur angewendet, wenn es sich im Rahmen einer solchen Untersuchung als wirtschaftlicher herausstelle, verglichen mit der konventionellen Beschaffung.

So betonte etwa der damalige Bundeswirtschaftsminister Sigmar Gabriel (SPD) bei der Vorstellung des Abschlussberichts der Fratzscher-Kommission, dass für jedes ÖPP-Projekt einzeln entschieden werden müsse, ob dieses effizient und wirtschaftlich sei.[71] Die Staatssekretärin im CDU-geführten Bundesbildungsministerium, Cornelia Quennet-Thielen, wiederum sagte auf einer ÖPP-Konferenz des Hauptverbands der Deutschen Bauindustrie im Oktober 2016 in Berlin: »ÖPP kommt als Beschaffungsvariante im unmittelbaren Vergleich mit der konventionellen Realisierung nur zum Tragen, wenn sowohl die vorläufige als auch die abschließende Wirtschaftlichkeitsberechnung zu dem Ergebnis gelangen, dass eine ÖPP-Realisierung am wirtschaftlichsten ist.«[72] Der grüne Verkehrsstaatssekretär Hessens, Mathias Samson, schrieb 2016 in einer Antwort auf eine Anfrage der FDP-Landtagsfraktion zum Ausbau der A 49, man prüfe vorab, »ob das Projekt als ÖPP-Variante im Vergleich zur konventionellen Beschaffung wirtschaftlich vorteilhaft ist.«[73] Und Bundesverkehrsminister Alexander Dobrindt (CSU) antwortete im Bundestag auf eine Frage des Linken-Abgeordneten Herbert Behrens zu ÖPP-Projekten auf Autobahnen: »Alle diese Beispiele der Vergangenheit zeigen, dass diese erstens wirtschaftlich realisiert werden und dass zweitens jeder Einzelfall, bevor er in Auftrag gegeben wird, einer Untersuchung der Wirtschaftlichkeit standhalten muss.«[74]

Die zitierten PolitikerInnen unterscheiden sich mit ihren Einschätzungen zur grundsätzlich möglichen Wirtschaftlichkeit von ÖPP nicht im Mindesten vom Institut der deutschen Wirtschaft und vom Gesamtverband der deutschen Versicherungswirtschaft, die 2016 in einem Gutachten zur privaten Infrastrukturfinanzierung mittels ÖPP schrieben: »Unbestritten ist dabei, dass die private Finanzierung nicht in jedem Fall die beste Lösung, sondern eine zu prüfende Beschaffungsalternative darstellt.«[75]

Seit Mitte der 2000er Jahre ist ein Wirtschaftlichkeitsvergleich zwischen einer konventionellen Beschaffung und ÖPP in vielen Fällen – insbesondere für den Bund und die Länder – vorgeschrieben. Öffentliche Stellen dürfen Infrastruktur-Aufträge einer bestimmten Größenordnung nur noch dann vergeben, wenn sie vorher geprüft haben, welche Beschaffungsvariante wirtschaftlicher ist.[76] Insofern beschreibt das, was Gabriel, Quennet-Thielen, Samson und Dobrindt sagen, schlicht die bestehende Rechtslage. Und doch ist es mehr als nur das: Denn eine Wirtschaftlichkeitsuntersuchung dient immer auch als Argument dafür, dass ÖPP in bestimmten Fällen die günstigere Variante darstelle. Und damit als Begründung für die Entscheidung pro ÖPP.

Dies ist allerdings umso fragwürdiger, als solche Wirtschaftlichkeitsuntersuchungen alles andere als objektiv sind. Ganz im Gegenteil: Zwar gibt es einige Leitfäden und Empfehlungen, mit denen das Vorgehen halbwegs vereinheitlicht werden soll – erstellt etwa durch das Bundesfinanzministerium, den Bundesrechnungshof oder einzelne Landesregierungen. Dennoch verfügen diejenigen, die Wirtschaftlichkeitsuntersuchungen durchführen, über jede Menge Stellschrauben, um das Ergebnis in die eine oder die andere Richtung ausfallen zu lassen. Mit anderen Worten: Wenn eine öffentliche Stelle ÖPP unbedingt möchte, wird sie es zumindest in den allermeisten Fällen bekommen. Und wenn sie ÖPP auf jeden Fall vermeiden möchte, wird ihr auch das gelingen. Sie braucht in beiden Fällen nur die richtigen BeraterInnen, die an den richtigen Stellschrauben drehen. Dann ist (fast) jedes gewünschte Ergebnis der Wirtschaftlichkeitsuntersuchung zu erreichen.

Schon das Beispiel der Wirtschaftlichkeitsuntersuchung zu den Investitionen auf der A 7 Göttingen-Salzgitter hat gezeigt, welche Gestaltungsmöglichkeiten diesbezüglich bestehen. Es war ausdrücklicher politischer Wille der schwarz-gelben Bundesregierung (und bis Januar 2013 der schwarz-gelben niedersächsischen Landesregierung), ein ÖPP-Projekt zu vergeben. Entsprechend handelte und rechnete die Mehrheit der Arbeitsgruppe, die die Wirtschaftlichkeitsuntersuchung durchführte – gegen den Willen und die Sachkompetenz der Vertreter der niedersächsischen Landesstraßenbauverwaltung.

Bevor wir die wichtigsten Stellschrauben einer Wirtschaftlichkeitsuntersuchung systematisch darstellen, erscheint zum besseren Verständnis eine Vorbemerkung sinnvoll. Es ist nämlich zu beachten, dass es genaugenommen nicht eine, sondern sogar zwei Wirtschaftlichkeitsuntersuchungen gibt: eine »vorläufige« und eine »abschließende«. Bei der *vorläufigen* werden die zu erwartenden Gesamtkosten einer konventionellen Beschaffung den zu erwartenden Gesamtkosten einer ÖPP-Projektvergabe gegenübergestellt. Wenn die kalkulierten ÖPP-Kosten niedriger oder gleich hoch ausfallen, wird das Investitionsprojekt als ÖPP ausgeschrieben. Auf Basis der nun eingehenden Angebote erfolgt daraufhin die *abschließende* Wirtschaftlichkeitsuntersuchung. Bei ihr werden die kalkulierten Kosten der konventionellen Beschaffung mit den konkreten Angeboten der Bieter verglichen. Wenn mindestens ein ÖPP-Angebot wirtschaftlicher ist als die konventionelle Variante, wird ein ÖPP-Projekt vergeben.[77] Wie bereits erwähnt, gehen dem monate- oder jahrelange Verhandlungen voraus, in deren Rahmen die Angebote verändert, präzisiert und angepasst werden.

Welche Stellschrauben bestehen nun, wenn eine Wirtschaftlichkeitsuntersuchung in eine Entscheidung für ÖPP münden soll?[78] Wenn also ÖPP als die günstigere, wirtschaftlichere, effizientere Beschaffungsvariante erscheinen soll? Grundsätzlich muss man in diesem Fall zwei Ziele zugleich verfolgen: Erstens gilt es natürlich, die kalkulierten Gesamtkosten für die ÖPP-Variante niedriger erscheinen zu lassen als die kalkulierten Gesamtkosten der konventionellen Variante. Zweitens gilt es aber auch, die kalkulierten Gesamtkosten in der vorläufigen Wirtschaftlichkeitsuntersuchung sowohl für ÖPP als auch für die konventionelle Beschaffung möglichst hoch ausfallen zu lassen – damit die anschließend eingehenden Angebote der privaten Unternehmen darunter bleiben können. Denn nur so kann auch das Ergebnis der abschließenden Wirtschaftlichkeitsuntersuchung pro ÖPP ausfallen. Man kann und muss also die Grundlagen für das gewünschte Ergebnis der abschließenden Wirtschaftlichkeitsuntersuchung schon im Zuge der vorläufigen Wirtschaftlichkeitsuntersuchung schaffen.

Die wichtigsten Stellschrauben für das erstgenannte Ziel – die ÖPP-Kosten niedriger aussehen zu lassen – sind pauschale Effizienzannahmen, Unterstellung geringerer Risiken, unterschiedliche Behandlung von Steuerrückflüssen, überhöhte Diskontierungszinssätze sowie schlicht die Nichtbeachtung bestimmter Kosten. Der letztgenannte Punkt bedarf wohl keiner genaueren Erläuterung: Man lässt in der vorläufigen Wirtschaftlichkeitsuntersuchung einfach einen Teil jener Kosten aus, die nur in der ÖPP-Variante anfallen. Im oben geschilderten Fall der A 7 Göttingen-Salzgitter waren dies beispielsweise die Kosten für die zusätzlichen Erhaltungsmaßnahmen, die durch die ÖPP-bedingte mehrjährige Verzögerung der Grundsanierung der Autobahn angefallen waren.

Pauschale Effizienzannahme bedeutet, dass von einigen oder allen ÖPP-Kosten einfach fünf, zehn oder 20 Prozent abgezogen werden – mit dem Argument, die Privaten wirtschafteten effizienter. Üblicherweise beschränken sich die Begründungen für diese Annahmen und Prozentwerte in den vorläufigen Wirtschaftlichkeitsuntersuchungen – wenn überhaupt – auf wenige, allgemeine Sätze, ohne genauer ins Detail zu gehen.

In ähnlicher Weise kann man Risiken, die man für die konventionelle Variante als kostentreibend berücksichtigt, bei der ÖPP-Variante außen vor lassen. Das Argument dafür lautet, dass diese entweder am Markt versichert würden oder durch die Rendite des ÖPP-Partners abgegolten seien. Ein solches Vorgehen begünstigt ÖPP. Ein kreativer Umgang mit Risiken ist zudem auch im Zusammenhang mit der »Forfaitierung mit Einredeverzicht« (siehe oben) verbreitet: Bei dieser Finanzierungsvariante übernimmt die öffentliche Hand einen beträchtlichen Teil des Risikos. Wie der Bundesrechnungshof und die Rechnungshöfe der Länder festgestellt haben, wird dies aber regelmäßig nicht in ausreichendem Maße in den Wirtschaftlichkeitsuntersuchungen berücksichtigt. Auch dies begünstigt ÖPP.[79]

Es ist üblich, bei ÖPP, wie auch bei konventioneller Beschaffung, die zu leistenden Steuern von den jeweiligen Kosten abzuziehen. Schließlich besteht ein Teil der Kosten aus Steuerzahlungen, die letztlich wieder in den öffentlichen Haushalten landen. Auch dabei gibt es Gestaltungsmöglichkeiten: So kann man etwa bei der ÖPP-Kostenkalkulation mehr oder höhere Steuerrückflüsse berücksichtigen als bei der konventionellen Beschaffung. Oder man kann die gewinnabhängigen Steuern bei den beiden Varianten unterschiedlich berechnen bzw. schätzen. Der Bundesrechnungshof hält jede Schätzung und Berechnung gewinnabhängiger Steuern mit guten Gründen für spekulativ und lehnt ihre Berücksichtigung in vorläufigen Wirtschaftlichkeitsuntersuchungen daher ab – dennoch tauchen sie dort regelmäßig auf. Ein Schelm, wer Böses dabei denkt.[80]

Schließlich ist zu beachten, dass es sich bei ÖPP um mehrjährige Projekte handelt. Dabei erfolgen die Zahlungen der öffentlichen Hand zu anderen (oft zu späteren) Zeitpunkten als bei der konventionellen Beschaffung. Spätere Zahlungen sind nun allerdings – unter anderem aufgrund der Geldentwertung – bei gleichem Betrag weniger wert. Zahlungen zu unterschiedlichen Zeitpunkten müssen bei der Berechnung der Wirtschaftlichkeit beider Varianten daher rechnerisch vergleichbar gemacht werden. Die dabei angewandte Methode wird »Barwertmethode« genannt: Zukünftige Zahlungen werden so abgezinst, dass sie dem Wert heutiger Zahlungen entsprechen. Hierfür werden bestimmte Zinssätze (»Diskontierungszinssatz«) oder Inflationsraten geschätzt oder abgeleitet. Hier überhöhte Werte zu nehmen oder Zahlungen in der Kostenkalkulation zeitlich nach hinten zu verschieben, bevorteilt die ÖPP-Variante – beides sind daher weitere Stellschrauben.[81]

Die wichtigsten Stellschrauben für das zweitgenannte Ziel – die Kosten für beide Beschaffungsvarianten in die Höhe zu treiben, damit die Angebote privater ÖPP-Bieter darunter bleiben können – sind überhöhte Risikokalkulationen sowie schlicht überhöhte Kostenansätze. Mit »Risiken« sind unerwartete Ereignisse gemeint, die eintreten können, aber nicht müssen, und die den Bau verteuern, etwa ein schwieriger Baugrund, veränderte Sicherheitsstandards, ein Flugzeugabsturz oder ein Krieg. Je mehr Risiken man einkalkuliert und je höher diese ausfallen, desto höher werden die

Gesamtkosten. In ähnlicher Weise kann man auch andere Kosten bewusst zu hoch veranschlagen, um die Gesamtkosten nach oben zu treiben. Angesichts der hohen Komplexität von ÖPP-Infrastrukturprojekten ist dies in vielen Fällen ohne Weiteres möglich.

Diese Liste möglicher Stellschrauben ist gewiss nicht vollständig. Auch muss und wird nicht jede Stellschraube in jedem Fall auch tatsächlich angewandt werden. Offensichtlich ist aber, dass diejenigen, die eine vorläufige oder eine abschließende Wirtschaftlichkeitsuntersuchung durchführen, jede Menge Gestaltungsmöglichkeiten haben. Der Bundesrechnungshof und die Rechnungshöfe der Länder sprechen von der »Gefahr, dass sich Spielräume für Manipulationen eröffnen«.[82]

Diese Spielräume sind umso ärgerlicher, als Wirtschaftlichkeitsuntersuchungen in der Regel geheim gehalten werden. Nur selten dringen einzelne Dokumente dazu an die Öffentlichkeit und wenn, dann immer unbeabsichtigt. Die in Wirtschaftlichkeitsuntersuchungen angestellten Berechnungen und Schätzungen können also weder überprüft noch korrigiert werden. Dies ist nicht nur undemokratisch, sondern vermehrt auch Manipulationsmöglichkeiten. Denn die Gefahr, damit aufzufliegen, geht gegen Null. Das Problem mangelnder Transparenz betrifft gleichwohl nicht nur die Wirtschaftlichkeitsuntersuchungen, sondern ÖPP generell: So sind schon die Entscheidungsprozesse in den Parlamenten häufig intransparent. Dies liegt unter anderem daran, dass die Vertragswerke hochkomplex und enorm umfangreich sind. Außerdem unterliegen sie – wie alle privatrechtlichen Vertragswerke – einer hohen Geheimhaltung. Infolgedessen und aufgrund von Datenschutzbestimmungen wird das Parlament unzureichend informiert. Insofern stehen ÖPP-Projekte einer demokratischen Kontrolle und einer transparenten öffentlichen Diskussion entgegen.

Anreize, die bestehenden Spielräume und die Intransparenz zu Gunsten Öffentlich-Privater Partnerschaften zu nutzen, gibt es für quasi alle Akteure, die an den Wirtschaftlichkeitsuntersuchungen beteiligt sind. Aus der Sicht eines Politikers oder einer Politikerin kann ein ÖPP-Projekt sinnvoll sein, selbst wenn es teurer ist als eine konventionelle Beschaffung – nämlich dann, wenn die finanziellen Mittel für letztere nicht vorhanden sind oder wenn keine weiteren Verschuldungsspielräume mehr bestehen. Wer ein neues Schulgebäude oder eine neue Autobahn eröffnen möchte, tut dies im Zweifel lieber zu überhöhten Kosten als gar nicht.

Ein Fehlanreiz liegt aber auch auf Seiten der Beratungsunternehmen vor, die den öffentlichen Auftraggeber bei der Durchführung der Wirtschaftlichkeitsuntersuchung unterstützen (oder besser gesagt: Diese für ihn durchführen.) Zum einen kann ihr Honorar von der Höhe des berechneten Beschaffungsvolumens abhängen. Dies macht es attraktiv, die Gesamtkosten in die Höhe zu treiben. Zum anderen hängen mögliche Folgeaufträge von einem Ergebnis ab, das dem Auftraggeber gefällt. Dass dies für Folgeaufträge bei anderen Projekten gilt, mag unmittelbar ersichtlich sein. Es gilt aber auch für Folgeaufträge beim gleichen Projekt, denn nur, wenn die vorläufige Wirtschaftlichkeitsuntersuchung pro ÖPP ausfällt, kann es überhaupt eine abschließende Wirtschaftlichkeitsuntersuchung geben. Es kann daher nicht überraschen, dass der Bundesrechnungshof und die Rechnungshöfe der Länder auch mit Blick auf die Beratungsfirmen ein niederschmetterndes Fazit ziehen: »Die Rechnungshöfe stellten fest, dass günstige ›Lockangebote‹ für Machbarkeitsstudien angeboten wurden, um Folgeberatungsaufträge zu erlangen. In vielen Fällen zeichneten sich die Arbeitsergebnisse der Berater durch mangelnde Nachvollziehbarkeit aus. Zum Teil waren die Grenzen zwischen Beratung und Lobbying fließend.«[83]

Fehlanreize, Intransparenz, ein undemokratischer Charakter, Mehrkosten, Manipulationen: Es spricht einiges gegen das Beschaffungsinstrument der Öffentlich-Privaten Partnerschaft. Und es spricht einiges dafür, auf dieses zukünftig vollständig zu verzichten. Dennoch passiert momentan genau das Gegenteil – ÖPP soll noch gestärkt werden. Zwei ganz wesentliche Gründe und Hintergründe dafür sind Thema des nächsten Kapitels.

4.
Hintergründe der neuen Privatisierungswelle

Die geplante Bundesfernstraßengesellschaft und die angestrebte Ausweitung Öffentlich-Privater Partnerschaften sind nicht vom Himmel gefallen. Sie haben vielmehr zwei ganz wesentliche Hintergründe: Die Einführung der Schuldenbremse in Deutschland bzw. des Europäischen Fiskalpakts in Europa sowie die Teilprivatisierung der Renten. Die Bundesfernstraßengesellschaft und die Ausweitung von ÖPP sind als falsche politische Reaktionen auf diese gleichfalls falschen politischen Beschlüsse der Vergangenheit zu verstehen.

4.1
Schuldenbremse und Fiskalpakt – ein Blick auf finanzpolitische Fehlentscheidungen

Im Jahr 2009 wurde mit der Einführung der so genannten Schuldenbremse die wohl gravierendste finanzpolitische Verfassungsänderung der vergangenen 40 Jahre vorgenommen.[84] Die Möglichkeit der Kreditfinanzierung staatlicher Investitionen zum Erhalt und Ausbau der öffentlichen Infrastruktur – das heißt die 1969 ins Grundgesetz geschriebene, so genannte »goldene Regel«[85] – ist seitdem Geschichte. Weder für den Bund noch für die Bundesländer ist eine schuldenfinanzierte Investitionstätigkeit mehr möglich. Ganz generell, so schreibt es die Schuldenbremse vor, müssen die

öffentlichen Haushalte ausgeglichen sein. Es war also eine bewusste Entscheidung und ein erklärtes politisches Ziel, Anlagemöglichkeiten für privates Kapital bei Bund und Ländern quasi abzuschaffen.

Ausnahmen sind lediglich konjunkturelle Schwankungen,
gravierende Notsituationen und Naturkatastrophen. Als außerge-
wöhnliche Notsituation kann auch eine massive Finanz- und Wirtschaftskrise gelten, wie jene in den Jahren ab 2008. Ferner erlaubt
die Schuldenbremse im Rahmen des »normalen« wirtschaftlichen
Konjunkturgeschehens weiterhin die Kreditfinanzierung von Ausgaben, sofern diese Schulden in konjunkturell besseren Zeiten
wieder getilgt werden. Dazu wird der Haushaltssaldo in eine konjunkturelle und eine strukturelle Komponente unterteilt. Die konjunkturelle Komponente soll dabei ein Reagieren auf konjunkturelle Auf- und Abschwünge ermöglichen: In konjunkturell schlechten
Zeiten ist die Aufnahme von Schulden erlaubt, in konjunkturell
guten Zeiten müssen diese Schulden aber zwingend wieder zurückgeführt werden. Über einen Konjunkturzyklus hinweg soll dies zu
ausgeglichenen Haushalten führen.

Die strukturelle Komponente bezieht sich auf jenen Teil des
Haushaltssaldos, der nicht konjunkturbedingt ist: Ein strukturelles
Defizit, das heißt eine Kreditaufnahme jenseits des konjunkturell
Erlaubten, ist nicht mehr zulässig. Dies gilt für die Bundesländer ab
dem Jahr 2020. Besonders hoch ist der Druck für finanziell schwa-
che Bundesländer, die einen Anspruch auf Konsolidierungshilfen
haben (Berlin, Bremen, Saarland, Sachsen-Anhalt und Schleswig-
Holstein). Anders als die Länder darf der Bund noch eine kleine
strukturelle Verschuldung in Höhe von maximal 0,35 Prozent des
Bruttoinlandsprodukts (BIP) jährlich aufweisen. Diese Regel ist
schon 2016 in Kraft getreten.

Erarbeitet wurden die Vorschläge zur Einführung der Schuldenbremse in der so genannten »Föderalismuskommission II«, die
sich im März 2006 konstituiert und zwei Jahre später ihre Vorschläge vorgelegt hat. Der allgemeine Auftrag der Kommission

war die Ausarbeitung von Vorschlägen zur Modernisierung der Bund-Länder-Finanzbeziehungen. Er umfasste zunächst ein relativ breites Themenspektrum. Relativ schnell verengte sich die Arbeit der Kommission aber schwerpunktmäßig auf eine Reform der Kreditfinanzierung öffentlicher Aufgaben, wobei die 2001 in der Schweiz eingeführte Schuldenbremse einen wesentlichen Bezugspunkt bildete.[86]

In Deutschland war die Schuldenbremse durchaus umstritten. Insbesondere von Seiten der Gewerkschaften und gewerkschaftsnahen ÖkonomInnen wurde ihre Einführung kritisch gesehen. Selbst der in seiner Mehrheit extrem marktorientiert argumentierende Sachverständigenrat der Bundesregierung zur Begutachtung der gesamtwirtschaftlichen Entwicklung (»Wirtschaftsweise«) hatte im Rahmen einer umfangreichen Expertise für eine Reform der »goldenen Regel« und die Beibehaltung einer Kreditfinanzierung von Investitionen geworben.[87] Letztlich entschied sich die Kommission dann aber doch für das an die Schweiz angelehnte, oben erläuterte Modell. Diese Schuldenbremse wurde mit den Stimmen der großen Koalition (bei Enthaltung der FDP und Gegenstimmen von Linken und Grünen) im Sommer 2009 im Bundestag verabschiedet. Sie erhielt auch im Bundesrat die erforderliche Mehrheit.

Nur kurze Zeit später wurde die Schuldenbremse sogar auf der europäischen Ebene etabliert. Im Zuge der Eurokrise gelang es Deutschland, eine analoge Regelung in der Europäischen Union durchzusetzen:[88] Im Dezember 2011 erfolgte die Einigung auf den so genannten Europäischen Fiskalpakt, der jenseits von konjunkturellen Schwankungen für alle Länder einen ausgeglichenen Haushalt oder sogar einen Überschuss vorschreibt. Solange die Schuldenstandsquote – also das Verhältnis von Staatsverschuldung zur Wirtschaftsleistung, dem Bruttoinlandsprodukt – höher als 60 Prozent ausfällt, gilt der Haushaltsausgleich ab einem kleinen Defizit in Höhe von 0,5 Prozent (Defizit bezogen auf das Bruttoinlandsprodukt) als erreicht. Oder anders formuliert: Liegt die Schuldenstandsquote höher als 60 Prozent, darf das jährliche De-

fizit im öffentlichen Gesamthaushalt nicht mehr als 0,5 Prozent betragen. Liegt der Schuldenstand hingegen unter 60 Prozent, dann
darf das Defizit höher sein, aber auch nicht mehr als ein Prozent
betragen.[89] Im Bundestag stimmten dem Fiskalpakt 2012 mehrheitlich die Regierungsfraktionen von CDU/CSU und FDP, aber auch
die SPD und die Grünen zu. Lediglich die Linken waren geschlossen dagegen. Notwendig war eine Zwei-Drittel-Mehrheit, sodass
der Beschluss durch die Oppositionsfraktionen hätte verhindert
werden können.

Sowohl die Schuldenbremse als auch der Fiskalpakt wurden und
werden damit begründet, dass die öffentliche Hand »über ihre Verhältnisse« und damit »zu Lasten der kommenden Generationen«
gelebt habe. In der Regel wird dies auf eine zu expansive Entwicklung der staatlichen Ausgaben zurückgeführt. Darauf beruht dann
wiederum die Forderung, insbesondere durch Leistungs- und Ausgabenkürzungen zu einem ausgeglichenen Staatshaushalt zu kommen. Auch die absolute Größe der Staatsverschuldung ist immer
wieder als Argument für die Schuldenbremse und den Fiskalpakt
ins Feld geführt worden: Die *Verschuldung der öffentlichen Haushalte* in
Deutschland betrug im Jahr 2009 – also dem Jahr der Einführung
der Schuldenbremse – insgesamt rund 1,7 Billionen Euro, aktuell
sind es gut 2 Billionen Euro. Solche Zahlen klingen unfassbar groß,
und sie lassen sich im politischen Diskurs in populistischer Manier
leicht nutzen, um Ängste zu schüren. Und genau dies ist im Rahmen der Debatte um die Einführung der Schuldenbremse auch
geschehen: Mit Verweis auf die Höhe der Staatsverschuldung ist
die geschilderte Grundgesetzänderung immer wieder argumentativ
unterfüttert worden. Auch aktuell werden Spar- und Kürzungsde-
batten, etwa auf der Ebene der Bundesländer, mit Verweis auf die
angeblich zu hohe Staatsverschuldung geführt.

Natürlich sollte der Entwicklung des Schuldenstands eine gewisse Aufmerksamkeit gewidmet werden. Grundsätzlich gilt jedoch, dass es wenig hilfreich ist, die absolute, in Euro angegebene
Staatsverschuldung zu betrachten. Ein Staat kann sich schließlich

mehr Schulden leisten, wenn seine Bevölkerung mehr Güter und
Dienstleistungen produziert: Denn je höher die Produktion ausfällt, desto größer werden die Steuereinnahmen sein. Das Produk-
tionsvolumen einer Volkswirtschaft wird durch das Bruttoinlandsprodukt erfasst. Als Faustregel kann daher gelten: Je höher das
Bruttoinlandsprodukt, desto höher kann die Staatsverschuldung
sein. Die entscheidende Größe für die Beurteilung ist daher die
Schuldenstandsquote, das heißt das Verhältnis von Staatsverschuldung zum Bruttoinlandsprodukt. Steigt sie dauerhaft oder sich sogar beschleunigend an, so führt dies zu steigenden Zinsausgaben,
was den Spielraum für andere Ausgaben unter sonst gleichen Bedingungen immer weiter einschränkt.

Will man die Schuldenstandsquote eines Staates senken, so
muss dies in einer Weise geschehen, die das Bruttoinlandsprodukt
und sein Wachstum nicht gefährdet. Mit Blick auf mögliche Kon-
solidierungsmaßnahmen müssen die gesamtwirtschaftlichen Auswirkungen Berücksichtigung finden. Schließlich handelt es sich bei
den staatlichen Ausgaben um eine enorm große gesamtwirtschaftliche Nachfrage. Zudem beeinflusst die öffentliche Hand über die
Steuer- und Ausgabenpolitik die Nachfrage der privaten Haushalte
und Unternehmen. Daher schwächen Kürzungen im Staatshaushalt in jedem Fall die gesamtwirtschaftliche Nachfrage. Dies hat negative Auswirkungen auf Wachstum und Beschäftigung, mit denen
wiederum geringere Steuereinnahmen und höhere Sozialausgaben
einhergehen. Sie wirken dem eigentlich angestrebten Rückgang
des Haushaltsdefizits entgegen oder machen ihn sogar unmöglich.[90]
Deshalb sollte eine Konsolidierung der öffentlichen Haushalte
nach Möglichkeit über die Einnahmenseite erfolgen, indem das mit
zunehmendem Wirtschaftswachstum ebenfalls im Trend steigende
Steueraufkommen genutzt wird. Ausgabenseitige Konsolidierungs-
versuche sollten vermieden werden und – wenn überhaupt – nur
in einer Phase hohen und stabilen Wirtschaftswachstums erfolgen.

Aber gab es überhaupt gute Gründe für die Einführung der
Schuldenbremse in Deutschland? Zieht man die Entwicklung der

deutschen Schuldenstandsquote seit dem Jahr 2000 heran, so ist
kein zwingender Grund auszumachen. 2008 – also in jenem Jahr,
in dem die Weltwirtschaftskrise ausbrach – betrug dieser Wert rund
65 Prozent. Im Zeitraum davor ist aufgrund der wirtschaftlichen
Stagnation 2001 bis 2005 ein moderater Anstieg zu verzeichnen.
Im Zuge der internationalen Finanz- und Weltwirtschaftskrise erhöht sich der Wert dann auf rund 80 Prozent, um danach aufgrund
der positiven Konjunkturentwicklung wieder auf zuletzt 68,2 Prozent (2016) zu fallen.[91]

Vor dem Hintergrund der *Entwicklung der Staatsausgaben* muss
die Einführung der Schuldenbremse erst Recht als zweifelhaft erscheinen: So stiegen die realen, also die preisbereinigten Staatsausgaben in Deutschland seit dem Jahr 2001 deutlich schwächer
an als im europäischen Durchschnitt – dies gilt insbesondere für
die Zeit bis zum Jahr 2008. Der jahresdurchschnittliche Anstieg
betrug für Deutschland in diesem Zeitraum nur magere 0,2 Prozent, während die Werte für EU und Eurozone sich auf immerhin
1,8 und 1,7 Prozent beliefen. In den Jahren 2009 und 2010 wurde
die Ausgabenpolitik dann auch in Deutschland mit einem Anstieg
von 3,1 und 3,4 Prozent expansiv. Im dann folgenden Zeitraum
bis 2016 fiel der Ausgabenanstieg des deutschen Staates wieder auf
sehr moderate 0,5 Prozent zurück und lag damit allerdings über
den Werten von EU (0,1 Prozent) und Euroraum (0 Prozent) – dabei ist zu bedenken, dass viele Staaten insbesondere im Euroraum
in den vergangenen Jahren aufgrund der Eurokrise eine extrem
restriktive Ausgabenpolitik verfolgt haben.[92]

Von einem exorbitanten Anstieg der Staatsausgaben kann also
keineswegs die Rede sein. Dennoch ist die Vorstellung weit verbreitet, Deutschland hätte über seine Verhältnisse gelebt und sei
deshalb verschuldet – wie beispielhaft der nachfolgend zitierte Bericht einer Lokalzeitung aus dem Jahr 2012 über die Projektarbeit
einer Berufsschulklasse zum Thema zeigt: »Vor allem über das
Ausmaß der Staatsverschuldung waren die jungen Leute entrüstet:
Etwa 1,4 Billionen Euro beträgt derzeit die Staatsverschuldung –

das sind immerhin rund 65 Prozent des Bruttoinlandsproduktes. Den Schülerinnen und Schülern wurde bei der Diskussion schnell klar, dass lange Zeit über die Verhältnisse gelebt wurde.«[93]

Anders als hier behauptet, verlief die Entwicklung der Ausgaben des Staates – wie schon erläutert – sehr moderat. Die Ausgabenquote (Staatsausgaben im Verhältnis zum Bruttoinlandsprodukt), die auch als Staatsquote bezeichnet wird, ist ab dem Jahr 2003 stark gesunken. Das heißt, der deutsche Staat hat ganz offensichtlich seine Ansprüche an das Bruttoinlandsprodukt zum Zweck der Haushaltskonsolidierung deutlich und – abgesehen von der kurzen Phase der Konjunkturpakete in den Jahren 2009 und 2010 – dauerhaft um gut drei Prozentpunkte abgesenkt: von etwa 47 bis 48 Prozent seit Anfang der 2000er Jahre auf nur noch 44 bis 45 Prozent seit dem Jahr 2005 (ein Prozent des Bruttoinlandsprodukts entspricht aktuell rund 30 Milliarden Euro). Dies hat dazu geführt, dass die deutsche Staatsquote im internationalen Vergleich relativ niedrig ausfällt: 2016 betrug sie hierzulande 44,3 Prozent. In skandinavischen Ländern und in Frankreich lag dieser Wert bei knapp 50 Prozent oder darüber, in der Europäischen Union betrug er durchschnittlich 46,7 Prozent, in der Eurozone 47,9 Prozent.[94]

Die Ausgabenpolitik des deutschen Staates seit der Jahrtausendwende muss vor dem Hintergrund der Steuerpolitik gesehen werden. Besonders die Steuerrechtsänderungen der rot-grünen Bundesregierung unter Gerhard Schröder (SPD) haben erhebliche Ausfälle an Steuereinnahmen zur Folge gehabt. Dies gilt vor allem für die »Steuerreform 2000«. Diese sollte als zentrales wachstums- und beschäftigungspolitisches Instrument fungieren, tatsächlich aber hat sie zu weiteren erheblichen Steuerausfällen geführt, ohne dass sie erkennbar positiv auf das Konjunkturgeschehen oder auf die Investitionstätigkeit in Deutschland gewirkt hätte. Besonders von ihr profitiert haben reiche Haushalte – aufgrund des von 53 auf 42 Prozent abgesenkten Einkommensteuerspitzensatzes.[95] Und auch der Unternehmenssektor ist sowohl durch die Einkommensteuersenkung als auch durch die Reform der Körperschaftsteuer kräftig entlastet worden, nach Angaben des Bundesministeriums der Finanzen um jährlich elf Milliarden Euro. In den Jahren 2001 bis 2005 liegen die jährlichen reformbedingten Einnahmenausfälle bei 24 bis 43 Milliarden Euro, was gut einem bis zwei Prozent des Bruttoinlandsprodukts in diesen Jahren entspricht.

Die ab 2005 regierende Große Koalition hat in der Steuerpolitik bis zum Ausbruch der globalen Finanz- und Wirtschaftskrise im Herbst 2008 insgesamt einen anderen Kurs verfolgt: Zwar hat es auch in dieser Zeit zahlreiche steuerliche Entlastungen vor allem für den Unternehmenssektor gegeben. Zu denken ist hier insbesondere an die im Jahr 2007 verabschiedete und im Folgejahr in Kraft getretene »Unternehmenssteuerreform 2008«, die die Unternehmen um jährlich fünf Milliarden Euro entlastet hat. Insgesamt haben die in den Jahren 2006 und 2007 beschlossenen steuerpolitischen Maßnahmen die Haushaltslage jedoch verbessert, da Steuererhöhungen wie der Anstieg der Umsatzsteuer und der Versicherungssteuer zum 1. Januar 2007 und der Abbau von Steuervergünstigungen quantitativ dominiert haben (was allerdings vor allem niedrige und mittlere Einkommen belastete).

Wird die Wirkung der Steuerpolitik von Rot-Grün seit 1998 und von Schwarz-Rot in den Jahren 2006 und 2007 insgesamt betrachtet, dann waren trotz der einnahmeseitigen Konsolidierung durch die Große Koalition immer noch hohe steuerreformbedingte Ausfälle in der Größenordnung von jährlich gut 20 Milliarden Euro auszumachen. Durch die Steuersenkungen in den Konjunkturpaketen und im von Schwarz-Gelb Ende 2009 auf den Weg gebrachten »Wachstumsbeschleunigungsgesetz« haben sich die Einnahmenausfälle dann wieder deutlich erhöht. Die jährlichen Ausfälle summieren sich seit der Jahrtausendwende bis einschließlich 2013 auf fast 500 Milliarden Euro.[96] Diese Steuerausfälle waren und sind, gerade in Verbindung mit Schuldenbremse und Fiskalpakt, eine enorme Bürde für die Entwicklung der öffentlichen Investitionen in Deutschland.

Als Zwischenfazit bleibt festzuhalten, dass die deutsche Ausgabenpolitik und selbst die Entwicklung der Schuldenstandsquote keinen wirklichen Anlass für die Einführung der Schuldenbremse geliefert haben. Die staatliche Ausgabenentwicklung fällt ganz im Gegenteil sehr moderat aus. Der in Deutschland immer wieder beschworene Konsolidierungsdruck ist die Folge von Steuersenkungen, was in der Debatte um die Schuldenbremse insbesondere von den stärksten BefürworterInnen in der Regel unterschlagen wurde und wird. Das gilt in ähnlicher Weise auch für die europäische Ebene, wo sich die Staaten der Europäischen Union vor allem in den 1990er und 2000er Jahren in einen Wettbewerb um möglichst niedrige Steuern begeben haben.

Ein weiteres zentrales Argument, auf dessen Grundlage die Schuldenbremse und der Fiskalpakt nach wie vor als alternativlos dargestellt werden, ist die angeblich verletzte *Generationengerechtigkeit*. Hier wird unterstellt, dass die heutige Erwachsenengeneration durch schuldenfinanzierte Leistungen auf Kosten ihrer Kinder und Enkel lebe. Während die gegenwärtige Generation kreditfinanziert staatliche Leistungen konsumiere, müssten die für Zins und Tilgung aufzuwendenden Steuern von nachfolgenden Generationen erwirtschaftet werden. Ein Beispiel für diese Meinung liefert ein Zitat des hessischen Bundes der Steuerzahler: »Die Schuldenbremse begrenzt die Belastungen, die ansonsten die kommenden Generationen aufgrund der aktuellen Staatsverschuldung und ihrer Verzinsung zu tragen hätten.«[97] Und in einer von der »Stiftung für die Rechte zukünftiger Generationen« preisgekrönten Arbeit aus dem Jahr 2012 heißt es: »Die den gegenwärtigen Steuerzahlern nachfolgende heutige Kindergeneration, aber auch noch nicht geborene Individuen erben einen scheinbar unaufhaltbar wachsenden Schuldenberg, dessen Verwaltungskosten zu tragen und dessen Zinsen obendrein zu tilgen sind. Die sich hieraus ergebende Benachteiligung gegenüber der vorangegangenen Generation widerspricht dem Prinzip der Generationengerechtigkeit.«[98]

Diese leider selbst unter WirtschaftswissenschaftlerInnen[99] weit verbreitete Fehlinterpretation der Staatsverschuldung stellt eine nicht haltbare Analogie zur privatwirtschaftlichen Verschuldung her.[100] Dies deshalb, weil von einer Generation zur anderen nicht nur Zahlungsverpflichtungen, sondern auch die entsprechenden Zahlungsansprüche in Form von Vermögenstiteln weitergegeben werden. Kreditfinanzierte Staatsausgaben legen Zahlungsströme für die Zukunft fest, indem ein Teil der zukünftigen Einnahmen der öffentlichen Hand als Schuldnerin an ihre GläubigerInnen fließen. Eine einseitige Vererbung von Schulden an kommende Generationen findet aber ersichtlich nicht statt, sondern es werden immer auch Vermögen vererbt. Öffentliche Schulden sind immer private Geldvermögen, und vererbt wird immer beides. Und selbst wenn die öffentliche Hand isoliert in ihrer Rolle als Schuldnerin betrachtet wird, muss bedacht werden, dass der Staatsverschuldung in der Regel Vermögenswerte in Form öffentlichen Infrastrukturkapitals gegenübersteht, die ohne eine Kreditfinanzierung unter Umständen nicht entstanden wären. Diese Vermögenswerte – Straßen, Schulen, Schwimmbäder usw. – stehen auch den kommenden Generationen zur Verfügung. Ungerecht ist daran nichts, im Gegenteil.

Geht es um das Für und Wider von Staatsverschuldung, dann wird in den Wirtschaftswissenschaften auch über das so genannte *Crowding-Out-Argument* gestritten. Dabei geht es um die Frage, ob fiskalpolitische Maßnahmen private Nachfrage verdrängen und damit ganz oder zumindest zum Teil wirkungslos sind. Mögliche Verdrängungseffekte werden dabei über verschiedene Mechanismen konstruiert: Zentral ist dabei zum einen die These, dass die öffentliche Hand durch ihre zusätzliche Nachfrage dem Privatsektor Güter entziehe. Zum anderen gibt es die These, dass im Falle einer Kreditfinanzierung zusätzlicher staatlicher Ausgaben private Kreditnehmer (allen voran Unternehmen) durch steigende Zinsen verdrängt würden. Angenommen wird dabei, dass die größere Nachfrage des Staates nach Krediten zu einem steigenden »Preis« für diese Kredite führen – also zu steigenden Zinsen.[101]

Vor allem für den wirtschaftspolitischen Mainstream[102] führt eine Ausweitung der staatlichen Nachfrage grundsätzlich zu einem vollständigen Crowding-Out. Zusätzliche Ausgaben des Staates verpufften mithin wirkungslos und hätten keinen Einfluss auf Produktion und Beschäftigung. Argumentiert wird wie folgt: Ein kreditfinanzierter Anstieg der staatlichen Nachfrage habe einen steigenden Zinssatz zur Folge. Aufgrund des erhöhten Zinssatzes sinken die Unternehmensinvestitionen und die private Konsumnachfrage. Ersteres, weil die Investitionen teurer werden und ein Teil davon unrentabel wird; letzteres, weil die privaten Haushalte wegen der höheren Zinsen mehr sparen.

Nicht immer wird allerdings so detailliert argumentiert – manchmal wird ein Verdrängen privater Investitionen durch den Staat auch einfach ohne Begründung behauptet. Denn in der Tat: Es klingt ja auf den ersten Blick irgendwie schlüssig. So heißt es etwa in einem Blog-Beitrag auf den Seiten der Arbeitgeber-Lobbyorganisation »Initiative Neue Soziale Marktwirtschaft«: »Über Jahrzehnte wurde es versäumt, die uferlos wachsende Verschuldung einzudämmen. [...] Die Folgen sind gewaltig: Neben der stetig wachsenden Zins- und somit zukünftigen Steuerbelastung pro Kopf, die durch die demographische Entwicklung nochmals verschärft wird, kommt es zu einer Verdrängung privater Investitionen (›crowding out‹-Effekt).«[103]

Tatsächlich ist das Crowding-Out-Argument aber wenig überzeugend.[104] Denn tritt im Falle eines Konjunkturabschwungs die staatliche an die Stelle der einbrechenden privaten Kreditnachfrage des Unternehmenssektors, dann werden keine Zinssatzsteigerungen auftreten. Außerdem wird die Höhe des gesamten Zinsniveaus in beträchtlichem Ausmaß durch die Geldpolitik der Zentralbank beeinflusst. Ferner hängt das Sparverhalten der privaten Haushalte wesentlich von ihrem Einkommen ab (Personen mit höheren Einkommen haben eine höhere Sparquote)[105] und nicht von der Höhe des Zinssatzes. Ein weiterer zentraler Einwand gegen das Crowding-Out-Argument stammt von dem Wirtschaftswissenschaftler Wolfgang Stützel:[106] Indem durch die erhöhte staatliche Nachfrage die Produktion und damit auch die Einkommen steigen, erhöhen sich auch die Ersparnisse, da ein Teil der neu entstandenen Einkommen gespart wird. Dies jedoch führt zu sinkenden Zinsen.

Die Absurdität des Crowding-Out-Arguments wird endgültig deutlich, wenn man sich die Diskussionen um Privatisierungen und Öffentlich-Private Partnerschaften vor Augen führt. In den zurückliegenden Jahren hat der Staat in Deutschland – wie oben beschrieben – in der Tat immer weniger Kredite aufgenommen – und das zu immer niedrigeren Zinsen. Eigentlich müssten sich daher all jene freuen, die an die Sinnhaftigkeit von Schuldenbremse und Fiskalpakt glauben. Einer regen privaten Investitionstätigkeit sollte nun nichts mehr im Wege stehen. Das Gegenteil aber ist passiert: Die private Investitionstätigkeit ist nicht nur schlecht, sondern die potentiellen Investoren fordern ausgerechnet vom Staat nun auch noch die künstliche Schaffung neuer Anlagemöglichkeiten. Denn sie wissen nicht mehr, wohin sie mit ihrem Geld sollen. Mit dem Argument, die Anlage in Staatsanleihen sei für Versicherungen, Banken und Investmentfonds nicht mehr auskömmlich genug, sollen nun höher verzinste Anlagemöglichkeiten im Rahmen von ÖPP-Projekten ausgeweitet werden.

All das zeigt: Die Kreditaufnahme der öffentlichen Hand zur Finanzierung staatlicher Aufgaben kann nicht per se als ökonomisch nachteilig bewertet werden. Denn wenn der Nutzen neuer Schulden zum Beispiel in Form höheren Wirtschaftswachstums oder eines besseren sozialen Zusammenhalts in der Gesellschaft größer ist als die Kosten (Zinsen), dann macht eine schuldenfinanzierte Ausgabensteigerung Sinn. Und öffentliche Investitionsprogramme – mehr Geld für die Infrastruktur, aber auch für Ganztagsschulen und Ganztags-Kitas oder für die Hochschulen – steigern das Wirtschaftswachstum und verbessern in der langen Frist die Tragfähigkeit der öffentlichen Finanzen.[107]

Es ist allgemein anerkannt, dass die öffentliche Hand einen Teil ihrer Einnahmen für Investitionen ausgeben muss, um in angemessenem Umfang die öffentliche Infrastruktur (Straßen, Schienen, Bildungseinrichtungen, Krankenhäuser, Wasserversorgung und Abwasserentsorgung etc.) für die privaten Haushalte und den Unternehmenssektor zur Verfügung zu stellen. Dabei ist die staatliche Bereitstellung der öffentlichen Infrastruktur eine wesentliche Voraussetzung für private Wirtschaftsaktivitäten. Auch aus Unternehmensperspektive ist die öffentliche Infrastruktur etwas Positives, sie bildet eine Art Vorleistung: Sie erhöht das unternehmerische Produktionspotential und senkt die Produktionskosten. Fallen die staatlichen Investitionen zu gering aus, wird sich dies langfristig negativ auf die wirtschaftliche Entwicklung im entsprechenden Wirtschaftsraum auswirken.

Gerade im Bildungsbereich können zu geringe öffentliche Investitionen negative Effekte haben. Ist etwa das Lernumfeld in Schulen schlecht, beeinträchtigt dies die Leistung der SchülerInnen und die Effektivität des Unterrichts. Zu nennen sind zum Beispiel der Zuschnitt von Klassenräumen, der Lärmpegel, die Beleuchtung oder die Akustik, aber auch Lehrmaterialien. Zu bedenken ist ferner, dass unterlassene Investitionen gravierende Umweltprobleme und damit auch Kosten hervorrufen können. Ein Beispiel ist die Abwasserkanalisation, bei der undichte Leitungssysteme etwa zur Verunreinigung der Böden und des Grundwassers führen können. Bedacht werden muss ferner, dass bei der Unterlassung von Ersatzinvestitionen – wenn etwa Straßenschäden nicht rechtzeitig beseitigt werden – die Kosten im Laufe der Zeit progressiv steigen.[108] Dies hat nicht zuletzt das Beispiel der A 7 in Südniedersachsen gezeigt.

In Deutschland entwickelten sich die öffentlichen (Brutto-) Investitionen seit Beginn der 1970er Jahre im Verhältnis zum Bruttoinlandsprodukt rückläufig. Hierbei handelt es sich zwar um einen allgemeinen internationalen Trend, aber im Vergleich mit wichtigen anderen Industrienationen war der Rückgang in Deutschland wesentlich stärker ausgeprägt. Im Jahr 2016 wies die deutsche staatliche Investitionsquote mit nur 2,2 Prozent einen sehr niedrigen Wert auf, während in der EU ein Durchschnitt von immerhin 2,8 Prozent des Bruttoinlandsprodukts erreicht wurde (Euroraum: 2,6 Prozent). Norwegen und Schweden erreichten Werte jenseits der vier Prozent, aber auch Großbritannien (2,6 Prozent) und Frankreich (3,4 Prozent) standen besser da als Deutschland.[109]

Die Nettoinvestitionen des Staates (also dessen Bruttoinvestitionen abzüglich der Abschreibungen, die den Verschleiß erfassen) sind in Deutschland seit dem Jahr 2003 negativ (von den Jahren 2009 bis 2012 abgesehen). Der öffentliche Nettokapitalstock ist folglich spürbar geschrumpft.[110] Die Nettoinvestitionen der Kommunen weisen seit 2002 sogar durchgehend einen negativen Wert auf, die gesamtstaatlich positiven Nettoinvestitionen in den Jahren 2009 bis 2012 sind also alleine auf die Investitionstätigkeit von Bund und Ländern zurückzuführen.

Kumuliert man die Nettoinvestitionen für den Zeitraum 2003 bis 2015, dann ergibt sich für den Staat insgesamt ein negativer Wert in Höhe von rund minus 15 Milliarden Euro: Wir verfrühstücken unser öffentliches Anlagevermögen – die Straßen, Gebäude und Brücken. Während die Werte von Bund und Ländern mit jeweils knapp 25 Milliarden Euro positiv sind, weisen die Sozialversicherungen ein Minus von fast vier Milliarden Euro auf. Noch sehr viel drastischer ist der Nettokapitalstock der Städte, Gemeinden und Landkreise geschrumpft: Sie verzeichneten ein Minus in Höhe von über 61 Milliarden Euro. Das heißt mit anderen Worten: Seit 2003 ist die Infrastruktur der Kommunen mit einem Wert von 61 Milliarden Euro verfallen. Dies ist besonders dramatisch, da in den Kommunen der größte Teil der staatlichen Investitionen in Deutschland getätigt wird. Aktuell sind es rund 35 Prozent. Zu Beginn der 1990er Jahre betrug der kommunale Anteil noch rund 50 Prozent.[111]

Ein wesentlicher Grund für diesen Rückgang und die im internationalen Vergleich unterdurchschnittliche Investitionstätigkeit der öffentlichen Hand in Deutschland ist in den Konsolidierungsbemühungen zu sehen. Kürzungen bei den öffentlichen Investitionen waren und sind für die Gebietskörperschaften häufig das bevorzugte und einfachste Mittel, um die Ausgabentätigkeit zu beschränken. Hinzu kommt ein Stellenabbau im öffentlichen Dienst, der dazu führt, dass Bund, Länder und Kommunen oft schlicht das Personal nicht mehr haben, um die notwendigen Investitionen zu planen, in Auftrag zu geben und zu überwachen: »Der Stellenabbau in den Verwaltungen von Ländern und Gemeinden im Zuge der Haushaltskonsolidierung der vergangenen 20 Jahre hat dazu geführt, dass die Personaldecke vielerorts derart dünn ist, dass einige Fachdezernate und Ämter nicht selten schon bei längeren Ausfällen einzelner MitarbeiterInnen und Mitarbeiter oder in Phasen erhöhter Krankenstände kaum noch handlungsfähig sind. Dies gilt in besonderer Weise für die öffentlichen Bauverwaltungen, die im Zuge der Ausgründung kommunaler Eigenbetriebe oft aufgelöst, ausgelagert oder im Personalbestand zumindest deutlich dezimiert wurden«, so Henrik Scheller vom Deutschen Institut für Urbanistik (Difu).[112]

Legt man als Maßstab zur Ermittlung der Investitionslücke in Deutschland einfach den EU-Durchschnitt zugrunde, so ergibt sich bei den öffentlichen Investitionen eine Differenz von 0,6 Prozent des Bruttoinlandsprodukts oder knapp 18 Milliarden Euro pro Jahr. Durch die mangelnde Investitionstätigkeit von Städten, Gemeinden und Landkreisen hat sich ein erheblicher Investitionsstau herausgebildet. Nach dem aktuellen Kommunalpanel der Kreditanstalt für Wiederaufbau (KfW) beläuft sich der Investitionsrückstand auf der kommunalen Ebene auf 126 Milliarden Euro. Am größten ist der Investitionsstau im Bereich der Straßen- und Verkehrsinfrastruktur mit gut 34 Milliarden Euro, dicht gefolgt vom Bereich Schule (inklusive Erwachsenenbildung) mit fast 33 Milliarden Euro.[113]

Abschließend sei mit Blick auf Schuldenbremse und Fiskalpakt noch ein grundsätzliches technisches Problem bei der Ermittlung des konjunkturellen Spielraums angesprochen. Wie erläutert, muss hierfür eine Trennung zwischen der strukturellen und der konjunkturellen Verschuldung vorgenommen werden. Was sich theoretisch leicht und einleuchtend anhört, ist in der konkreten Praxis hochgradig kompliziert: Keines der bisher entwickelten Verfahren ist in der Lage, die strukturelle Verschuldung so zu berechnen, dass deren Werte tatsächlich unabhängig von konjunkturellen Schwankungen sind. Das aber ist logische Voraussetzung dafür, von struktureller Verschuldung zu sprechen, denn »strukturell« meint ja nun gerade konjunkturunabhängig.[114] Bei allen Verfahren zur Ermittlung der konjunkturellen und der strukturellen Komponente des entsprechenden Haushaltssaldos wird im Laufe der Zeit ein Teil des konjunkturellen Saldos zu einem Teil des strukturellen Saldos uminterpretiert. Es lässt sich nachweisen, dass dieser Effekt umso größer ist, je länger eine konjunkturelle Phase dauert. Die Folge ist, dass die Schuldenbremse entgegen ihrer eigentlichen Intention prozyklisch wirkt: Im Konjunkturabschwung sind die öffentlichen Haushalte zu früh gezwungen, Ausgaben zu kürzen und Defizite zu reduzieren. Dies birgt die Gefahr, die Konjunktur weiter abzuwürgen. Im Konjunkturaufschwung hingegen können sich die Haushalte noch verschulden, obwohl eigentlich eine frühere Reduktion des Defizits angemessen wäre. Ökonomisch sinnvoll ist beides nicht.

Zwar scheint die Schuldenbremse – wenn zunächst einmal vor allem die Entwicklung auf der Bundesebene in den Blick genommen wird – bisher keinen negativen Effekt gehabt zu haben. Die Übererfüllung und die Haushaltsüberschüsse der jüngsten Vergangenheit lassen sie als Erfolgsmodell erscheinen, zumal der Bund keine übermäßigen Spar- und Kürzungsmaßnahmen ergreifen musste. Beweist das aber, dass die Schuldenbremse und der Europäische Fiskalpakt angemessene und kluge Beschlüsse waren, die funktionieren? Keineswegs: Die Konsolidierungserfolge auf der Bundesebene beruhen in erster Linie auf der guten Beschäftigungs- und Einkommensentwicklung sowie den niedrigen Zinsen seit dem Jahr 2011.[115] Was passiert wäre, wenn die vergleichsweise ungünstigen Konjunkturprognosen der Jahre 2009 und 2010 Realität geworden wären, zeigt eine Studie des Instituts für Makroökonomie und Konjunkturforschung (IMK). Dann hätte die Einhaltung der »Schuldenbremsen«-Vorgaben schnell prozyklische Spar- und Kürzungsmaßnahmen erforderlich gemacht, die die Konjunktur schwer belastet hätten. Etwa 41 Milliarden Euro stünden alleine im Bundeshaushalt weniger zur Verfügung, und die Schuldenstandsquote läge um 8,5 Prozent höher. Die wahre Belastungsprobe im Rahmen eines schlechten Konjunkturverlaufs, so das Fazit der Studie, steht mithin noch aus.

Anders als auf der Bundesebene müssen die Auswirkungen der Schuldenbremse jedoch für die Bundesländer bewertet werden. Hier hat die Mehrheit der Länder trotz guter Konjunkturentwicklung zum Teil erhebliche Spar- und Kürzungsmaßnahmen auf den Weg bringen müssen, um die Vorgaben der Schuldenbremse zu erfüllen. Verwiesen sei etwa auf das Land Hessen, das unter anderem die Besoldung der BeamtInnen für mehrere Jahre im Voraus stark beschnitten hat.[116] Insgesamt war die Fiskalpolitik der Länder eher restriktiv ausgerichtet, sie hat die konjunkturelle Entwicklung in Deutschland daher ebenso gebremst wie die öffentliche Investitionstätigkeit. In noch größerem Umfang gilt dies auch für die Städte, Gemeinden und Landkreise.

Zusammengefasst gibt es also jede Menge guter Gründe, die gegen Schuldenbremse und Fiskalpakt sprechen. Solche Versuche der Verschuldungsbegrenzung sind nicht nur unnötig, sondern sogar schädlich. Sie bremsen nicht die Staatsverschuldung, sondern Investitionen, wirtschaftliche Entwicklung und sozialen Zusammenhalt. Ebenso gibt es gute Gründe, über Alternativen nachzudenken – und Mittel und Wege zu suchen, die Schuldenbremse und den Europäischen Fiskalpakt irgendwie zu umgehen. Rein technisch betrachtet, können bestimmte Formen der Privatisierungen und der Öffentlich-Privaten Partnerschaften solche Mittel und Wege sein. Ob sie eine gute Lösung des Problems darstellen, steht gleichwohl auf einem anderen Blatt.

4.2
Teilprivatisierung der Altersvorsorge – ein Blick auf rentenpolitische Fehlentscheidungen

Lange verlief die Rentenpolitik in Deutschland in gemächlichen Bahnen. Politische Zielsetzung war es, den Lebensstandard der Versicherten im Alter zu erhalten und Armut zu verhindern. Dafür war die Gesetzliche Rentenversicherung zuständig[117] – alle private und berufliche Vorsorge sollte nur ein Extraschmankerl sein. Inhaltlich prägend waren Fachleute in Sozialpolitik und Wissenschaft, die einen Ruf als eher dröge, aber fachlich versierte Zahlenhuber hatten. Die Finanzindustrie hingegen zeigte wenig Interesse an der Thematik; staatliche und private Formen der Vorsorge standen eher unverbunden nebeneinander.

Ab den 1990er Jahren änderte sich dies.[118] Von Lebensstandardsicherung und Armutsfestigkeit war fortan immer weniger die Rede. Stattdessen wurde immer lauter eine angesichts der »Globalisierung« angeblich mangelnde »Wettbewerbsfähigkeit« des »Standorts Deutschland« beklagt. Als Hauptursache der Misere galten die vermeintlich zu hohen »Lohnnebenkosten«, zu denen nicht zuletzt die von Arbeitgebern und Beschäftigten je hälftig zu leistenden Beiträge zur Gesetzlichen Rentenversicherung zählten. Hinzu kamen panische Ängste vor der Alterung der Gesellschaft. Der demografische Wandel sorge dafür, dass es immer weniger Menschen im arbeitsfähigen Alter gebe, während die Zahl der RentnerInnen ansteige. Dies mache unter anderem das gesetzliche Rentenversicherungssystem unbezahlbar. Die Tragweite dieser Diskussion zeigte sich nicht zuletzt an der Enquetekommission »Demographischer Wandel« des Bundestags, die von 1992 bis 2002 arbeitete.

Auch die rentenpolitischen Akteure wurden andere. Die »alten« Rentenfachleute verloren – vor allem gegen Ende der 1990er Jahre – zunehmend an Einfluss, so etwa Norbert Blüm in der CDU, Rudolf Dreßler in der SPD oder der langjährige Vorsitzende des

Sozialbeirats der Bundesregierung, Winfried Schmähl. Volkswirte und Sozialwissenschaftler, die von der Orientierung an der Gesetzlichen Rente nicht mehr viel hielten, wurden dem gegenüber einflussreicher – zu denken ist vor allem an Namen wie Hans-Werner Sinn, Meinhard Miegel, Axel Börsch-Supan, Bert Rürup und Bernd Raffelhüschen.[119] Selbst der Soziologe Wolfgang Streeck entdeckte die »Lohnnebenkosten« als zentrales Problem der deutschen Wirtschaft und wurde zu einer Art Vordenker der neuen rot-grünen Sozialpolitik: »Dass hohe Lohnnebenkosten vor allem am unteren Ende des Arbeitsmarkts ein gravierendes Beschäftigungshindernis sind, ist unbestritten [...]«[120] Und nicht zuletzt entwickelte auch die Finanzindustrie Interessen und konzeptionelle Aktivitäten in diesem Bereich.[121]

In den 1990er Jahren ging auch ein Jahrzehnte alter Konsens darüber verloren, dass Rentenpolitik aus Wahlkämpfen und parteipolitischen Auseinandersetzungen herauszuhalten sei. Noch 1992 war eine parteiübergreifend beschlossene Rentenreform in Kraft getreten. In deren Folge und vor dem Hintergrund der deutschen Wiedervereinigung kam es zu Steigerungen des Rentenbeitragssatzes. Die Regierungskoalition aus CDU/CSU und FDP unter Bundeskanzler Helmut Kohl (CDU) beschloss als Reaktion darauf 1997 gegen die Stimmen von SPD, Grünen und PDS eine neuerliche Rentenreform, die verschlechterte Leistungen der Gesetzlichen Rentenversicherung vorsah. Obwohl schon damals von der Finanzwirtschaft gefordert, wurden private und kapitalgedeckte Formen der Versorgung noch nicht eingeführt.

Dieses Gesetz zur Rentenreform hätte 1999 in Kraft treten sollen – eigentlich. Denn dazwischen lag im Herbst 1998 eine Bundestagswahl, die ganz wesentlich von Auseinandersetzungen um die zukünftige Rentenpolitik geprägt war. Der Rentenkonsens war damit Geschichte, Rentenpolitik hatte nach Jahrzehnten die gemächlichen Bahnen verlassen. Mit dem Versprechen, die Kürzungen zurückzunehmen, gewannen SPD und Grüne die Wahl. Dabei kündigten beide Parteien (wie auch CDU und FDP) schon in ihrem Wahlprogramm an, zugleich auch private und betriebliche Eigenvorsorge sowie kapitalgedeckte Formen der Alterssicherung stärken zu wollen.[122]

Nach der Wahl setzten SPD und Grüne wesentliche Teile der schwarz-gelben Rentenreform zunächst außer Kraft. So auch den »demografischen Faktor«, der nach dem Willen von Union und FDP zu Rentenkürzungen führen sollte, um Belastungen durch den demografischen Wandel auszugleichen. Zugleich aber gingen Diskussionen in Politik, Medien und Wissenschaft um eine grundlegende Rentenreform weiter. Sie mündeten im Jahr 2000 in erste Kürzungen bei der Erwerbsminderungsrente, die bis dahin noch »Erwerbsunfähigkeitsrente« hieß. Die Finanzindustrie konnte sich zum ersten Mal die Hände reiben – die große Zeit der Berufsunfähigkeitsversicherungen war angebrochen. Weil die Gesetzliche Rente das Risiko Erwerbsunfähigkeit nicht mehr adäquat absichere, sei nun private Vorsorge geboten.[123]

Dieser ersten Teilprivatisierung und Kürzung der Gesetzlichen Rente[124] folgte ein noch größerer Coup: Nach langen Verhandlungen zwischen SPD, Grünen, Union und FDP beschloss der Bundestag 2001 mit rot-grüner Mehrheit eine umfassende Rentenreform. Es war die größte seit vielen Jahren und schwächte die Gesetzliche Rentenversicherung grundlegend. Erstens führten SPD und Grüne eine freiwillige kapitalgedeckte Privatrente (»Riester-Rente«, benannt nach dem damaligen Arbeitsminister Walter Riester) ein.[125] Mit ihr ging eine erste, über mehrere Jahre verteilte pauschale Kürzung der gesetzlichen Rente einher. Zweitens riefen sie den »demografischen Faktor« in anderer Form wieder ins Leben, der über Jahrzehnte hinweg zu weiteren Rentenkürzungen führen wird und dies auch in den zurückliegenden 15 Jahren schon tat. Damit gehörte die Jahrzehnte alte Kopplung der Renten an die Löhne der Vergangenheit an: Seit 1957 stiegen die Renten analog der Löhne, fortan sollten sie immer weiter hinter ihnen zurückbleiben. Diesen ersten Rentenkürzungen folgte 2007 unter einer schwarz-roten Koalition eine Anhebung des Renteneintrittsalters auf 67 Jahre. Für Teile der Versicherten bedeutet sie faktisch eine weitere Rentenkürzung.

Um die niedrigeren gesetzlichen Renten auszugleichen, sollten ArbeitnehmerInnen nun im entsprechenden Umfang selbst privat vorsorgen. Dafür erhalten sie staatliche Zulagen und Steuerermäßigungen im Rahmen einer »Riester«-Versicherung. Zusätzlich wurde ein Rechtsanspruch auf Entgeltumwandlung eingeführt, wonach Beschäftigte einen bestimmten Anteil ihres Gehalts steuer- und abgabenfrei in eine Pensionskasse, einen Pensionsfonds oder eine Direktversicherung einzahlen können. Während man also Arbeitgeber teilweise aus der Finanzierung des Rentensystems entließ, belastete man abhängig Beschäftigte und Steuerzahlende umso mehr. Um mittels Privatvorsorge alle Risiken abzudecken, die die gesetzliche Rentenversicherung noch in den 1990er Jahren abgedeckt hatte, werden ArbeitnehmerInnen im Jahr 2030 nach Angaben der Arbeitnehmerkammer Bremen neun Prozent des eigenen Einkommens aufwenden müssen.[126] Würden diese Versicherungsleistungen zu gleichen Teilen von Beschäftigten und Arbeitgebern finanziert, wie es bis zu den Rentenreformen der Fall war, so müssten die Arbeitgeber davon 4,5 Prozent übernehmen. Dank der Rentenreformen sind sie davon aber entbunden. Das bedeutet: Abhängig Beschäftigte schenken ihren Arbeitgebern faktisch 4,5 Prozent ihres Einkommens. Monat für Monat, gezwungenermaßen.

Der jahrelange, teure Lobbyismus von Arbeitgebern und Finanzwirtschaft hatte sich damit ausgezahlt. Oberstes Ziel war nun die Stabilisierung des Rentenbeitragssatzes. Anstatt sich nur auf die Gesetzliche Rente zu verlassen, sollten die Menschen selbst vorsorgen – und auf entsprechende »Finanzprodukte« von Versicherungen, Banken und Investmentfonds zurückgreifen.[127] Die Research-Abteilung der Deutschen Bank bezeichnete diese Politik zu Recht als »Paradigmenwechsel«.[128]

Die Sicherung des Lebensstandards im Alter war damit Geschichte, und Altersarmut kehrte zurück. Anzeichen dessen sind schon heute zu beobachten. Das Rentenniveau, das noch in den 1990er Jahren bei 53 Prozent und mehr lag, betrug 2016 nur noch 48 Prozent. Bis 2030 geht es nach Angaben der Bundesregierung voraussichtlich auf 44,5 Prozent zurück, bis 2045 sogar auf 41,6 Prozent. Die durchschnittlichen Zahlbeträge bei der Altersrente (Bestandsrenten) gingen in Westdeutschland von 789 Euro (2000) auf 700 Euro (2014) zurück, in Ostdeutschland von 905 Euro (2000) auf 859 Euro (2014). Die Zahlbeträge bei der Erwerbsminderungsrente (Zugangsrenten) in Westdeutschland sanken von 851 Euro (1997) auf 588 Euro (2014) und in Ostdeutschland von 763 Euro (1997) auf 592 Euro (2014) (alle Zahlen inflationsbereinigt in Preisen des Jahres 2010).[129] Auch dabei ist das Ende der Fahnenstange noch lange nicht erreicht – jedenfalls, wenn nicht gegengesteuert wird.

Danach sieht es allerdings derzeit nicht aus. Ein ganz wesentlicher Grund dafür ist die nach wie vor weit verbreitete Überzeugung, der demografische Wandel mache den beschriebenen rentenpolitischen Paradigmenwechsel alternativlos. Solcherlei Ängste sind keineswegs neu. Schon seit mindestens dem 19. Jahrhundert sind gesellschaftliche Debatten von der Idee geprägt, die Alterung der Gesellschaft führe unweigerlich zu deren Zusammenbruch.[130] Und obwohl entsprechende Katastrophen-Prognosen ähnlich zuverlässig eintreffen wie die von Weltuntergangssekten, halten sie sich gerade in der rentenpolitischen Debatte hartnäckig.

So wurde und wird argumentiert, die Renten würden im *Umlageverfahren*, auf dem die Gesetzliche Rentenversicherung beruht, durch den demografischen Wandel notwendig unbezahlbar. Schließlich bezahlten in diesem System diejenigen, die noch im erwerbsfähigen Alter sind, die Rente für diejenigen, die dies nicht mehr sind (»Generationenvertrag«). Und wenn die Anzahl Ersterer aufgrund zu geringer Geburtenraten drastisch schrumpfe, während die Zahl Letzterer aufgrund einer höheren Lebenserwartung immer weiter ansteige, dann könne dies auf Dauer nicht gutgehen.[131]

Nun gibt es den demografischen Wandel allerdings schon seit vielen Jahrzehnten – ohne dass das Umlageverfahren zusammengebrochen wäre. Im Gegenteil: Seit 1960 ist die durchschnittliche Arbeitszeit pro Kopf der Bevölkerung (!) in Deutschland von über 1000 Stunden jährlich auf etwa 720 Stunden in den 2010er Jahren gesunken, ein Rückgang um fast 30 Prozent. Zugleich ist das Bruttoinlandsprodukt pro Kopf der Bevölkerung von 11.500 Euro (1960) auf fast 34.000 Euro (2015) angestiegen, was knapp einer Verdreifachung entspricht. Wir produzieren also pro Arbeitsstunde immer mehr – die Arbeitsproduktivität hat enorm zugenommen. Dies ist der Grund dafür, dass in der Vergangenheit die umlagefinanzierte Rentenversicherung stets funktioniert hat. In immer weniger Arbeitszeit wurden immer mehr Einkommen (und Waren und Dienstleistungen) produziert, von denen sowohl Erwerbstätige als auch RentnerInnen immer besser leben konnten: Produktivität schlägt Demografie.[132]

Über Arbeitsproduktivität spricht im rentenpolitischen Zusammenhang seit 25 Jahren allerdings – von Gewerkschaften, wenigen WissenschaftlerInnen und wenigen PolitikerInnen abgesehen – kaum noch jemand. Stattdessen zeichnen interessierte Kreise weiter Schreckensbilder von angeblich übergroßen Belastungen, die der demografische Wandel mit sich bringe. Insbesondere die eingangs genannten »neuen« Rentenexperten tun sich hervor. So hieß es im Jahr 2000 bei Axel Börsch-Supan: »Noch gefährlicher ist die Abhängigkeit der umlagefinanzierten Rente von der Demographie, speziell dem zahlenmäßigen Verhältnis von Rentnern zu Arbeitnehmern, das sich innerhalb der nächsten 25-30 Jahre etwa verdoppeln wird [...]«.[133] Hans-Werner Sinn sah 1998 sogar die staatliche Ordnung in Gefahr, er sprach von »drohenden Finanzierungsproblemen des deutschen Rentenversicherungssystems und den Möglichkeiten für sinnvolle Reformen, die einen Zusammenbruch des Systems und eine Gefährdung der staatlichen Ordnung unseres Landes durch überbordende Beitragslasten verhindern.«[134] Und in einem Monatsbericht der Bundesbank hieß es 1999: »Das

Verhältnis der Personen im Alter von 60 Jahren und darüber zur Anzahl der Personen im erwerbsfähigen Alter zwischen 20 und unter 60 Jahren, der sogenannte Altenquotient, dürfte sich aus heutiger Sicht bis zum Jahr 2030 auf knapp 75% annähernd verdoppeln. Das Umlageverfahren der Rentenversicherung gerät damit in eine bedrohliche Zwickmühle [...]«[135]

Nicht nur für die Research-Abteilung der Deutschen Bank war klar: »An der Notwendigkeit einer Reform der gesetzlichen Rentenversicherung bestehen keine Zweifel mehr.«[136] Kürzungen der gesetzlichen Renten erschienen irgendwann ebenso unausweichlich wie eine Stärkung des so genannten *Kapitaldeckungsverfahrens*. Anders als beim Umlageverfahren werden beim Kapitaldeckungsverfahren die Renten formal nicht durch die Menschen im arbeitsfähigen Alter finanziert, sondern aus Ersparnissen, die die Menschen für das eigene Alter zurücklegen. Versicherungen, Banken, Investmentfonds oder Pensionsfonds legen dieses Geld an und erwirtschaften idealerweise Zinsen.[137] Mit Renteneintritt zahlen sie es den SparerInnen wieder aus – als Einmalbetrag, als monatliche Rente oder in einer Kombination von beidem. Typische Beispiele für kapitalgedeckte Altersrenten sind bestimmte Lebensversicherungen, Riester- und Rürup-Renten und Betriebsrenten.

Dass die Finanzwirtschaft an einer Stärkung des Kapitaldeckungsverfahrens (und damit an einer Teilprivatisierung der Rente) interessiert war, kann nicht überraschen. Entsprechend weitete sie ab den 1990er Jahren ihre Einflussnahme gegenüber Politik, Wissenschaft und Medien massiv aus. Die Angst vor dem demografischen Wandel diente ihr als Vehikel. Sie warb zum einen für Leistungskürzungen bei der gesetzlichen Rente. Dies sollte die Versicherten unter Druck setzen, zusätzlich anderweitige Formen der Altersvorsorge zu nutzen. Und sie warb für eine staatliche Stärkung und Förderung kapitalgedeckter Altersvorsorge-«Produkte« wie Riester- oder Betriebsrenten. Das politische Umfeld war dafür günstig: Der Aktien- und New-Economy-Hype der späten 1990er Jahre kam ihrem Bestreben entgegen. Nicht auf die

Finanzmärkte zu setzen, erschien vielen Menschen dumm und irrational. Und selbst nach dem Zusammenbruch dieses Hypes blieb der Glaube an die Finanzmärkte weitgehend ungetrübt – mindestens bis zur großen Weltwirtschafts- und Finanzkrise ab 2008.

Finanzwirtschaft und Arbeitgeber waren sich dabei in vielem einig. Von einem niedrigeren Rentenbeitragssatz, finanziert über niedrigere Renten, profitieren Arbeitgeber unmittelbar. Es überrascht daher nicht, dass sich neben den Arbeitgeberverbänden auch die »Initiative Neue Soziale Marktwirtschaft« (INSM) intensiv der Themen Rente und demografischer Wandel annahm, nachdem sie 2001 vom Arbeitgeberverband Gesamtmetall gegründet worden war. Unter anderem engagierte sich der schon erwähnte Bernd Raffelhüschen für die INSM.

Vor allem aber die Finanzwirtschaft ging mit ihren Aktivitäten über das Übliche – wie etwa Pressearbeit oder die Teilnahme an Anhörungen – deutlich hinaus. Die Deutsche Bank hatte schon 1997 das »Deutsche Institut für Altersvorsorge« gegründet, das eine entsprechende pseudo-wissenschaftliche Lobbyarbeit gegen die gesetzliche Rente betrieb. Die Versicherungswirtschaft unterstützte Börsch-Supan 2000 bei der Gründung eines »Mannheimer Forschungsinstituts Ökonomie und Demographischer Wandel«. Und sie wurde, was die von diesem Institut verbreiteten Inhalte angeht, gewiss nicht enttäuscht.[138] Dies gilt auch für diverse Unternehmen der Finanzbranche und für die INSM, die Raffelhüschens Freiburger »Forschungszentrum Generationengerechtigkeit« finanziell unterstützen.[139] Überhaupt war und ist die Verflechtung zwischen privatisierungsfreundlichen Rentenexperten und der Finanzwirtschaft groß. Um nur einige Beispiele zu nennen: Hans-Werner Sinn war Aufsichtsratsmitglied bei der HypoVereinsbank, Bernd Raffelhüschen bei der ERGO-Versicherungsgruppe, Bert Rürup war Aufsichtsratsvorsitzender der Pensionskasse des AXA-Konzerns und wurde später Chefökonom des Finanzdienstleisters AWD.[140]

Ähnliche Verflechtungen gab und gibt es auch zwischen Finanzwirtschaft und Politik. Vier Staatssekretäre der Schröder-Regierung
nahmen später eine führende Position in Finanzunternehmen ein.
In allen Fraktionen (außer der PDS) gab es Abgeordnete, die zugleich Mitglied von Vorständen, Beiräten oder Aufsichtsräten von
Finanzunternehmen waren.[141] Geradezu legendär sind die zahlreichen einschlägigen Vorträge, die nicht nur Ex-Arbeitsminister
Walter Riester oder Ex-Finanzminister Peer Steinbrück mehr als
einen schönen Nebenverdienst bescherten. Dabei sind sie nicht die
einzigen. Auch privatisierungsfreundliche Wissenschaftler halten
regelmäßig für gutes Geld Vorträge bei Finanzunternehmen.[142]

Nicht zuletzt nahmen die Parteispenden von Banken und Versicherungen ab 1998 (dem Jahr der Bundestagswahl) deutlich zu.
Dabei kam in den 1990er Jahren der allergrößte Teil lange von
den Banken; die Versicherungen stiegen in diese Form der indi-
rekten Einflussnahme erst ab 2001 (dem Jahr der Rentenreform)
mit nennenswerten Geldern ein. Während der Anteil der Finanzwirtschaft am gesamten Spendenaufkommen juristischer Personen
1995 noch bei knapp 14 Prozent lag, war er bis 2007 schon auf
knapp 30 Prozent angestiegen. Der Löwenanteil der Gelder floss
und fließt dabei an Union und FDP, ein gewisser Teil auch an die
SPD. Die Grünen wurden nach der Regierungsübernahme 1998
erstmals bedacht, PDS bzw. Linkspartei hingegen nicht.[143] Ein
Schelm, wer Böses dabei denkt.

Letztlich waren die Bemühungen privatisierungsfreundlicher
PolitikerInnen, JournalistInnen, WissenschaftlerInnen und Konzerne um eine Teilprivatisierung der Rente erfolgreich. Wie beschrieben, wurden kapitalgedeckte Altersvorsorgemodelle ab 2001
in Form privater und betrieblicher Renten zu ergänzenden Säulen
der Alterssicherung.

Gleichwohl stellte und stellt sich die ökonomische Frage, weshalb und wodurch kapitalgedeckte Altersvorsorgemodelle im Zeit-
alter des demografischen Wandels umlagefinanzierten Modellen
überlegen sein sollen. Eine einfache, häufig zu lesende Begründung

lautet in etwa wie folgt: Wenn es immer weniger Menschen im erwerbsfähigen Alter gibt, zugleich aber die Zahl der RentnerInnen
ansteigt, dann ist es sinnvoll, wenn jeder Mensch während seines
Berufslebens Geld für die eigene Rente anspart. Er verschiebt dann
quasi den eigenen Konsum von heute in die Zukunft: Anstatt heute
in Urlaub zu fahren oder ein neues Fahrrad zu kaufen, spart er das
Geld, um davon im Alter die Miete zu bezahlen oder Lebensmittel
zu kaufen. Das ist Ökonomie auf Eichhörnchen-Art.

Diese Vorstellung vom »Sparen« hatte etwa die SPD-Abgeord-
nete Lydia Westrich, als sie 2001 während der Bundestagsdebatte
zur Rentenreform sagte: »Die Altersvorsorge, die einen sicheren
und sorgenfreien Lebensabend garantiert, ist ein Wettlauf mit der
Zeit. Wer früh anfängt, sich um seine Alterssicherung zu kümmern,
hat die Nase vorn.«[144] Und auch die Allianz-Versicherung folgte
dieser Idee vom »Sparen«, als sie vor 15 Jahren über Kapitaldeckung schrieb: »Möglich ist auch die Einführung kapitalgedeckter Elemente in das staatliche Rentensystem. Erhöhtes Vorsorge-
sparen soll dabei die Kürzungen der gesetzlichen Rente und die
damit verbundenen spürbaren Einkommensverluste im Alter ab-
federn«.[145]

Der Sozialökonom Gerhard Mackenroth zeigte sich in den
1950er Jahren gegenüber solchen Vorstellungen vom »Sparen«
skeptisch. Seine zentralen, rasch zu einiger rentenpolitischer Be-
rühmtheit gelangenden Aussagen lauten: »Nun gilt der einfache
und klare Satz, dass aller Sozialaufwand immer aus dem Volkseinkommen der laufenden Periode gedeckt werden muss. Es gibt gar
keine andere Quelle und hat nie eine andere Quelle gegeben, aus
der der Sozialaufwand fließen könnte, es gibt keine Ansammlung
von Periode zu Periode, kein ›Sparen‹ im privatwirtschaftlichen
Sinne, es gibt einfach gar nichts anderes als das laufende Volkseinkommen als Quelle für den Sozialaufwand [...]. Kapitalansamm-
lungsverfahren und Umlageverfahren sind also der Sache nach gar
nicht wesentlich verschieden. Volkswirtschaftlich gibt es immer
nur ein Umlageverfahren«.[146]

Mackenroth argumentierte also, dass die Einkommen der nicht mehr arbeitenden Menschen im Rentenalter stets aus dem zum jeweiligen Zeitpunkt erwirtschafteten Volkseinkommen bezahlt werden müssen. Und zwar völlig unabhängig vom jeweiligen Rentensystem. Dieser Gedanke lässt sich vielleicht etwas besser verstehen, wenn man ihn wie folgt umformuliert: Wer im Alter wohnen und essen möchte, der kann dies nur tun, wenn es auch im Alter Menschen und Unternehmen gibt, die Lebensmittel herstellen bzw. Wohnungen bauen, renovieren und vermieten. Gesamtwirtschaftlich kann man also keinen Konsum in die Zukunft verlagern. Einfach für später zu »sparen«, also Geld für Jahrzehnte unter ein Kopfkissen zu legen oder in ein Altersvorsorge-»Produkt« zu geben, sorgt im Alter weder für Wohnungen noch für Lebensmittel. Dies gilt umso mehr, als die Zahl der Menschen im arbeitsfähigen Alter durch den demografischen Wandel ja abnimmt. »Sparen« löst also den einfachen und logischen Zusammenhang, dass der Konsum der Nicht-Mehr-Arbeitenden immer nur durch die Produktion der Arbeitenden gesichert werden kann, keineswegs auf.

Nun dürfte die Aussage, dass man Konsum aus volkswirtschaftlicher Perspektive nicht in die Zukunft verlegen kann, außerhalb von Bundestag und Talkshows weitgehend unstrittig sein.[147] Von den prominenteren privatisierungsfreundlichen Wissenschaftlern hat sich Bert Rürup häufig mit Mackenroths Theorem auseinandergesetzt. Er hält dessen Grundaussage für »banal«, also durchaus korrekt: »Der Satz, dass ›aller Sozialaufwand immer aus dem Volkseinkommen der laufenden Periode gedeckt werden muss‹, ist so zutreffend wie banal. Denn jedes Einkommen, seien es Renten, Löhne, Mieten oder Zinsen, welches jemand bezieht, muss stets zur gleichen Zeit von jemandem bezahlt werden«.[148] Diesen Zusammenhang räumt auch Börsch-Supan ein, etwas umständlich allerdings und ohne auf Mackenroth Bezug zu nehmen: »Die wichtigste Gemeinsamkeit ist, daß beide Verfahren auf unseren Kindern aufbauen. Im Umlageverfahren ist dies sofort klar, da die Beiträge der Kinder die Renten der Eltern bezahlen. Aber auch das Kapitaldeckungsverfahren beruht darauf, daß die Kinder die Zinsen, Dividenden und Wertzuwächse zahlen, aus denen die Renten des Kapitaldeckungsverfahren stammen.«[149]

Der Konsens endet gleichwohl bei der Frage, welche Konsequenzen aus dieser Erkenntnis für die Gestaltung eines Altersvorsorgesystems zu ziehen sind. Rürup widerspricht nachdrücklich Mackenroths Aussage, dass es keine Rolle spiele, ob man sich für das Umlageverfahren oder das Kapitaldeckungsverfahren entscheidet.[150]

Letztlich ist genau dies der Dreh- und Angelpunkt der Rentenpolitik. Die entscheidende Frage lautet: Gibt es gute Argumente dafür, dass das Kapitaldeckungsverfahren dem Umlageverfahren überlegen ist, obwohl in beiden Fällen jeder Konsum nur aus Produktion gedeckt werden kann, die zur gleichen Zeit stattfindet? Alle Begründungen, die eine Überlegenheit des Kapitaldeckungsverfahrens belegen sollen, müssen damit eine Bedingung erfüllen: Sie müssen erklären können, dass und weshalb Produktion und Volkseinkommen im Kapitaldeckungsverfahren in Zukunft höher sein werden als im Umlageverfahren.

Es sind im Wesentlichen zwei solcher Gründe, die die Finanzwirtschaft und ihre wissenschaftlichen Freunde immer wieder vorbringen. Erstens, so sagen sie, führe das Kapitaldeckungsverfahren zu einer höheren Ersparnis und diese wiederum zu höheren Investitionen, einem höheren Wachstum und höheren Renditen. Zweitens könne und solle man im Kapitaldeckungsverfahren Geld im Ausland anlegen, wodurch man die höheren Wachstums- und Renditechancen »jüngerer«, demografisch weniger belasteter Gesellschaften nutze. Beides wiederum soll als Argument dafür gelten, dass Mackenroths Theorem letztlich doch nicht zutreffe.

Auch Rürup greift in dem eben zitierten Text beide Argumente auf. So schreibt er, dass »Sparen« das Wachstum steigern könne: »In unserer globalisierten Welt mit integrierten Finanzmärkten ist die Mackenroth-These unvollständig und damit letztlich falsch. Und selbst in Volkswirtschaften mit abgeschotteten Finanzmärkten kann das Volkseinkommen, aus dem alles bezahlt werden muss, größer werden, wenn mehr gespart wird.«[151] Und auch die Bundesbank glaubt an ein Wachstumsplus, ausgelöst durch eine höhere Ersparnis im Kapitaldeckungsverfahren: »Mit einer erhöhten gesamtwirtschaftlichen Ersparnis könnten sich ebenso wie mit einer verbesserten Lenkung des Kapitals in seine produktivsten Verwendungszwecke die Wachstumsperspektiven der Volkswirtschaft verbessern.«[152]

Höheres Sparen, ausgelöst durch kapitalgedeckte Rentensysteme, soll also zu mehr Investitionen, damit zu mehr Wachstum und zu höheren Renditen führen. Diese Annahme klingt schön, ist aber gleich doppelt falsch. Empirisch falsch ist sie, weil nach Einführung der »Riester-Rente« und nach der Stärkung der Betriebsrenten 2002 die Deutschen nicht mehr, sondern weniger gespart haben (von einem kurzen Anstieg Mitte der 2000er Jahre abgesehen). In den 1980er Jahren lag die Sparquote jahresdurchschnittlich bei 12,5 Prozent, in den 1990er Jahren bei 11,5 Prozent. In den 2000er Jahren schließlich waren es nur noch 9,9 Prozent, und nimmt man den gesamten Zeitraum seit den Rentenreformen 2002 bis heute, dann waren es sogar nur noch 9,8 Prozent.[153] Offenbar haben die Menschen ihre Ersparnisse nicht gesteigert, sondern reduziert und teilweise in Riester-Verträge und Betriebsrenten lediglich umgelenkt. Und das, obwohl in den genannten Zeiträumen die Einkommens-Ungleichheit immer mehr zugenommen hat, was für sich genommen zu steigenden Sparquoten führt. Schließlich sparen reiche Haushalte mehr als ärmere.[154] Umso drastischer fällt das Scheitern der teilprivatisierten Rente aus empirischer Sicht aus.

Die Behauptung, dass höheres Sparen zu mehr Wachstum führe, ist aber auch aus theoretischer Sicht hanebüchen. Es braucht nämlich vorab überhaupt keine Ersparnisse, damit Unternehmen Kredite bekommen und investieren können. In unserem zeitgenössischen Wirtschaftssystem mit modernem Bankensystemen können Geschäftsbanken unbegrenzt Geld schaffen. Sie schöpfen Geld schlicht, indem sie Kredite vergeben, zum Beispiel an Unternehmen. Das tun sie quasi aus dem Nichts – sie reichen dabei keine Ersparnisse weiter.[155]

Dabei gibt es allerdings eine wesentliche Einschränkung: Banken vergeben nur Kredite, wenn die Aussicht besteht, das verliehene Geld zurückzuerhalten und daran zu verdienen. Diese Aussicht besteht bei Schuldnern mit guter Bonität und – im Falle von Unternehmen – mit einem tragfähigen Geschäftsmodell. Damit ist aber die gesamtwirtschaftliche Nachfrage (und nicht die Summe der Ersparnisse!) von entscheidender Bedeutung: Wenn ein Unternehmen zusätzliche Produkte absetzen und daran verdienen kann, wird es investieren und dafür einen Bankkredit erhalten. Dieser zusätzliche Absatz setzt aber eine entsprechende Nachfrage voraus. Es braucht also Menschen, die über ausreichend Geld verfügen, um die entsprechenden Güter und Dienstleistungen auch kaufen zu können.[156] So gesehen ist es sogar gut und erfreulich, dass die Sparquote in Deutschland nach 2002 nicht angestiegen ist – denn das hätte die Nachfrage belastet und die wirtschaftliche Entwicklung gebremst. Wer spart, kauft nicht.

Wobei man vermutlich eher »zusätzlich gebremst« sagen müsste, denn die wirtschaftliche Entwicklung in Deutschland war seit den frühen 2000er Jahren lange Zeit ziemlich schlecht. Die Investitionen der Unternehmen sind seit damals sogar durchgängig bis heute unbefriedigend.[157] Die versprochenen Investitionen (die ja durch die kapitalgedeckte Zusatzrente, aber auch durch die rot-grünen Steuersenkungen Anfang der 2000er Jahre befördert werden sollten) sind also ausgeblieben.

Das erste Argument für die Überlegenheit der Kapitaldeckung ist daher falsch. Nun haben deren Freunde aber ja noch einen zweiten Pfeil im Köcher: Sie sagen, man könne und solle bei der kapitalgedeckten Rente Geld im Ausland anlegen, denn dadurch werde Deutschland die höheren Wachstums- und Renditechancen »jüngerer«, demografisch weniger belasteter Gesellschaften nutzen.[158] Dort seien die Renditechancen höher, wovon dann deutsche RentnerInnen profitieren könnten.

So schrieb etwa die Ökonomin Kerstin Windhövel: »Neben einer reinen Kapitalanlage innerhalb von Industriestaaten mit ähnlichen demografischen Problemen, gibt es noch die Möglichkeit das Kapital in unter-kapitalisierten Ländern mit einer günstigeren Bevölkerungsstruktur zu investieren.«[159] Und Deutsche Bank Research argumentierte einst mit »Investitionen im Ausland zur Abfederung demografischer Verwerfungen«.[160]

Solche Auslandsanlagen werden in den allermeisten Fällen über grenzüberschreitende Kapitalmärkte abgewickelt. Wenig überraschend und durchaus folgerichtig plädieren die Freunde der Kapitaldeckung daher für eine möglichst freie Beweglichkeit des Kapitals auf dem Globus. Mit der allerdings musste die Menschheit im Zuge der Krise ab 2008 schlechte Erfahrungen machen: Kapitalfreiheit hat zur Intensität und Reichweite dieser Krise erheblich beigetragen. Die Krise wiederum hat zu beträchtlichen Verlusten auf Seiten der Lebensversicherungen und Pensionsfonds geführt. Nach Angaben der OECD verloren kapitalgedeckte Lebensversicherungen im Jahr 2008 insgesamt 23 Prozent der investierten Gelder. US-amerikanische Pensionsfonds waren sogar mit 26 Prozent dabei. Bei deutschen Lebensversicherungen waren die Verluste beträchtlich geringer, aber dennoch empfindlich. Sie konnten nur teilweise wieder wettgemacht werden.[161] Und die anschließende Niedrigzinsphase, hervorgerufen durch eine langjährige wirtschaftliche Stagnation im Euroraum, machte die Situation nicht besser.

Aber auch ohne Krise ist die Kapitalanlage im Ausland nicht per se vorteilhaft. Es gibt Kursentwicklungsrisiken – also das Problem, dass die Kurse der Wertpapiere gerade im Keller sein können, wenn sie verkauft werden müssen, um Rentenansprüche zu bedienen. Es gibt Währungsrisiken – also das Problem, dass Wechselkursänderungen eine Rendite binnen kürzester Zeit zunichtemachen können.[162] Es gibt politische Risiken – ein Staatsstreich oder Bürgerkrieg beispielsweise kann Auslandskapital vernichten. Hinzu kommt, dass Transaktionskosten bei grenzüberschreitenden Kapitalanlagen oft höher sind.

Die Anlage von Altersvorsorgegeldern am Kapitalmarkt ist also mit beträchtlichen Risiken und Schwierigkeiten verbunden. Diese sind sogar noch größer, wenn nicht in demografisch »belasteten« Ländern, sondern in Entwicklungs- und Schwellenländern investiert werden soll, wo oft höhere Renditen zu erwarten sind. Darauf reagieren die Lebensversicherungen und Pensionsfonds im Rahmen ihrer Anlagestrategien in einer Weise, die das Argument der im Ausland angeblich höheren Renditen ad absurdum führt: Sie investieren hauptsächlich im Inland sowie in sicheren EU-Staaten, die demografisch genauso belastet sind wie Deutschland. Das rentenpolitische Argument der höheren Rendite im Ausland spielt anlagestrategisch allenfalls eine nachgeordnete Rolle.

Doch selbst bei Kapitalanlagen im Inland können die Risiken beträchtlich sein. Das zeigte die Rettung der Münchner Bank Hypo Real Estate (HRE) im Jahr 2008. Sie kostete insgesamt über 100 Milliarden Euro, davon kamen 85 Milliarden Euro vom Staat. Profitiert von dieser teuren Aktion haben in erster Linie Lebensversicherer und Pensionsfonds. Sie hatten einen nennenswerten Teil ihrer Kundengelder in Pfandbriefe der Bank angelegt, weil diese als besonders sicher galten (und gelten). Eine Zahlungsunfähigkeit der HRE hätte die kapitalgedeckte Altersvorsorge in Deutschland massiv getroffen.[163] Dieser Fall und immer wieder zu beobachtende ähnliche Fälle weltweit zeigen, dass die volkswirtschaftlichen, von Steuerzahlenden zu tragenden Kosten der Kapitaldeckung durchaus beträchtlich sein können. Faktisch sind es staatliche Subventionen des Geschäftsmodells »kapitalgedeckte Altersvorsorge«, die in keine Renditeberechnung einfließen.

Aber auch fernab solcher spektakulärer Rettungsaktionen spielt der Staat für die »private« Altersvorsorge über Kapitalmärkte eine erstaunlich zentrale Rolle – und zwar keineswegs nur in Krisenzeiten. Denn während privatisierungsfreundliche Wissenschaft und Finanzwirtschaft über die Schaffung von Realkapital zur Bewältigung des demografischen Wandels sinnieren, landet ein beträchtlicher Teil der Altersvorsorgegelder in Form von Krediten, Staatsanleihen oder Pfandbriefen bei den reichen, demografiegeplagten Staaten. Das liegt zum einen daran, dass gesetzliche Regelungen den Lebensversicherungen und Pensionsfonds ein Mindestmaß an sicheren Anlagen vorschreiben – zum Schutz der SparerInnen. Zum anderen haben diese aber auch selbst ein Interesse an solchen Anlagemöglichkeiten, bringen diese doch eine risikoarme und sichere Rendite. Und da Staaten im Regelfall die sichersten Kreditnehmer sind, absorbieren sie einen nennenswerten Teil der Gelder aus kapitalgedeckten Alterssicherungsmodellen. Allen voran Deutschland.

So hatte beispielsweise die Allianz Lebensversicherung im März 2013 immerhin 23 Prozent ihrer Gelder in Staatsanleihen investiert. Davon dürfte der Löwenanteil in Deutschland oder im Euroraum angelegt gewesen sein. Weitere 36 Prozent der Gelder waren in Pfandbriefe investiert, von denen etwa die Hälfte mit staatlichen Krediten besichert sein dürfte. Auch hier dominieren wohl Deutschland und Staaten im Euroraum. Bei der Ergo Lebensversicherung betrug der Anteil der Staatsanleihen sogar über 32 Prozent und der der Pfandbriefe fast 37 Prozent.[164] Viel Spielraum für die angeblich so renditeträchtigen und demografiesicheren Anlagen in Realkapital außerhalb des Euroraums verbleibt da nicht mehr.

Diese wichtige Rolle, die der Staat als Kreditnehmer für die private Altersvorsorge spielt, widerlegt das zweite Argument für die angebliche Überlegenheit des Kapitaldeckungsverfahrens. Die Anlage in Realkapital und in weniger demografiebetroffene Länder steht gerade nicht im Mittelpunkt der Anlagestrategien von Lebensversicherungen und Pensionsfonds. Nicht zuletzt die Diskussionen und Pläne rund um die Privatisierung der Autobahnen und die Förderung von ÖPP in Kommunen zeigen dies einmal mehr: Vor nicht einmal 20 Jahren forderte die Finanzwirtschaft erfolgreich eine Teilprivatisierung der Rente mit dem Argument, dass Kapitalmärkte und Kapitaldeckungsverfahren der staatlichen, umlagefinanzierten Rente überlegen seien. Heute jammert die gleiche Finanzwirtschaft, dass ihnen der Staat nicht mehr genug Anlagegelder abnehme und dafür auch noch zu wenig Zinsen bezahle. Die Konsequenz: Gemeinsam mit politischen Akteuren macht man sich dran, Wege zur staatlichen Finanzierung höherer Renditen zu finden. Selbst wenn es die Steuerzahlenden teuer kommt und selbst wenn es gesamtwirtschaftlich ineffektiv ist – wie bei Öffentlich-Privaten Partnerschaften.

Zusammengefasst gibt es also jede Menge guter Gründe, die zurückliegende Teilprivatisierung der Rente und die damit verbundenen Rentenkürzungen kritisch zu sehen. Diese politischen Entscheidungen waren nicht nur unnötig, sondern sogar schädlich. Sie werden absehbar die soziale Ungleichheit erhöhen, zu mehr Altersarmut führen und die Sicherung des Lebensstandards im Alter erschweren oder unmöglich machen. Die Versprechen, mit denen sie einst begründet wurden, erfüllen sie nicht. Dies ist keineswegs nur auf die aktuellen Niedrigzinsen zurückzuführen, sondern generell auf die falschen ökonomischen Konzeptionen und Annahmen, die hinter der Teilprivatisierung der Rente standen und stehen.

In der Konsequenz dessen ruft die Finanzwirtschaft nun ausgerechnet nach (versteckter) staatlicher Unterstützung bei der Sicherung der versprochenen Renditen privater und betrieblicher Altersvorsorgemodelle. Dabei nehmen sie insbesondere bestimmte Formen der Privatisierungen und der Öffentlich-Privaten Partnerschaften in den Blick.

5.
Privatisierungstendenzen bei Infrastrukturinvestitionen

Die Gründung einer Bundesfernstraßengesellschaft, die Ausweitung Öffentlich-Privater Partnerschaften und die Schaffung neuer Kapitalanlagemöglichkeiten sind die wesentlichen Anliegen zweier Gesetzentwürfe, die die schwarz-rote Bundesregierung Ende 2016 vorgestellt hat und die von Bundestag und Bundesrat im Juni 2017 – in deutlich gemäßigter Fassung – beschlossen wurden. In diesem Kapitel schildern wir mit Blick auf Europa und Deutschland die Vorgeschichte dieses Gesetzespakets wie auch die Diskussionen, die sich rund um die Beschlussfassung abspielten (siehe auch Anhang 1).

5.1
Die europäische und die internationale Ebene

Die Vorgänge rund um die Autobahn A 7 und die Schulen des Landkreises Offenbach zeigen, dass es ein wachsendes Interesse von Baukonzernen gibt, über Öffentlich-Private Partnerschaften eine größere und renditeträchtigere Rolle bei öffentlichen Infrastrukturprojekten zu spielen. Ihnen zur Seite stehen jene Konzerne, die ein Interesse haben, solche ÖPP-Projekte zu finanzieren, allen voran Banken, Versicherungen, Pensions- und Investmentfonds. Sie stellen das notwendige Fremdkapital (und unter Umständen auch das Eigenkapital) zur Verfügung und wollen im Gegenzug eine auskömmliche Rendite erhalten. Die fehlgeleitete Rentenpolitik in Deutschland bildet hierfür einen nicht unwesentlichen Hintergrund.

Tatsächlich sind ÖPP-Projekte bei der Errichtung, Instandhaltung und Finanzierung von Gebäuden, Straßen und anderer Infrastruktur mittlerweile recht weit verbreitet. Und es gibt einen weltweiten Trend zur stärkeren Beteiligung privater Akteure und privaten Kapitals an Infrastrukturinvestitionen sowie den breiten politischen Willen, diesen Trend zu befördern. In Entwicklungs- und Schwellenländern war, nach Angaben der Weltbank, Ende der 1990er Jahre mit über 100 Milliarden US-Dollar ein erster Höhepunkt privater Infrastrukturbeteiligungen (umfasst neben ÖPP auch Dienstleistungs- und Leasingverträge) erreicht. Nach einem anschließenden Rückgang bis zum Jahr 2002 stiegen die diesbezüglichen Geschäftsvolumina bis 2010 mit etwa 170 Milliarden US-Dollar auf einen neuen Höchstwert.[165] In Europa scheint die Entwicklung ähnlich gewesen zu sein. Dabei entfiel in den späten 2000er Jahren ein Großteil der Infrastruktur-ÖPP-Projekte auf Großbritannien (27 Prozent der Projektvolumina) und die iberische Halbinsel (23 Prozent). In den anderen Staaten spielte ÖPP nur eine nachgeordnete Rolle. Dies gilt etwa für Deutschland (4 Prozent), Italien (6 Prozent), die 2004 und 2007 beigetretenen EU-Mitgliedstaaten (5 Prozent), die nordischen Staaten (1 Prozent) sowie Benelux (4 Prozent). In Frankreich (damals 9 Prozent), das den Ruf eines ÖPP-freundlichen Landes hat, nahmen die Projektvolumina nach 2010 recht deutlich zu.[166]

Dass sich in Deutschland ab etwa 2010/2011 die Diskussionen um ÖPP im Bereich der Infrastrukturinvestitionen verstärkt haben, mag an der im internationalen Vergleich eher geringen Bedeutung liegen, die ÖPP hierzulande nach wie vor zukommt. Eine Rolle spielten sicherlich aber auch und vor allem Veränderungen im Finanzsektor, die sich aus der großen Finanz- und Wirtschaftskrise ab 2008 ergaben. Aus der Erfahrung heraus, dass die jahrzehntelang propagierte Deregulierung des Finanzsektors zu enormen Verwerfungen geführt hatte, unterwarfen die Regierungen weltweit ihre Banken ab den frühen 2010er Jahren wieder strikteren Regulierungen. Auch die als »Basel III« bezeichneten Vorgaben der Bank für Internationalen Zahlungsausgleich – der internationalen »Zentralbank der Zentralbanken« – sind in diesem Zusammenhang zu nennen. Die Möglichkeiten von Banken, Infrastrukturprojekte mit Krediten zu finanzieren, verschlechterten sich hierdurch rapide. Zugleich verschlechterten sich insbesondere in Europa aufgrund des niedrigen Zinsniveaus die Anlagemöglichkeiten institutioneller Anleger wie Versicherungen und Investmentfonds. Hinzu kam, dass sich – wiederum gerade in Europa – die Regierungen strikten Haushaltsregeln unterwarfen (Stichworte: Schuldenbremse und Europäischer Fiskalpakt). Dies erhöhte einmal mehr die Schwierigkeit, überhaupt noch öffentliche Mittel zur Infrastrukturfinanzierung zur Verfügung stellen zu können.

All dies führte unter Finanzmarktakteuren, bei Regierungen wie auch in internationalen Organisationen zu Überlegungen und Entscheidungen, den Markt für Infrastrukturinvestitionen stärker für weitere so genannte institutionelle Anleger zu öffnen: weg von Banken – hin zu Versicherungen, Fonds und Finanzmärkten. Gerade im europäischen Markt, der (anders als der angelsächsische) weit überwiegend von Finanzierungen durch Banken geprägt ist, muss dies deutliche Veränderungen mit sich bringen.

Politisches Ziel war es fortan, Infrastruktur zu einer eigenständigen Vermögensanlageform (»asset class«) zu machen. Entsprechende Papiere erarbeiteten etwa die Europäische Kommission, verschiedene Regierungen, die Bank für Internationalen Zahlungsausgleich, die Europäische Investitionsbank und andere.[167]

So heißt es beispielsweise im Grünbuch der Europäischen Kommission »Langfristige Finanzierung der europäischen Wirtschaft« von 2013: »Die Banken können infolge der Finanzkrise weniger Kredite mit langen Laufzeiten anbieten, da sie den Fremdkapitalanteil weiter verringern und die Exzesse der Vergangenheit korrigieren müssen. Gleichzeitig dämpfte die Krise Vertrauen und

Risikobereitschaft von Kreditnehmern und institutionellen Anlegern. [...] Über die Bewältigung der Finanzkrise hinaus bleibt die wichtige Frage, ob Europa im Zusammenhang mit der Finanzierung langfristiger Investitionen einen Weg aus seiner traditionell starken Abhängigkeit von der Vermittlungstätigkeit der Banken hin zu einem stärker diversifizierten System findet, das durch einen deutlich höheren Anteil der direkten Kapitalmarktfinanzierung und ein stärkeres Engagement institutioneller Anleger und anderer Finanzmärkte gekennzeichnet ist.«[168]

Bei dieser Strategie spielen Öffentlich-Private Partnerschaften eine Schlüsselrolle, wie der damalige EU-Kommissionspräsident José Manuel Barroso schon 2009 deutlich machte:»Aufgrund der beispiellosen finanziellen Anstrengungen bei der Bekämpfung der Krise werden die öffentlichen Haushalte auf Jahre hinaus unter Druck stehen. Wir müssen daher kreativ sein, wenn es darum geht, finanzielle Mittel zu mobilisieren, um unsere Vorhaben in die Praxis umzusetzen. [...] Die Kommission wird auch einen neuen Rahmen für Öffentlich-Private Partnerschaften schaffen, um mitzuhelfen, in den kommenden Jahren verschiedene Geldquellen zusammenzubringen und Investments zu maximieren.«[169]

Nicht zuletzt die angestrebte EU-Kapitalmarktunion dient dem Ziel, Kreditfinanzierungen stärker für Kapitalmärkte zu öffnen.[170] Die europäischen Banken und Versicherungen sowie deren Verbände sind dabei in die Entscheidungsprozesse eng eingebunden. Für den EU-Kommissionspräsidenten Jean-Claude Juncker ist die Kapitalmarktunion eines der wesentlichsten politischen Vorhaben seiner Amtszeit. Seine Pläne werden politisch gleichwohl von einer breiten Mehrheit in Brüssel getragen, die neben Konservativen und Liberalen auch die Sozialdemokraten umfasst. So spielt die Kapitalmarktunion wenig überraschend auch im so genannten Fünf-Präsidenten-Bericht »Die Wirtschafts- und Währungsunion vollenden« von 2015 eine zentrale Rolle. Mitgetragen wurde dieses Papier von Jean-Claude Juncker (EU-Kommissionspräsident, konservativ), Donald Tusk (Präsident des Europäischen Rates, liberalkonservativ), Jeroen Dijsselbloem (Vorsitzender der Eurogruppe, Sozialdemokrat), Mario Draghi (EZB-Präsident, liberal) und Martin Schulz (damals Präsident des Europäischen Parlaments, heute SPD-Kanzlerkandidat und -Parteivorsitzender).[171]

In letzter Konsequenz laufen diese Pläne auf eine erneute Deregulierung der Finanzmärkte, auf die Akzeptanz zumindest bestimmter »Schattenbanken« und auf eine erneute Ausweitung von Verbriefungen hinaus.[172] Verbriefungen sind Finanzinstrumente, bei denen Kredite gebündelt und als handelbare Papiere verkauft werden. Sie können Intransparenz und Klumpenrisiken[173] befördern. Schattenbanken wiederum sind Finanzmarkt-Akteure, die bankähnliche Funktionen (insbesondere die Vergabe von Krediten) haben, die aber keine Banklizenz besitzen und daher nicht wie Banken reguliert werden. Dabei sind die Grenzen zwischen regulierten Finanzmarktakteuren und Schattenbanken fließend: »Schattenbanktätigkeiten üben in einem nicht unbeträchtlichen Umfang auch ansonsten regulierte Pensions- und Lebensversicherungsfonds aus. Dies dürfte vor allem auf die staatliche Förderung der kapitalgedeckten Altersvorsorge in vielen Ländern in den vergangenen 20 bis 30 Jahren zurückgehen«, so der Wirtschaftswissenschaftler Hubert Gabrisch.[174]

Sowohl Schattenbanken als auch Verbriefungen trugen für die große Krise ab 2008 eine ganz wesentliche Mitverantwortung und gerieten daraufhin zu Recht unter Beschuss. Neuerdings aber hat sich bei den politischen und ökonomischen Eliten eine Haltung durchgesetzt, der zufolge man gute und böse Schattenbanken sowie gute und böse Verbriefungsmodelle unterscheiden und unterschiedlich behandeln müsse.[175]

Ein in den aktuellen Diskussionen wichtiges Beispiel solcher »guten« Schattenbanken (die aber, weil sie »gut« seien, nicht mehr so genannt werden) stellen so genannte Kreditfonds dar. Kreditfonds sind Investmentfonds, die Kredite in großem Umfang entweder selbst vergeben oder verbriefte Kredite und Anleihen erwerben. Institutionelle Anleger wie Versicherungen und Pensionsfonds können in Kreditfonds investieren, die dieses Geld wiederum als Kredite weiterreichen. Insbesondere mit Blick auf Infrastrukturinvestitionen hat die EU-Kommission in den vergangenen Jahren mehrfach erklärt, dass sie eine Ausweitung von Kreditfonds anstrebt. Entsprechende Weichenstellungen folgten. Deutschland hat Kreditfonds im Mai 2015 dereguliert. Zwischen 2011 und Sommer 2015 sind die europaweit in Kreditfonds angelegten Gelder von unter 10 Milliarden Euro auf über 40 Milliarden Euro angestiegen. Etwa die Hälfte dieses Wachstums entfiel auf Kreditfonds, die in Infrastruktur investieren – ihre Volumina stiegen im genannten Zeitraum von etwa einer Milliarde Euro auf über 16 Milliarden Euro.[176]

Im Juni 2015 ist eine »Verordnung über den europäischen langfristigen Investmentfonds« (European Long-Term Investment Fund – »ELTIF«) in Kraft getreten. Damit wurde eine völlig neue Fondskategorie geschaffen. Die EU-Kommission erhofft sich, mit ihr ein Instrument gefunden zu haben, durch das private und institutionelle Anleger Kapital für einen längeren Zeitraum zur Verfügung stellen können. Auch hierbei hat sie insbesondere die Finanzierung von Infrastrukturprojekten im Blick.

Auch die »Projektanleiheninitiative« der Europäischen Union, gestartet 2012, soll eine bessere Kapitalmarktfinanzierung für Infrastrukturprojekte gewährleisten. Sie ist – wie so vieles aus Brüssel – ein konservativ-liberal-sozialdemokratisches Gemeinschaftswerk. Im Rahmen der Initiative sollen Projektträger, die förderfähige Infrastrukturvorhaben durchführen, mehr private Kredite erhalten. Dazu geben sie »Projektanleihen« aus, die vor allem von institutionellen Investoren gekauft werden. Förderfähige Projekte sind in der Regel öffentlich-private Partnerschaften; Projektträger sind daher zumeist private Zweckgesellschaften, die zur Durchführung einer ÖPP gegründet werden. Deren Anleihen werden attraktiv gemacht, indem Projektträger ihre Verbindlichkeiten in zwei Gruppen aufteilen: eine vorrangige, die bei finanziellen Schwierigkeiten zuerst bedient wird, und eine nachrangige, die bei Schwierigkeiten

nicht oder nur teilweise bedient wird. Die nachrangigen Verbindlichkeiten werden nun durch europäische Gelder abgesichert, was
die vorrangigen umso attraktiver macht. Letztlich werden also einmal mehr Gewinne privatisiert, während Risiken und Verluste von
den Steuerzahlenden zu tragen sind.[177]

Dass diese EU-Projektanleihen ÖPP befördern, hat Bun-
deskanzlerin Angela Merkel (CDU) im Juni 2012 im Bundestag
unterstrichen, als sie im Zusammenhang mit Investitionsförder-
maßnahmen der Europäischen Union unter anderem von den
Projektanleihen sprach, die »man sich vorstellen [kann] wie Public
Private Partnerships.«

Das jüngste Kind der EU-europäischen Investitionsförder-
programme ist der »Europäische Fonds für Strategische Investitionen« (EFSI). Auch er soll private Gelder für öffentliche und
privatwirtschaftliche Investitionen einwerben. Dabei ist er insofern breiter angelegt als die Projektanleiheninitiative, als er stärker
auf die Förderung rein privater Unternehmensinvestitionen setzt.
Auch konzentriert er sich weniger stark auf Infrastrukturvorhaben.
Gleichwohl ist über den EFSI die Finanzierung rein öffentlicher
Investitionen nicht möglich, ÖPP-Finanzierung hingegen schon.
Auch über den EFSI werden private Investitionen in Bereichen
abgesichert, die den Kern der öffentlichen Aufgaben betreffen –
neben Energie, Bildung, sozialer Infrastruktur und Gesundheit
auch Verkehr und Verkehrsinfrastruktur.[178] So gesehen, zielt er
letztlich in die gleiche Richtung wie zuvor schon die EU-Projektanleiheninitiative: in Richtung Privatisierung.

2009 veröffentlichte die Europäische Kommission neue europäische Aufsichtsregeln für Versicherungsunternehmen (»Solven-
cy II«), die 2016 in Kraft traten. Schon wenige Monate später hat
Brüssel sie erneut reformiert. Dem war eine jahrelange, letztlich
erfolgreiche Lobbyarbeit der Versicherungswirtschaft vorausgegangen. Diese hatte sich beschwert, dass die Anforderungen für
Investitionen in Infrastruktur zu hoch seien, was wiederum dem
Ziel der Europäischen Union, mehr private Investitionen in öf-

fentliche Infrastruktur auszulösen, zuwider laufe. Durchaus konse-
quent hat die Kommission entsprechende Investitionen daraufhin
erleichtert. Dass man damit letztlich dem Lobbydruck der Versicherungen nachgab, räumte der zuständige EU-Kommissar Jona-
than Hill freimütig ein: »Versicherer hatten kritisiert, dass einige
›Solvabilität-II‹-Bestimmungen sie von Investitionen in die Infrastruktur abhielten. Wir haben ihre Kritik ernst genommen. Seit
heute ist es für sie leichter und attraktiver, in europäische Infrastrukturprojekte zu investieren.«[179]

Zusammenfassend lässt sich festhalten, dass die Entwicklungen in Deutschland sich einfügen in vergleichbare politische Entwicklungen auf europäischer und internationaler Ebene. Ziel der
politisch Verantwortlichen ist es, zumindest Teile der Finanzmärkte
wieder zu deregulieren und Kapitalmärkte im Allgemeinen sowie
Modelle der Kapitalmarkt-Infrastrukturfinanzierung im Besonde-
ren zu stärken. Begründet wird dies vor allem damit, dass den Staaten eine ausreichende Finanzierung von Infrastrukturinvestitionen
ohne private Gelder heute nicht mehr möglich sei. Denn ihnen sei-
en die Hände aufgrund einer zu hohen Verschuldung, aufgrund der
Schuldenbremse und des Fiskalpakts gebunden. Versicherungskon-
zerne und Investmentfonds hingegen suchten nach Anlagemöglichkeiten. Beide Seiten sollen nun zusammengeführt werden – sei
es über Eigenkapitaleinlagen in entsprechende Infrastruktur- und
ÖPP-Gesellschaften, sei es über die Vergabe von Krediten an eben
diese. Die entsprechenden rechtlichen Weichenstellungen erfolgen
auf internationaler und europäischer Ebene schon seit Jahren.

5.2
Privatisierung und Zentralisierung
in Deutschland bis zur Bund-Länder-Einigung 2016

Auf europäischer Ebene gibt es also schon seit Jahren eine Diskussion und eine politische Praxis der stärkeren Einbindung privaten Kapitals in die Finanzierung öffentlicher Infrastrukturprojekte.

Mit zahlreichen politischen Maßnahmen machte man den privaten Geldgebern den Weg dahin frei.

Durchaus in die gleiche Richtung wiesen die politischen Diskussionen und Entscheidungen der letzten Jahre und Jahrzehnte
in Deutschland. Auch hier betonte man seit etwa den 2010er Jahren einerseits die Restriktionen, die sich die politisch Handelnden
durch die Schuldenbremse selbst gegeben hatten. Andererseits
verwies man auf das anlagesuchende Kapital, das etwa Versicherungen, Investmentfonds und Banken anzubieten hatten.[180] Die
öffentliche Nachfrage nach investivem Kapital und das private
Angebot seien zusammenzuführen.

Die einschlägigen Wirtschaftsverbände machten dabei ebenso
entsprechenden Druck wie die Finanzkonzerne selbst. So legten
beispielsweise der Gesamtverband der Deutschen Versicherungswirtschaft, der Bundesverband deutscher Banken oder der Haupt-
verband der Deutschen Bauindustrie in regelmäßigen Abständen
entsprechende Positionspapiere vor. Und in zahlreichen Zeitungs-
interviews sowie Namensartikeln äußerten sich Finanzlobbyisten
stets in diesem Sinne. Dabei zog und zieht man auch branchen-
übergreifend fest an einem Strang. So verdeutlichte etwa Nikolaus
Graf von Matuschka, Vorstandsmitglied beim Bauriesen Hochtief,
2014 im Verbandsorgan der deutschen Versicherer die gemeinsamen Interessen auf der Kapitalseite: »ÖPPs sind auf einen langen
Zeitraum planbar. Sie haben einen ganz anderen Wert als Aktien,
weil sie ähnlich sicher wie Staatsanleihen sind. Zudem versprechen
sie eine Gewinnmarge, mit der man rechnen kann. Das macht sie
interessant für private Investoren wie Versicherer.«[181]

In ähnlicher Weise argumentierte Maximilian Zimmerer, damals Vorstandsmitglied der Allianz SE, im Januar 2015 in einem
Namensbeitrag für das *Handelsblatt*. Unter Verweis auf die Verschuldung der öffentlichen Haushalte in Europa schrieb er: »In
dieser Lage mehr Verschuldung zu fordern, wie es viele Ökono-
men und der IWF tun, würde nicht nur das Bekenntnis Europas
zum Stabilitätspakt untergraben – mit unabsehbaren Folgen. Der

Politik würde durch steigende Zinslast der Gestaltungsraum genommen. Kommende Generationen hätten eine noch höhere Tilgung zu tragen. Die jetzt aktive Generation wiederum muss zunächst ausreichend für ihren Ruhestand vorsorgen, was ihr durch den langdauernden Niedrigzins sehr erschwert wird. Was liegt also näher, als diese bereits lose verknüpften Herausforderungen zu einer für alle Seiten befriedigenden Lösung enger zusammenzuführen und privates Altersvorsorgekapital zur Infrastrukturfinanzierung, Wachstumsstimulierung und Entlastung der Haushalte heranzuziehen?«[182] Wohlgemerkt, er spricht ausdrücklich von »Altersvorsorgekapital«.

Nicht nur – wie beschrieben – auf europäischer Ebene, sondern auch auf Bundesebene sind in den letzten Jahren die Weichen für ein stärkeres finanzielles Engagement privaten Kapitals in öffentlichen Infrastrukturinvestitionen gestellt worden. Um nur vier wichtige Beispiele zu nennen: Unmittelbar nach dem Regierungswechsel zu Schwarz-Rot 2005 begannen Union und SPD unter Beteiligung »externer Berater« ihre Arbeit an Plänen, eine neue Anlageklasse einzuführen, um Beteiligungen an ÖPP-Projektgesellschaften handelbar zu machen. Privatpersonen, vor allem aber Kapitalanlagegesellschaften sollten sich an der Finanzierung öffentlicher Infrastrukturprojekte mittels ÖPP durch den Kauf entsprechender Wertpapiere beteiligen können. Und die Regierungsparteien setzten diese Pläne auch um. Das Investmentgesetz wurde 2007 verabschiedet. Seither können sich Investoren zudem über steuerliche Vorteile bei der Finanzierung von ÖPP freuen.[183]

Im Juli 2013 ist in Deutschland das Kapitalanlagegesetzbuch (KAGB) in Kraft getreten. Es soll die Einrichtung von Infrastrukturfonds attraktiver machen, die sich sowohl an institutionelle Anleger als auch an Privatanleger richten. Dabei war es diesen Fonds zunächst nicht möglich, direkte Kredite – etwa an ÖPP-Gesellschaften – zu vergeben. Seit einer Änderung des KAGB, die im März 2016 in Kraft trat, ist auch dies möglich – seither kennt auch Deutschland Kreditfonds im oben beschriebenen Sinne. Auch hier konnte sich die Finanzbranche freuen, und sie tat es: »Der Bundesverband Alternative Investments (BAI) bezeichnet diese Neuerung als zukunftsweisenden Paradigmenwechsel und betont, nun könne Deutschland auch innerhalb der EU mithalten und vor allem könnten deutsche institutionelle Investoren die Anlageklasse ›Private Debt‹ nun sinnvoll nutzen.«[184]

Schon im Februar 2015 hatte die Bundesregierung die Anlageverordnung für Versicherungen sowie die Pensionsfonds-Kapitalanlageverordnung geändert. Dadurch wurde die Möglichkeit für Versicherungen und Pensionsfonds überhaupt erst geschaffen, Kapital in »alternativen Investments« wie etwa Infrastruktur anzulegen. Und auch hier war das erklärte Ziel, der Finanzwirtschaft höhere Verzinsungen zuzuführen. So begründete die Bundesregierung die Änderungen damit, man wolle angesichts der aktuellen Niedrigzinsen »den Versicherern die Anlage in potentiell ertragreichere Anlagen […] erleichtern.«[185]

Auf diese Weise machten die schwarz-gelbe und die darauf folgende schwarz-rote Bundesregierung den Finanzkonzernen den Weg zur Kapitalanlage in öffentlicher Infrastruktur frei. Und doch war bzw. ist dies aus Sicht der Versicherungen und Fonds nur die halbe Miete. Schließlich bringen die besten Kapitalanlage-Richtlinien nichts, wenn es keine Kapitalanlage-Projekte gibt. Und genau hier setzen Öffentlich-Rechtliche Partnerschaften im Allgemeinen sowie die Gesetzentwürfe der Bundesregierung an: Sie sollen (auch) profitable und dauerhafte Kapitalanlage-Projekte schaffen.

Die wesentlichen politischen Begründungen dafür sind gleichwohl andere. Schon seit Jahren diskutiert Deutschland zu Recht über die völlig unzureichenden öffentlichen Investitionen und die zerfallende Infrastruktur. Seit 2003 sind – wie erläutert – die Nettoinvestitionen bei Infrastrukturen negativ, der Wertverzehr ist also größer als die Investitionen in Erhaltung und Neubau. Gewerkschaften, Unternehmen und Wissenschaft haben wiederholt auf diesen Missstand aufmerksam gemacht. Es gibt beträchtlichen Investitionsbedarf, der von den BefürworterInnen seit einiger Zeit wiederum als das wichtigste politische Argument für die Förderung von ÖPP, für die Einbindung privaten Kapitals und für die Gründung einer Bundesfernstraßengesellschaft angeführt wird. Verbunden mit der (zumindest nach außen vorgetragenen) Hoffnung, dass die Gewährleistung öffentlicher Infrastruktur über ÖPP am Ende auch effizienter und günstiger sei als über konventionelle Beschaffung.

Die Grundlagen einer solchen ÖPP- und Privatisierungspolitik wurden vor langer Zeit gelegt. Schon 1994 hat die damalige schwarz-gelbe Bundesregierung unter Bundeskanzler Helmut Kohl (CDU) die gesetzliche Möglichkeit der Beteiligung Privater am Bundesfernstraßenbau geschaffen. Das neue »Fernstraßenbauprivatfinanzierungsgesetz« erlaubte es, zur Verstärkung von Investitionen private Unternehmen umfassend in den Neu- und Ausbau von Bundesfernstraßen einzubinden. Auf sie konnten fortan der Bau, die Erhaltung, der Betrieb und die Finanzierung von Bundesfernstraßen übertragen werden. Zur Finanzierung dessen eröffnete das Gesetz zumindest die Möglichkeit der Nutzerfinanzierung über eine Maut.

Im Jahr 1999 richtete die – dann rot-grüne – Bundesregierung unter Gerhard Schröder (SPD) eine »Kommission Verkehrsinfrastrukturfinanzierung« ein, unter Vorsitz von Wilhelm Pällmann, ehemals Vorstand der Bundesbahn und der Bundespost Telekom. Aufgabe des Gremiums war es, Möglichkeiten zur Finanzierung der Bundesverkehrswege außerhalb des Bundeshaushalts zu prüfen und entsprechende Vorschläge zu erarbeiten. Einen dieser Vorschläge griff man 2003 auf, als man die »Verkehrsinfrastrukturfinanzierungsgesellschaft« (VIFG) gründete. Diese GmbH, im vollständigen Besitz des Bundes, war fortan zuständig für die Finanzierung der Bundesverkehrswege. Sie verwaltet heute unter anderem die Gelder aus der Lkw-Maut, mit der ab 2005 ein erster Schritt hin zur Nutzerfinanzierung gegangen worden war. Darüber hinaus entwickelt die VIFG Modelle für die stärkere Einbindung privaten Kapitals und privater Unternehmen in den Bau und Betrieb von Verkehrsinfrastrukturen. Sie ist zu einem zentralen Akteur bei der Konzeption und Förderung von ÖPP im Verkehr geworden – auch dies war schon ein Vorschlag der Pällmann-Kommission. Zu einem solchen Akteur hat sich ferner auch die schon 1991 gegründete »Deutsche Einheit Fernstraßenplanungs- und -bau GmbH« (DEGES) entwickelt. Ihre Aufgabe ist es, Bundesstraßen, Schienen und Bundeswasserstraßen in Abstimmung mit den Ländern zu planen und Baumaßnahmen zu steuern. Das erste ÖPP-Projekt auf einer Bundesfernstraße startete schließlich im Mai 2007 auf der A 8 in Bayern. Ihm folgten 24 weitere, die heute in Vorbereitung, Planung oder schon in Bau bzw. Betrieb sind (siehe Anhang 4).

Öffentlich-Private Partnerschaften auch jenseits des Bundesfernstraßenbaus – insbesondere bei kommunalen Investitionsvorhaben – zu stärken, war seither das Ziel aller Bundesregierungen. Das bereits erwähnte »ÖPP-Beschleunigungsgesetz« sollte Öffentlich-Private Partnerschaften stärken und ihre Umsetzung in Bund, Ländern und Kommunen ausweiten. Dazu schrieb es unter anderem fest, dass die öffentliche Hand bei Infrastrukturvorhaben fortan stets prüfen muss, ob ÖPP möglich und wirtschaftlich wäre. Außerdem ermöglichte es bei der Vergabe öffentlicher Aufträge den »wettbewerblichen Dialog« – also die detaillierte Verhandlung der Vertragsbedingungen beispielsweise bei komplexen ÖPP-Projekten mit den jeweiligen Bietern. Bei der Erarbeitung des Gesetzes nahmen Lobbyisten aus Finanzindustrie, Bauindustrie und ÖPP-Beratungsfirmen wesentlichen Einfluss. Die SPD-Bundestagsfraktion hatte dazu ab Dezember 2002 eine Arbeitsgruppe eingerichtet, in der neben etwa 40 VertreterInnen aus Politik und Verwaltung die Wirtschaftslobby mit etwa 60 VertreterInnen eine Mehrheit bildete. VertreterInnen von PricewaterhouseCoopers, KPMG, Freshfields Bruckhaus Deringer, Deloitte & Touche, des Bundesverbands der Deutschen Industrie, des Bundesverbands deutscher Banken, des Verbands Deutscher Hypothekenbanken, des Hauptverbands der Deutschen Bauindustrie und anderer gaben sich die Klinke in die Hand. Die LobbyistInnen lieferten nicht nur wesentliche Inhalte des späteren Gesetzes, sondern waren sogar bei dessen Formulierung eng eingebunden.[186]

Es entstand ein Gesetz ganz nach dem Geschmack der ÖPP-Wirtschaft. Und selbst das war nur ein Auftakt: In der darauf folgenden Legislaturperiode veränderte die neue Regierungsmehrheit aus CDU und SPD weitere Gesetze, um ÖPP zu stärken. Dazu aufgefordert hatte sie unter anderem der damalige Chef des Bundesverbands der Deutschen Industrie, Jürgen Thumann, gleich nach der Verabschiedung des ÖPP-Beschleunigungsgesetzes 2005: »Die nächste Bundesregierung muss das Thema ÖPP schnell und umfassend voranbringen. Das aktuelle ÖPP-Gesetz ist zwar ein Schritt in die richtige Richtung. Mehr aber leider nicht.«[187]

Einen kräftigen Schub erfuhren Öffentlich-Private Partnerschaften mit der Gründung der »ÖPP Deutschland AG« 2008. Mit dieser Gesellschaft, so berichtete die *taz* 2012, kam erstmals der Staat für den Lobbyismus der Industrie selbst auf. Tatsächlich erfolgte die Gründung auf Initiative der Finanzbranche – und sie entsprach ziemlich genau ihren Wünschen. Als entscheidend wurde in einem Strategiepapier eines Top-Managers der Deutschen Bank die enge Anbindung an das Bundesfinanzministerium angesehen, was dann auch wunschgemäß erfolgte. Ziel war eine »abgeleitete Macht«, die die zu gründende Gesellschaft durch formalen und informellen Einfluss des Finanzministeriums erhalte.[188]

Laut Selbstdarstellung bestand der Geschäftszweck der ÖPP Deutschland AG in der Öffnung des deutschen Marktes für Öffentlich-Private Partnerschaften durch eine entsprechende Beratung öffentlicher Auftraggeber. Mit 57 Prozent hielt die öffentliche Hand die Mehrheit – und zwar der Bund, mehrere Bundesländer sowie die drei Kommunalen Spitzenverbände. Letzteres zeigt zugleich, dass die Kommunen die Hauptzielgruppe der staatlichprivaten Lobby waren. Die verbleibenden 43 Prozent befanden sich im Besitz von rund 70 Firmen, unter ihnen die Deutsche Bank, die Commerzbank, Bilfinger Berger und die Hochtief Concessions AG. Das Startkapital für diese doch sehr spezielle Gesellschaftskonstruktion in Höhe von 10 Millionen Euro kam von der Bundesregierung.

Angesichts der heutigen Diskussionen um eine Bundesfernstraßengesellschaft lohnt auch ein genauerer Blick auf die bereits erwähnten VIFG und DEGES. In beiden Gesellschaften wird eine gewisse Tendenz zur Zentralisierung einerseits und zur Privatisierung andererseits deutlich. Der Aspekt der Zentralisierung ist dabei mehr als ein unwesentliches Detail. Seit jeher waren im bundesstaatlich verfassten Deutschland nämlich die Länder für die Verwaltung der Bundesfernstraßen (Autobahnen und Bundesstraßen) verantwortlich. Sie handelten dabei im Auftrag des Bundes, der Eigentümer der Bundesfernstraßen war (und bleibt). Ein dezentrales System also. Dieses Verfahren, so war die Idee, gewährleiste eine enge Anbindung der Straßenverkehrsinfrastrukturen des Bundes an die der Länder und der Kommunen. Und es schaffe hierdurch Synergieeffekte. Von Beginn an – und in den letzten Jahren verstärkt – stand es gleichwohl in der Kritik: Durch die Doppelzuständigkeit von Bund und Ländern komme es zu Ineffizienzen und Reibungsverlusten. So hatte beispielsweise bereits 2007 ein Gutachten, das verschiedene Unternehmensverbände in Auftrag gegeben hatten, betont, dass es notwendig sei, »auf eine effizientere Bereitstellung des Straßennetzes hinzuwirken. Dem derzeitigen System der Bundesauftragsverwaltung wird die Erfüllung dieser Zielvorgabe oftmals nicht zugetraut.« Und auch schon damals empfahlen die AutorInnen in fünf Varianten die Zentralisierung der Bundesfernstraßenverwaltung: »Durch die Zusammenführung von Finanzierungslast und Planungs- und Ausführungsverantwortung setzen alle fünf Varianten Anreize zu einer Erhöhung der allokativen und produktiven Effizienz.«[189]

Nach der Bundestagswahl 2013 spitzte sich die Diskussion um eine Zentralisierung der Bundesfernstraßenverwaltung zu. Im Koalitionsvertrag hatten CDU/CSU und SPD recht allgemein formuliert, man wolle »gemeinsam mit den Ländern Vorschläge für eine

Reform der Auftragsverwaltung Straße erarbeiten und umsetzen.« Tatsächlich kam es nachfolgend aber nicht zu einem »Gemeinsam mit den Ländern«, sondern zu einem Gegeneinander. Bundeswirtschaftsminister Sigmar Gabriel (SPD) setzte 2014 eine Expertenkommission »Stärkung von Investitionen in Deutschland« ein. Investitionen in Bundesfernstraßen stellten einen Schwerpunkt ihrer Arbeit dar. Im Ergebnis empfahl sie eine stärkere Zentralisierung. Bundesverkehrsminister Alexander Dobrindt (CSU) legte 2015 ein Papier vor, in dem er eine zentrale Bundesfernstraßengesellschaft als GmbH forderte. Die Länder ihrerseits setzten im gleichen Jahr eine Kommission »Bau und Unterhaltung des Verkehrsnetzes« ein. Mitglieder waren mehrere Länderverkehrsminister unter dem Vorsitz des früheren Bundesministers Kurt Bodewig (SPD). Die Kommission empfahl eine Beibehaltung der Auftragsverwaltung und entwarf zugleich Maßnahmen zur Steigerung ihrer Effizienz. Die breitere Nutzung von ÖPP und die stärkere Einbindung privaten Kapitals befürwortete sie. Die Länderverkehrsminister schlossen sich diesen Empfehlungen an.

Zunehmend wurde die österreichische Autobahnen- und Schnellstraßen-Finanzierungs-Aktiengesellschaft (ASFINAG) als Vorbild und Beispiel einer Zentralisierung der Bundesfernstraßenverwaltung diskutiert. Das Unternehmen, zu 100 Prozent im Besitz des österreichischen Staates, wurde 1982 gegründet. Seit 1997 hat es seine heutige Form und Aufgabe. Es ist für die Planung, die Finanzierung, den Ausbau, die Erhaltung und den Betrieb von Autobahnen und Schnellstraßen des Landes zuständig; zur Finanzierung erhebt die ASFINAG eine gesetzliche Maut.

Sowohl die Zusammensetzung (siehe Anhang 2) als auch die Ergebnisse der Expertenkommission des Bundes verdienen eine nähere Betrachtung. Und zwar nicht nur, weil sie die später gefassten politischen Beschlüsse entscheidend vorbereitete, sondern auch, weil schon in der Zusammensetzung ihre Zielrichtung deutlich wurde. Der Wirtschaftsjournalist Norbert Häring kommentierte nüchtern, »dass Gabriel einen Beirat aus Versicherungslobbyisten und Alibi-Wissenschaftlern einsetzt, um die entsprechenden Modelle zur Ausplünderung der Staatsfinanzen mit einem Mäntelchen der Legitimität zu umhüllen.«[190]

Den Vorsitz führte der Ökonom und Chef des Deutschen Instituts für Wirtschaftsforschung (DIW), Marcel Fratzscher. Er hatte schon vor dem Start der Kommission in der Fachöffentlichkeit einen recht prominenten Status erlangt. Seit seinem Antritt beim DIW im Februar 2013 war es ihm gelungen, sich öffentlichkeitswirksam mit moderat-liberalen wirtschaftspolitischen Vorstellungen und zugleich moderat-sozialer Rhetorik als wichtigster Berater des damaligen Bundeswirtschaftsministers Gabriel zu positionieren. Die Kommission wurde in Politik und Medien zumeist schlicht als »Fratzscher-Kommission« bezeichnet.

Neben Fratzscher waren drei weitere WirtschaftswissenschaftlerInnen deren Mitglied. Auch sie standen für eher liberale, arbeitgebernahe Positionen. Hinzu kamen vier Vertreter von Verbänden, davon drei von Wirtschaftsverbänden. Die private Finanzwirtschaft konnte vier weitere wirtschaftsnahe Mitglieder entsenden, darunter je ein Vorstandsmitglied der Deutschen Bank und der Allianz. Ihr besonderes Interesse richtete sich wenig überraschend darauf, Anlagemöglichkeiten für die eigenen Unternehmen zu schaffen. Sie wurden ergänzt um zwei Unternehmensvertreter aus dem industriellen Bereich. Hinzu kamen noch das Land Nordrhein-Westfalen sowie die bundeseigene KfW-Bank, die mit je einer Person vertreten waren.

Die Gewerkschaften entsandten fünf Mitglieder. Sie bildeten mit ihren Positionen den Gegenpol zur ansonsten privatisierungsfreundlichen, neoliberalen Mehrheit.[191] Zunächst war seitens des Bundeswirtschaftsministeriums geplant, nur den Industriegewerkschaften IG Metall und IG BCE einen Sitz zu geben. Dies hätte die gewerkschaftlichen Interessenlagen und Zuständigkeiten beim Thema Bau und Erhalt von Verkehrs-Infrastrukturen allerdings nicht abgebildet. Daher setzten die Gewerkschaften zusätzliche Sitze auch für ver.di als zuständige Einzelgewerkschaft der Straßenbauverwaltungen, für die Baugewerkschaft IG BAU sowie den DGB als Dachverband durch.

Das Gremium traf sich zwischen August 2014 und Februar 2015 insgesamt sechs Mal. Ein beträchtlicher Teil der Arbeit fand im Hintergrund und zwischen den Sitzungen statt, etwa in Telefonkonferenzen und kleineren Runden. In diese mehr oder weniger inoffiziellen Abstimmungsprozesse waren die verschiedenen Mitglieder der Kommission in unterschiedlichem Maße eingebunden.

Zwischen der gewerkschaftlichen Minderheit und der wirtschaftsnahen Mehrheit der Kommission herrschte zwar Einigkeit darüber, dass Deutschland mehr Investitionen brauche. Darüber hinaus aber gab es überwiegend Dissens. So führte die Mehrheit die unzureichenden öffentlichen Investitionen auf eine falsche Ausgabenpolitik von Bund, Ländern und Kommunen zurück. Die Gewerkschaften betonten demgegenüber die chronische Unterfinanzierung der öffentlichen Haushalte, hervorgerufen durch zurückliegende Steuersenkungen für Unternehmen, Vermögende und Gutverdienende. Auch stellte sich die Mehrheit hinter Schuldenbremse, Fiskalpakt und Schäubles Ziel eines ausgeglichenen Haushalts. Die Gewerkschaften hingegen bezogen auch hierzu eine Gegenposition. Sie forderten, mindestens die Verschuldungsspielräume von Schuldenbremse und Fiskalpakt für mehr öffentliche Investitionen zu nutzen. Und während die Mehrheit sich offen zeigte gegenüber Privatisierung, ÖPP und einer stärkeren Einbeziehung privaten Kapitals, sprachen sich die Gewerkschaften auch hiergegen aus. Alternativ präsentierten sie das Modell eines öffentlichen Investitionsfonds. Die von der wirtschaftsnahen Mehrheit geäußerte Kritik an angeblichen Mängeln konventioneller öffentlicher Beschaffung trug die gewerkschaftliche Seite nicht mit. Der im April 2015 veröffentlichte Abschlussbericht der Fratzscher-Kommission enthält wenig überraschend ein gewerkschaftliches Sondervotum. Dies gilt auch für einen im Dezember 2016 vorgelegten Evaluationsbericht, hier allerdings nur als Fußnote.[192]

In ihrem Abschlussbericht unterbreitete die Fratzscher-Kommission eine ganze Reihe an Vorschlägen, von denen nachfolgend die hier relevantesten skizziert werden sollen. Durch die Bundesregierung unmittelbar aufgegriffen wurde der Vorschlag, die Zuständigkeit für Bundesautobahnen in einer Bundesfernstraßengesellschaft zu bündeln, letztlich also die Zentralisierung, wie sie schon seit mindestens den späten 1990er Jahren diskutiert worden war. Wobei die Formulierung, die Bundesregierung habe diesen Vorschlag aufgegriffen, gelinde gesagt unpräzise ist. Denn es war ein Vertreter des Bundesfinanzministeriums, der den Vorschlag in der Fratzscher-Kommission prominent platziert hatte. Deren Arbeitsweise bestand darin, einzelne Personen (nicht notwendig Mitglieder der Kommission selbst) Impulsvorträge halten zu lassen, über die man anschließend diskutierte. Vieles, was in Vorträgen und Diskussionen vorgebracht wurde, fand schließlich Eingang in den Abschlussbericht, so auch das, was der Vertreter des Bundesfinanzministeriums, selbst nicht Mitglied der Kommission, in seinem Impulsvortrag vorschlug: Die Gründung einer »Betreibergesellschaft von Verkehrsinfrastruktur«. Die Bundesregierung hat also nicht einfach nur eine unabhängige Expertenkommission eingesetzt und arbeiten lassen. Und sie hat deren Ergebnisse auch nicht einfach nur durch eine entsprechende Auswahl der Mitglieder beeinflusst. Sie hat der Kommission vielmehr unmittelbar nahegelegt, dass ihre eigene politische Forderung nach einer Bundesfernstraßengesellschaft Eingang in den Abschlussbericht der Kommission finden solle.

Weniger öffentliche Aufmerksamkeit, aber durchaus politische Reaktionen erntete der Kommissionsvorschlag eines »Nationalen Investitionspakts für Kommunen«. Bund und Länder sollen nach dem Willen der Fratzscher-Kommission in den Jahren 2016 bis 2018 kommunale Investitionen mit mindestens 15 Milliarden Euro unterstützen.[193] Dass die Bundesregierung 2015 insgesamt 3,5 Milliarden Euro zur Unterstützung kommunaler Investitionen bereitgestellt hat, mag eine frühe Reaktion hierauf gewesen sein. Abgerufen wurde davon übrigens nur ein kleiner Teil – nicht zuletzt auch, weil den Kommunen aufgrund jahrelanger Kürzungspolitik das Personal fehlt, die Bauprojekte auch umzusetzen.[194]

Die gleiche Zielgruppe hat auch der Vorschlag, eine oder mehrere »Infrastrukturgesellschaften für Kommunen« zu schaffen. Diese sollen nach den Vorstellungen der Kommission Städte, Gemeinden und Landkreise bei Infrastrukturprojekten beraten und unterstützen: »Zusätzlich sollte die Schaffung einer öffentlichen Infrastrukturgesellschaft für Kommunen (IfK) (oder möglicherweise mehrerer solcher Gesellschaften) geprüft werden, die den Kommunen als kompetenter, nicht interessengebundener und erschwinglicher Berater zur Seite stehen würde. Das Ziel sollte die Unterstützung der jeweiligen Kommune über den kompletten Projektzyklus sein: bei Bedarfsermittlung und Wirtschaftlichkeitsuntersuchung, bei Ausschreibung und Verhandlungen mit Auftragnehmern, und möglicherweise als Projektmanager.«[195]

Mit der Umbenennung und vollständigen Übernahme der ÖPP Deutschland AG durch den Bund im Dezember 2016 machte sich die Bundesregierung daran, auch diesen Vorschlag umzusetzen. Zum 1. Januar 2017 wurde die ÖPP Deutschland AG zur »PD – Berater der öffentlichen Hand GmbH« (PD steht für »Partnerschaft Deutschland«). Diese Gesellschaft ist bewusst so strukturiert, dass Kommunen Beratungsaufträge an die PD nicht ausschreiben müssen. In einem Interview mit der Zeitschrift »Der Neue Kämmerer« machte Werner Gatzer, Staatssekretär im Bundesfinanzministerium, deutlich, dass die Umfirmierung der ÖPP Deutschland AG dazu dient, die von der Fratzscher-Kommission (aber auch im schon erwähnten PwC-Gutachten) vorgeschlagene Infrastrukturgesellschaft für Kommunen zu schaffen: »Kommunen haben es heute mit sehr komplexen Sachverhalten zu tun. Bei der PD arbeiten viele Mitarbeiter, die die öffentliche Hand bestens von innen kennen. Das ist ja gerade der große Vorteil bei der Beratung. Und abgesehen davon hat ja auch die Expertenkommission zum Thema Investitionsstau um den DIW-Chef Marcel Fratzscher die Gründung einer Beratungsgesellschaft gefordert. Da bot es sich geradezu an, diese Forderung mit der Weiterentwicklung der PD umzusetzen, anstatt eine neue Beratungsgesellschaft zu gründen. Die PD wird weiterhin ausschließlich für die öffentliche Hand arbeiten und damit ausschließlich die öffentlichen Interessen im Fokus haben.«[196]

Interessant ist, wie sich die Fratzscher-Kommission diese Infrastrukturgesellschaft(en) für Kommunen im Detail vorstellt: »Auftrag und Governance der IfK müssten so gestaltet werden, dass die Gesellschaft gegenüber alternativen Beschaffungsmodellen strikt neutral agiert und in dieser Form wahrgenommen wird. […] Die IfK könnte außerdem ähnliche, geografisch gestreute Projekte identifizieren, die sich für koordinierte oder gebündelte Projektrealisierung eignen. Dadurch könnten interkommunale Zusammenarbeit gefördert, Skaleneffekte genutzt und die Finanzierungskosten dieser Projekte gesenkt werden.«[197] Sowohl die Neutralität gegenüber alternativen Beschaffungsmodellen als auch die vorgeschlagene Bündelung lassen vermuten, dass es den Autoren in diesen Zeilen auch um eine Stärkung von ÖPP in Kommunen geht. Denn mit ersterer würde ÖPP zu einem nur formell gleichberechtigten, in der Realität personell und finanziell ausgebluteter Kommunen aber wohl oft genug bevorzugten Beschaffungsmodell. (Auch dass die Bundesregierung mit der ehemaligen ÖPP Deutschland AG ausgerechnet eine ÖPP-Werbeorganisation zu einer solchen Infrastrukturgesellschaft umbaut, zeigt, wohin der Hase läuft.)[198] Die Bündelung von ÖPP-Projekten schließlich ist schon seit langem ein Anliegen der Finanzwirtschaft, da sich so Anlagemodalitäten vereinfachen und Transaktionskosten einsparen lassen.

Nicht nur hier positioniert sich die Kommission bloß scheinbar neutral zur Frage, ob Deutschland mehr ÖPP-Projekte brauche. Dass die Gewerkschaften in ihrem Sondervotum engagiert gegen ÖPP diskutieren, mag ein weiterer Hinweis sein, dass die wirtschaftsnahe Mehrheit der Kommissionsmitglieder dieser (und vermutlich auch jeder anderen) Form der Privatisierung mit Sympathie gegenübersteht. So heißt es auch in einer Studie des Vereins »Gemeingut in BürgerInnenhand« angesichts der ÖPP-Freundlichkeit des Abschlussberichts: »Vielmehr tendieren die Autoren des Berichts dazu, eine generelle oder zumindest mögliche Vorteilhaftigkeit von ÖPP anzunehmen.«[199]

Dass man sich zu ÖPP formal eher zurückhaltend äußern werde, obgleich eine Mehrheit ihrer Mitglieder solchen Modellen positiv gegenüberstand, deutete sich in den Diskussionen der Kommission schon frühzeitig an. Wiederholt wurde in verschiedenen Sitzungen die überwiegend negative Haltung der Menschen in Deutschland zu ÖPP thematisiert. Fratzscher nahm dies zum Anlass, für den Abschlussbericht eine »Loslösung vom traditionellen ÖPP-Begriff« vorzuschlagen, da dieser negativ besetzt sei und die Empfehlungen der Kommission nur unzureichend abbilde. Mit anderen Worten: Privatisierungsvorstellungen sollten sprachlich versteckt werden. Dazu passt, dass man sich (die gewerkschaftlichen Vertreter ausgenommen) offenbar weitgehend einig war, dem Thema der Einbindung privaten Kapitals bei der Finanzierung von Infrastrukturvorhaben im Abschlussbericht eine herausgehobene Bedeutung zu geben.

Diese Privatisierungs- und ÖPP-freundliche Haltung ihrer Mehrheit wird im Bericht selbst dort deutlich, wo die Kommission behauptet, eine Entscheidung zwischen Pro und Contra ÖPP gar nicht treffen zu wollen und zu können. Sie schreibt: »Die Expertenkommission nimmt daher nicht Stellung zu der Frage, ob in Deutschland mehr oder weniger Infrastruktur durch ÖPP bereitgestellt werden sollte. Sie fordert stattdessen, dass (1) unabhängig vom Beschaffungsmodell eine neutrale und kompetente Wirtschaftlichkeitsuntersuchung für jede Infrastrukturinvestition ab einer bestimmten Mindestgrenze durchgeführt wird, und (2) ÖPP in einer Weise geplant und realisiert werden müssen, die kommunale Interessen schützt.«[200] Diese Aussagen sind Augenwischerei. Tatsächlich nämlich sind die beiden aufgeführten Forderungen geradezu klassische Sätze, mit denen BefürworterInnen in Öffentlichkeit und Politik für ÖPP werben: Erstens könne und solle man diese auf Fälle begrenzen, in denen sie tatsächlich wirtschaftlicher seien als eine konventionelle Beschaffung, und zweitens nützten solche ÖPP den öffentlichen Interessen. Beides unterstellt, dass ÖPP sinnvoll sein kann – und damit im Instrumentenkoffer der Infrastrukturpolitik verbleiben müsse. Ob es »neutrale und kompetente Wirtschaftlichkeitsuntersuchungen« überhaupt geben kann, spielt dann schon keine Rolle mehr.

Im Übrigen wird an ihren Vorschlägen deutlich, dass die wirtschaftsnahe Mehrheit der Fratzscher-Kommission sehr wohl auf Privatisierung und ÖPP zielt. So schreibt sie etwa zur Bundesfernstraßengesellschaft, dass »Bau, Instandhaltung und Betrieb der Bundesfernstraßen [...] nach dem Lebenszyklusansatz erfolgen« sollen.[201] Dabei ist »Lebenszyklusansatz« ein Signalwort: Zwar ließe sich grundsätzlich jedes Investitionsprojekt so gestalten, dass es sich am Lebenszyklus der jeweiligen Infrastruktur orientiert – gleich ob öffentlich oder privat. Eines der gängigsten (und wie erläutert falschen) Argumente pro ÖPP lautet allerdings, dass private Unternehmen das Lebenszyklusprinzip besser gewährleisten könnten als die öffentliche Hand. Schon die Nennung des Begriffs macht damit klar: Hier ist ÖPP gemeint – die angestrebte Bundesfernstraßengesellschaft solle auf ÖPP setzen.

Skeptisch machen sollte auch, dass die Kommissionsmehrheit kurz danach schreibt: »Unabhängig von der konkreten Ausgestaltung soll keine ›Privatisierung‹ der Bundesfernstraßen erfolgen.«[202] Denn hier ist nur die Rede von den Bundesstraßen und Autobahnen, nicht aber von der (für diese Infrastrukturen zuständigen) Bundesfernstraßengesellschaft. Es handelt sich einmal mehr um Augenwischerei. Schließlich wäre ein Kauf der Infrastrukturen für private Investoren wenig attraktiv – zu groß wären die Risiken und die entsprechenden politischen Vorgaben. Auch wäre der Verkauf von Autobahnen und Bundesstraßen an Private politisch und rechtlich gewiss nur schwer durchzusetzen.[203] Ganz anders verhielte es sich allerdings mit einem Verkauf einer Bundesfernstraßengesellschaft – was eine direkte (Teil-)Privatisierung bedeutete. Die nämlich hält die Kommissionsmehrheit durchaus für denkbar. Sie beschreibt zwei Organisationsmodelle, die in diese Richtung zielen. Das eine Modell – »Verkehrsinfrastrukturgesellschaft mit privaten Anteilseignern« – macht dies schon in seiner Bezeichnung deutlich. Aber auch das andere, von ihr präferierte Modell – »Gesellschaft in einhundertprozentigem Bundesbesitz« – würde Privatisierung zumindest erleichtern. Denn nach dem Willen der Kommissionsmehrheit soll die Bundesfernstraßengesellschaft eine private Rechtsform erhalten, etwa als GmbH. Dann aber wäre es bis zum Verkauf entsprechender Anteile nur noch ein kleiner Schritt.[204]

Dennoch wird man der Kommissionsmehrheit eines glauben können: Die formelle Privatisierung der Autobahnen oder einer Bundesfernstraßengesellschaft ist für sie nur von nachgeordneter Bedeutung. Schon ihr Auftraggeber, der damalige Bundeswirtschaftsminister Gabriel, machte bei der Präsentation des Fratzscher-Abschlussberichts deutlich, wo die Priorität liegt: »An Geld, an privatem Vermögen und institutionellen Anlegern mangelt es nicht in Deutschland, aber an Mitteln und Wegen, an guter Praxis und guter Erfahrung, dieses private Kapital für öffentliche Infrastruktur zu nutzen, daran mangelt es sehr.«[205] Es geht also in erster Linie darum, Anlagemöglichkeiten für privates Kapital im Bereich öffentlicher Infrastruktur zu schaffen. In diesem Sinne ist auch ein weiterer Vorschlag der Kommissionsmehrheit zu verstehen: Sie regt einen öffentlichen Fonds an, der Eigenkapital für Infrastrukturprojekte zur Verfügung stellen würde. Institutionelle Investoren wie Versicherungen und Pensionsfonds könnten wiederum »auf eigenes Risiko« in diesen »Infrastrukturfonds« investieren.[206]

Die Vertreter der Finanzbranche machten in den Sitzungen der Fratzscher-Kommission mehrfach deutlich, was ihr wichtigstes Anliegen ist: die Schaffung eben solcher Kapitalanlagemöglichkeiten. So unterstrich etwa die Vertreterin der Allianz das Interesse von

Versicherungsunternehmen an der Finanzierung kalkulierbarer Investitionsprojekte. Der Vertreter der Deutschen Bank unterbreitete gleich zwei brisante Vorschläge: Erstens regte er die gleichzeitige Ausschreibung mehrerer Autobahnabschnitte als ÖPP an, um größere Projektvolumina zu schaffen. Zweitens schlug er mit der gleichen Intention vor, auch im kommunalen Bereich Projekte zu bündeln. Beides würde ÖPP für institutionelle Kapitalanleger attraktiver und Kapitalanlagen einfacher machen. Für mittelständische Bauunternehmen würde es den Zugang zu ÖPP aber weiter erschweren.[207] Der zweiten Forderung schloss sich danach interessanterweise auch der Vertreter der bundeseigenen VIFG an. Ein Vertreter der Finanzbranche schließlich verwies später auf den großen Bedarf an Anlagemöglichkeiten, dem zahlreiche rechtliche Einschränkungen gegenüberstünden.

Wenn es tatsächlich nur darum gehen würde, »dieses private Kapital für öffentliche Infrastruktur zu nutzen«, dann bestünde allerdings keinerlei Handlungsbedarf. Denn anders als Gabriel glauben machen möchte, gibt es sehr wohl eine solche Möglichkeit. Es gibt sie sogar schon seit Jahrzehnten, ohne dass man darüber in großem Stil hätte nachdenken oder diskutieren müssen. Seit Jahrzehnten nämlich gibt die Bundesrepublik – wie jeder andere Staat auch – Staatsanleihen aus. Sie gehören zu den bevorzugten Anlageformen von Versicherungen, Banken und Investmentfonds. Bund und Länder nehmen auf diese Weise Kredite am Kapitalmarkt auf, etwa um in Infrastruktur zu finanzieren. Anschließend bezahlen sie diese Kredite zuzüglich marktüblicher Zinsen zurück.

Dieses für die öffentliche Hand günstige Modell ist allerdings in die Kritik geraten. Zum einen hat sich die Politik dem Fetisch des ausgeglichenen Haushalts und der Nullverschuldung verschrieben. Entsprechend hat man in der Bundesrepublik die Schuldenbremse und auf europäischer Ebene die Maastricht-Kriterien und den Fiskalpakt durchgesetzt und Verschuldungsspielräume drastisch eingeengt. Und selbst die verbleibenden Verschuldungsspielräume will man nicht nutzen, wie etwa auch die Gewerkschaften in ihrem Fratzscher-Sondervotum kritisch anmerken. Zum anderen reichen den Finanzkonzernen die marktüblichen – derzeit äußerst niedrigen – Zinsen auf deutsche Staatsanleihen nicht mehr aus, um ihre Profite, Kosten und Renditeversprechen gegenüber ihren AnlegerInnen zu erwirtschaften.

Wie bereits geschildert, soll – entsprechend der europäischen und internationalen Ebene – auch in Deutschland die Lösung darin liegen, »dieses private Kapital für öffentliche Infrastruktur zu nutzen«, und zwar gegen überhöhte Zinsen und unter Umgehung der selbstgewählten Schuldenbremse. Dabei kommt der Frage des Risikos, das Investoren (Finanzkonzerne) übernehmen, eine entscheidende Rolle zu. Ein für Politik und Finanzwirtschaft attraktives Modell setzt voraus, dass wesentliche Anlagerisiken zumindest formal auf die Privaten übertragen werden. Denn damit würde man zwei Fliegen mit einer Klappe schlagen: Erstens ließe sich einfacher begründen, dass es sich gar nicht um staatliche Verschuldung handle. Und zweitens rechtfertigte ein höheres Risiko eine höhere Verzinsung.

Es kann daher nicht verwundern, dass sich auch die Fratzscher-Kommission eingehend mit diesem Thema befasst hat. Dreh- und Angelpunkt war und ist dabei die Frage einer Staatsgarantie – also die Frage, ob der Staat im Zweifel für die Schulden einer möglichen Bundesfernstraßengesellschaft und eines möglichen öffentlichen Infrastrukturfonds geradestehen soll. Die Gewerkschaften sprachen sich in ihrem Sondervotum klar dafür aus: »Die Gewerkschaften präferieren die Variante innerhalb des haushaltsrechtlichen Rahmens mit Staatsgarantie [...]«[208] Ganz anders schreibt die Mehrheit im Fratzscher-Abschlussbericht: »Mit der Schaffung einer Verkehrsinfrastrukturgesellschaft geht die Finanzierungsverantwortung auf diese über. Sie sollte das wirtschaftliche Risiko vollständig übernehmen.«[209]

Diese Frage ist entscheidend, weil eine Staatsgarantie das Risiko der privaten Anleger quasi auf Null reduziert. Ein Staat kann schließlich nicht pleitegehen. Und im Fall der wirtschaftlich robusten Bundesrepublik müssen Anleger gleich gar nicht befürchten, ihr Geld nicht wiederzubekommen. Würde eine Bundesfernstraßengesellschaft oder ein Infrastrukturfonds also eine Staatsgarantie erhalten, so wären die Zinsen auf deren Verschuldung kaum höher als die Zinsen auf Staatsanleihen. Dies aber kann nicht im Interesse der Finanzwirtschaft sein. Schließlich geht es ihr ja darum, neue Anlagemöglichkeiten mit höheren Renditen zu schaffen. Und zwar selbst dann, wenn der Staat sich das Geld eigentlich viel günstiger leihen könnte. (Dies gilt in ähnlicher Weise auch für privates Eigenkapital, das in einer privatisierten oder teilprivatisierten Bundesfernstraßengesellschaft angelegt würde.)

Die bereits erwähnte österreichische ASFINAG verfügt über eine solche Staatsgarantie. Dies macht sie als Modell einer Zentralisierung der Bundesfernstraßenverwaltung für all jene uninteressant, denen attraktive Anlagemöglichkeiten für die Finanzwirtschaft am Herzen liegen. Pikanterweise war es der Vertreter der bundeseigenen VIFG, der in der Fratzscher-Kommission deutlich machte, dass eine Bundesfernstraßengesellschaft mit Staatsgarantie (nach dem Modell der österreichischen ASFINAG) nur begrenzte Möglichkeiten der Einbindung privaten Kapitals biete. Daher seien ÖPP-Konstruktionen vorzuziehen. Dieser Einschätzung schlossen sich mehrere Vertreter von Banken und Versicherungen an. Schon im Vorfeld hatte der Bundesverband deutscher Banken geschrieben, dass »eine gesamte Übertragung des österreichischen ASFINAG-Modells [...] nicht zielführend« sei, »weil aufgrund der darin vorgesehenen staatlichen Garantien keine attraktive Rendite für die Investoren geboten werden kann.«[210]

Es spricht aus Sicht des Allgemeinwohls für eine Staatsgarantie nicht nur, dass sie die Zinsausgaben für die Bundesfernstraßengesellschaft (und mittelbar für den Bundeshaushalt) deutlich senken würde. Hinzu kommt vielmehr noch ein Zweites: Letztlich wäre nämlich der Verzicht auf eine Staatsgarantie reine Augenwischerei. Selbst wenn der Staat keine solche Garantie aussprechen würde, müsste er für eine (öffentliche, private oder teil-private) Bundesfernstraßengesellschaft ebenso geradestehen wie für einen öffentlichen Infrastrukturfonds. Denn erstens würde sein Renommee als Schuldner beschädigt, wären solche Gesellschaften und Fonds doch schon aufgrund ihres Aufgabenbereichs »Infrastruktur« strukturell und finanziell notwendigerweise eng mit ihm verwoben. Und zweitens ist es zentrale öffentliche Aufgabe, Infrastruktur zu gewährleisten. Bund, Länder und Kommunen hätten daher schlicht nicht die Möglichkeit, solche Gesellschaften und Fonds, denen sie für 30 oder mehr Jahre ihre Fernstraßen anvertraut hätten, in Schwierigkeiten oder gar in die Pleite schlittern zu lassen. Von echten Marktbedingungen kann daher nicht die Rede sein.

Umso attraktiver aber wären entsprechende (wiederum öffentliche, private oder teil-private) Anlagemöglichkeiten ohne Staatsgarantie für das private Kapital. Man tut so, als trüge man echte Risiken und rechtfertigt so überhöhte Zinsen. Zugleich weiß man, dass man keine echten Risiken eingeht, weil die öffentliche Hand im Zweifel immer einspringen müsste und einspringen würde. Im Grunde verhält es sich ähnlich wie bei den großen Banken: Manche Bank ist »too big to fail«, zu groß, als dass der Staat sie pleitegehen lassen könnte. Denn die wirtschaftlichen und sozialen Folgen einer Insolvenz wären zu verheerend. Eine Bundesfernstraßengesellschaft oder ein öffentlicher Infrastrukturfonds wären »too important to fail« – zu wichtig, um pleitezugehen. Das gilt im Übrigen, aus der Sicht von Kommunen, auch für die meisten ÖPP-Projektgesellschaften im kommunalen Straßen- oder Schulbau.

Die Fratzscher-Kommission und ihr Abschlussbericht waren als die starke Waffe der Bundesregierung gedacht, um eine Zentralisierung der Bundesfernstraßenzuständigkeit zu erreichen. Hierfür und zur Legitimation weitergehender Privatisierungen sollte die Kommission insbesondere nach außen wirken. Aufgrund des gewerkschaftlichen Sondervotums und aufgrund beträchtlicher interner Konflikte zwischen Mehrheit und gewerkschaftlicher Minderheit gelang ihr dies jedoch nur eingeschränkt. Das gewerkschaftliche Sondervotum, das Gabriel und Fratzscher bis zuletzt

verhindern wollten, durchkreuzte das Vorhaben, einen breiten gesellschaftlichen Konsens über die Zentralisierung der Bundesfernstraßenzuständigkeit und über weitergehende Privatisierungen
herzustellen.

Die Frage der Zentralisierung war und ist der weitaus wichtigste Streitpunkt zwischen Bund und Ländern. Kein Dissens bestand
hingegen in der Frage der Privatisierung. Beide Seiten zeigten sich
offen gegenüber einer stärkeren Einbindung privaten Kapitals
sowie gegenüber Öffentlich-Privaten Partnerschaften. So heißt es
im Abschlussbericht der Länder-Kommission »Bau und Unterhaltung des Verkehrsnetzes« unter Kurt Bodewig: »Zur ergänzenden
Finanzierung von Einzelprojekten und Investitionen in Nebenbe-
triebe kann in beschränktem Maße zusätzlich privates Kapital eingebunden werden.« Die Formulierung »in beschränktem Maße«
sollte dabei nicht überbewertet werden: Auch die Länder schlugen
vor, privates Kapital über ÖPP-Modelle einzubinden.[211]

Einigkeit herrscht zwischen Bund und Ländern auch in der
Frage einer stärkeren Nutzerfinanzierung der Bundesfernstraßen.
Mit der Ausweitung der Maut auf PKWs war die Bundesregierung
2015 einen weiteren Schritt in diese Richtung gegangen. Zwischen
beidem besteht insofern ein Zusammenhang, als Nutzerfinanzierung eine mögliche Finanzierungsquelle in Privatisierungs- und
ÖPP-Modellen darstellt. Gerade, wenn es darum geht, den Europäischen Fiskalpakt zu umgehen, spielt sie eine zentrale Rolle –
darüber wird noch zu sprechen sein.

Das größte Druckmittel, das der Bund gegen die Länder ein-
setzte, waren die Verhandlungen über eine Neuordnung der Bund-
Länder-Finanzbeziehungen. Die Länderfinanzen standen auf der
Kippe, da mehrere Finanzierungsströme bis 2019 befristet waren.
Insbesondere durch das Auslaufen des Länderfinanzausgleichs bestand erheblicher Druck, eine Nachfolgeregelung zu finden. Im
Herbst 2015 verständigten sich die Länder auf eine Lösung, die
allerdings für den Bund erhebliche finanzielle Mehrkosten bedeutet hätte. Letztlich wollte kein Bundesland schlechter gestellt wer-

den als zuvor, was eben nur durch höhere Zahlungen des Bundes möglich wäre. Im Oktober 2016 einigten sich Bund und Länder auf eine Lösung, die sich in finanzieller Hinsicht an den Vorschlag der Länder anlehnte. Als Gegenleistung für höhere Zahlungen des Bundes verlangte die Bundesregierung unter anderem die Zustimmung der Länder zu einer Bundesfernstraßengesellschaft. So heißt es im entsprechenden Einigungspapier: »Es soll eine unter staatlicher Regelung stehende privatrechtlich organisierte Infrastrukturgesellschaft Verkehr eingesetzt und das unveräußerliche Eigentum des Bundes an Autobahnen und Straßen im Grundgesetz festgeschrieben werden.«[212]

Auch hier dürfte die Festschreibung des »unveräußerlichen Eigentums des Bundes an Autobahnen und Straßen im Grundgesetz« kaum mehr als Augenwischerei sein. Denn das »echte« Eigentum Privater an Bundesstraßen ist weder politisch durchsetzbar noch für die Privaten von vorrangiger Bedeutung. Relevanter ist, dass mit einer »privatrechtlich organisierten Infrastrukturgesellschaft Verkehr« der Weg hin zu Privatisierung und ÖPP noch wirksamer frei gemacht wird. Und mit seiner Forderung nach einer Zentralisierung der Autobahnen hat sich der Bund durchgesetzt. Er übernimmt die Zuständigkeit für die Verwaltung der Bundesautobahnen sowie für autobahnähnliche Bundesstraßen vollständig. Zusätzlich kann jedes Land entscheiden, auch die Zuständigkeit für weitere Bundesfernstraßen auf den Bund übertragen.

Darüber hinaus trotzte der Bund den Ländern eine »grundgesetzliche Erweiterung der Mitfinanzierungskompetenzen des Bundes im Bereich der kommunalen Bildungs-Infrastruktur für finanzschwache Kommunen« ab.[213] Was grundsätzlich positiv ist, weil es mehr Geld für klamme Städte, Gemeinden und Landkreise bringt, entpuppt sich bei genauerem Hinsehen gleichfalls als Vehikel zur Förderung von ÖPP.

Wie und weshalb genau hier die Privatisierung von Bundesfernstraßen und Schulen befördert wird – darum soll es im folgenden Abschnitt gehen.

5.3
Die Umsetzung der Bund-Länder-Einigung – Privatisierung bei Autobahnen und Schulen

Schon im Dezember 2015 hatte Bundesverkehrsminister Dobrindt einen Vorschlag für eine Zentralisierung der Bundesfernstraßenverwaltung präsentiert. Sein Papier, das schon eine Bundesfernstraßengesellschaft vorsah, war von der Konferenz der
Landesverkehrsminister noch abgelehnt worden. Mit der Bund-
Länder-Einigung vom Oktober 2016 hatte sich die Bundesregierung in dieser Frage dann durchgesetzt.

Ende November 2016 legte das Bundesverkehrsministerium
zwei Gesetzentwürfe zur Umsetzung einer zentralen Bundesfernstraßengesellschaft – einschließlich mehrerer Änderungen des
Grundgesetzes – vor. Nach einem schriftlichen Anhörungsverfahren, in dessen Rahmen interessierte Verbände Stellung beziehen
konnten, verabschiedete die Bundesregierung die beiden Gesetzentwürfe Mitte Dezember in leicht geänderter Fassung und brachte
sie in den Bundestag ein. Dieser änderte sie erneut – nach mehre-
ren eigenen Anhörungen – in einigen zentralen Punkten ab. Die
Zustimmung des Bundestags erfolgte am 1. Juni 2017 mit den Stimmen von CDU/CSU und SPD; nur einen Tag später folgte der
Bundesrat. Letzterer hatte das Thema sehr kurzfristig mit einem
2. Nachtrag auf die Tagesordnung gesetzt. Daraus lässt sich ablei-
ten, dass der Zeitdruck enorm war. Immerhin wurde die umfas-
sendste Grundgesetzänderung seit mindestens zehn Jahren innerhalb weniger Monate durchgedrückt. Alles sollte noch vor Ende
der Legislaturperiode über die Bühne gehen. Die Vermutung liegt
durchaus nahe, dass das Vorgehen der Bundesregierung System
hatte und Absicht war. Denn eine eingehende inhaltliche Ausein-
andersetzung mit den Gesetzentwürfen war den Bundestagsabgeordneten und anderen Beteiligten kaum möglich. So bezeichnete
etwa der SPD-Politiker Michael Groß den Zeitdruck als »fatal«.[214]
Auch den betroffenen Verbänden blieb jeweils nur wenig Zeit zum

Erarbeiten und Einreichen ihrer Stellungnahmen. Beim schriftlichen Anhörungsverfahren zu den ersten Gesetzentwürfen Ende November 2016 waren es sogar nur vier Tage (einschließlich eines Wochenendes).

Die ursprünglichen Gesetzentwürfe der Bundesregierung[215] zielten gleich in mehrfacher Hinsicht darauf ab, Privatisierungen voranzutreiben und Anlagemöglichkeiten für privates Kapital zu schaffen – und das, obwohl in Politik und Presse wiederholt das Gegenteil behauptet wurde. Insbesondere der damalige Bundeswirtschaftsminister Gabriel, so hieß es, habe die Privatisierung der Autobahnen verhindert.[216] Tatsächlich kann davon aber nicht die Rede sein, obwohl die Bundesregierung in den Gesetzentwürfen vom Dezember 2016 eine scheinbar eindeutige Formulierung in das Grundgesetz aufzunehmen vorschlug: »(1) Der Bund ist Eigentümer der Bundesautobahnen und sonstigen Bundesstraßen des Fernverkehrs. Das Eigentum ist unveräußerlich. (2) Die Verwaltung der Bundesautobahnen wird in Bundesverwaltung geführt. Der Bund kann sich zur Erledigung seiner Aufgaben einer Gesellschaft privaten Rechts bedienen. Diese Gesellschaft steht im unveräußerlichen Eigentum des Bundes.«

In der Tat klingt auf den ersten Blick harmlos, ja sogar positiv, was die Bundesregierung damit vorschlug: Das Eigentum an den Bundesfernstraßen (insbesondere den Autobahnen) ist und bleibt beim Bund. Schon das Bund-Länder-Einigungspapier vom Oktober 2016 hatte dies entsprechend vorgesehen. Der Bund könne zur Verwaltung der Autobahnen zwar eine privatrechtliche Gesellschaft gründen und nutzen, also etwa eine GmbH oder eine AG. Das Eigentum an dieser Gesellschaft solle aber gleichfalls dauerhaft beim Bund liegen.

Bei genauerer Betrachtung ist dies allerdings weniger eindeutig, als es scheint. Die Privatisierungsmöglichkeiten, die in den ursprünglichen Gesetzentwürfen trotz der genannten Formulierungen enthalten waren, reichten weit: Erstens sollten sich private Anleger zwar nicht mehr direkt, aber durchaus noch indirekt an der neuen Bundesfernstraßengesellschaft beteiligen können. Eigenkapital hätte weiterhin über so genannte »atypische stille Beteiligungen« eingebracht werden können, eigenkapitalähnliches Kapital in der Form höher verzinster »Mezzanine-Finanzierung«. In jedem Fall hätte dies privaten Geldgebern eine überhöhte Rendite ermöglicht. Zweitens schloss die Bundesregierung in ihren Gesetzentwürfen die Beteiligung Privater an geplanten Tochtergesellschaften der Bundesfernstraßengesellschaft nicht aus. Drittens schließlich blieben nach den Plänen der Bundesregierung auch Öffentlich-Private Partnerschaften weiterhin möglich.[217] Da die je nach Regierungsmehrheit bisweilen ÖPP-kritischen Länder ausgeschaltet sein würden, wären ÖPP wohl sogar wahrscheinlicher geworden. Selbst so genannte »Teilnetz-ÖPP« sollten möglich sein: Dann hätten private Unternehmen nicht nur einzelne Streckenabschnitte, sondern ganze Teilnetze – etwa alle Autobahnen in Norddeutschland oder in Bayern – übernehmen können. Dies wäre den Autobahn-Privatisierungsmodellen Frankreichs und Italiens nahegekommen und hätte die Attraktivität von ÖPP als Kapitalanlageformen deutlich erhöht.

Hinzu kommt ein Viertes: Mit ihren Gesetzentwürfen wollte die Bundesregierung die wirtschaftlichen Nutzungsrechte an den Autobahnen (einschließlich der Grundstücke) quasi vollständig auf die privatrechtliche Bundesfernstraßengesellschaft übertragen. Letztere hätte von diesen umfassend Gebrauch machen können – einschließlich der zeitweisen und teilweisen Übertragung dieser Nutzungsrechte auf öffentlich-private Tochtergesellschaften, einschließlich der Einbindung Privater im Rahmen Öffentlich-Privater Partnerschaften und einschließlich der Erwirtschaftung von Renditen für Eigenkapital- und Fremdkapitalgeber. Die Bundesfernstraßengesellschaft wäre gewissermaßen Quasi-Eigentümer an den Autobahnen geworden. Das verbleibende, letztlich rein formelle Eigentum des Bundes wäre zu einer »leeren Hülle« geworden.[218]

Neben der Frage des rechtlichen Eigentums war auch die Frage der Rechtsform der Bundesfernstraßengesellschaft von Bedeutung.

In den ursprünglichen Gesetzentwürfen der Bundesregierung war vorgesehen, zunächst eine GmbH zu gründen. Vier Jahre nach deren Betriebsbeginn sollte es eine Überprüfung der Rechtsform geben. Spätestens dann wäre eine Umwandlung des Unternehmens in eine Aktiengesellschaft möglich und wahrscheinlich gewesen – in eine andere Rechtsform allerdings nicht. Eine Beteiligung des Bundestags an dieser Entscheidung sah die Bundesregierung nicht vor. Dass sie damit die Umwandlung in eine AG vorbereitete, machte deutlich, was ihr ein zentrales Anliegen war: Die demokratische Mitsprache des Bundestags zurückzufahren. Denn bei einer AG wäre diese noch geringer gewesen als bei einer GmbH.[219] Der Wille, die Bundesfernstraßenverwaltung trotz formalem öffentlichem Eigentum an Autobahnen und Bundesfernstraßengesellschaft weitgehend zu entpolitisieren und privatwirtschaftlichen Prinzipien zu unterwerfen, kam damit auch bei der Wahl der Rechtsform deutlich zu Ausdruck. Dies mag unterstreichen, weshalb auch eine solche formelle Privatisierung zu Recht als Privatisierung bezeichnet wird.

Der Wille der Bundesregierung zur teilweisen Entmachtung des Bundestags wird auch daran erkennbar, dass für die Finanzierung und Umsetzung der Investitionsvorhaben auf Autobahnen die Bundesfernstraßengesellschaft zuständig sein sollte. Das Parlament hätte nur noch sehr grundlegende Entscheidungen zu treffen gehabt. Es sollte weiterhin einen Bedarfsplan erstellen, der auf dem Bundesverkehrswegeplan der Bundesregierung beruht. Mehr aber eben auch nicht. Damit hätte der Bundestag nur noch die allgemeinen verkehrspolitischen Linien festgelegt. Deren Umsetzung aber sollte er nach dem Willen der Bundesregierung nicht mehr aktiv begleiten, diese hätte vielmehr in den Händen der Bundesfernstraßengesellschaft gelegen.[220] Zusätzlich hätte ein noch zu gründendes »Fernstraßen-Bundesamt« die Aktivitäten der Gesellschaft im Auftrag der Bundesregierung überwacht. Damit wäre der Bundestag auch als ein Akteur, der zumindest theoretisch Öffentlich-Private Partnerschaften auf Bundesfernstraßen ausbremsen könnte, weitgehend ausgeschaltet gewesen.

Auch die Möglichkeit für private Kapitalgeber, der Bundesfernstraßengesellschaft Fremdkapital zu hohen (überhöhten) Zinsen
zur Verfügung zu stellen, war in den Gesetzentwürfen der Bundesregierung indirekt vorgesehen. Die Gesellschaft hätte sich eigenständig verschulden dürfen, eine Staatsgarantie für diese Verbindlichkeiten wollte die Bundesregierung allerdings nicht einräumen.
Der Bund sollte also für die Kredite der Bundesfernstraßengesellschaft nicht haften. Wie bereits erläutert, ist genau dies Voraussetzung für höhere Renditen privater Geldgeber. Dass die Bundesregierung von einer Staatsgarantie absehen wollte, unterstreicht
einmal mehr den Privatisierungscharakter des ganzen Vorhabens.
Es macht die Kapitalanlage für Private unnötig attraktiv – und für
die Bundesfernstraßengesellschaft unnötig teuer.

Interessanterweise sprach sich sogar der Beirat des federfüh-
renden Bundesverkehrsministeriums, der die Zentralisierung der
Fernstraßenverwaltung in einer Bundesgesellschaft grundsätzlich
begrüßte, gegen die weit reichenden Privatisierungspläne der Bundesregierung aus. In einer Stellungnahme lehnte er im April 2017
die Umwandlung in eine Aktiengesellschaft ebenso ab wie das of-
fensichtliche Bestreben, Anlagemöglichkeiten für privates Kapital
zu schaffen. Er forderte aus diesem Grund nicht nur eine Staatsgarantie, sondern auch eine kritische Prüfung Öffentlich-Privater
Partnerschaften sowie einen Verzicht auf Teilnetz-ÖPP. Eine versteckte Privatisierung dürfe es nicht geben: »Wenn der politische
Wille, für den Bereich der Bundesfernstraßen das ausschließliche
öffentliche Eigentum sicherzustellen, mit ökonomischen Überlegungen in Einklang steht, die nahelegen, dass eine materielle
Privatisierung der hochrangigen Straßeninfrastruktur keine Effizienzvorteile bringt, sollten die gesetzlichen Festschreibungen
sicherstellen, dass es auch nicht ›durch die Hintertür‹ zu einer
materiellen Privatisierung oder Teilprivatisierung des Bundesfern-
straßennetzes kommen kann.«[221]

Die politische Debatte nach der Bund-Länder-Einigung vom
Oktober 2016 war stark vom Thema Autobahn bzw. Bundesfern-

straßen geprägt. Daneben ging eine zweite Komponente des Kompromisses (und folglich der Gesetzentwürfe) beinahe unter, die aus Privatisierungsperspektive allerdings nicht weniger heikel war und ist. Man verständigte sich auf eine Grundgesetzänderung, der zufolge der Bund zukünftig finanzschwachen Kommunen mit Geldern zur Finanzierung von Bildungsinfrastrukturen unter die Arme greifen darf. Über die Länder werden diese Bundesmittel weitergereicht. Sie können für die Sanierung, den Umbau, die Erweiterung und eingeschränkt auch für den Neubau von Schulgebäuden eingesetzt werden, wie das Begleitgesetz festlegt. Diese an sich sinnvolle Regelung korrigiert ein entsprechendes Kooperationsverbot, das 2006 mit der so genannten »Föderalismusreform I« in Kraft getreten war und das sich schon 2010/11 bei der Krisenbekämpfung als problematisch herausgestellt hatte, weil es kurzfristige Infrastrukturinvestitionen mindestens erschwerte.

Handlungsbedarf bei der Schulsanierung gibt es bekanntlich vielerorts – und gerade in Kommunen mit angespannter Finanzlage in besonderem Umfang. Sie sparen an der Instandhaltung, tätigen eigentlich notwendige Investitionen nicht, der Gebäudebestand verrottet. Alleine, dass das fragwürdige Kooperationsverbot zumindest für Schulgebäude schon zehn Jahre nach seinem Inkrafttreten wieder fällt, zeigt, wie verfehlt es war.

Und doch ist nicht alles Gold, was glänzt. Vielmehr geht es auch hier wieder einmal um Privatisierung. Mit dem Begleitgesetz zur entsprechenden Grundgesetzänderung stellt die Bundesregierung zeitlich befristet 3,5 Milliarden Euro bereit. Und sie hebt zugleich explizit hervor, dass auch ÖPP im Schulbau förderfähig sind. Das wären ÖPP allerdings ohnehin – es einmal mehr eigens auszuführen, dürfte daher als eindeutiges Signal für mehr ÖPP-Privatisierung zu verstehen sein. Da die Mittel zudem nur eingesetzt werden können, wenn die damit finanzierten Projekte spätestens 2023 abgerechnet werden, besteht ein gewisser Zeitdruck. Er lässt sich mit ÖPP unter Umständen mildern, da sich dann der genannte Zeitraum um ein Jahr verlängert – so regelt es das Begleitgesetz. Doch damit nicht genug: Öffentlich-Private Partnerschaften im Schulbau sollen zusätzlich auch dadurch attraktiver gemacht werden, dass dem privaten »Partner« eine einmalige Vorabfinanzierung für den investiven Kostenanteil gewährt werden kann.

Die personell ausgedünnten Bauämter in finanziell angeschlagenen Kommunen müssen nun also binnen weniger Jahre Schulbau-Projekte durchführen und abschließen, wenn sie dafür Bundesmittel nutzen wollen. Der Anreiz, dazu auf ÖPP zurückzugreifen, dürfte angesichts der eben beschriebenen Rahmenbedingungen groß sein. Das ist er zwar ohnehin. Aber er dürfte durch das neue Förderprogramm des Bundes noch größer werden. Dies gilt umso mehr, als mit der oben beschriebenen »PD – Berater der öffentlichen Hand GmbH« ja nun eine Infrastrukturgesellschaft zur Verfügung steht, die die Kommunen bei Infrastrukturvorhaben kostengünstig unterstützt – und die gegenüber ÖPP mehr als offen sein dürfte. Diese Vermutung legen jedenfalls ihre Vorgeschichte als ÖPP-Werbeorganisation und ihre in der Fratzscher-Kommission entwickelte Aufgabenbeschreibung nahe.

Mit diesen ÖPP-Plänen beim Thema Schulinfrastruktur-Finanzierung kam die Bundesregierung im Bundestag ohne Weiteres durch. In Sachen Autobahnprivatisierung allerdings stellten sich selbst die eigenen Regierungsfraktionen von CDU/CSU und SPD an einigen – durchaus zentralen – Punkten quer.[222] Dazu mag auch die Verärgerung der Abgeordneten über den enormen Zeitdruck beigetragen haben, wie auch die Verärgerung darüber, als Bundestag an den Verhandlungen des Bund-Länder-Pakets nicht beteiligt gewesen zu sein. Die Gesetzentwürfe kamen jedenfalls bei Weitem nicht in der Form aus dem Bundestag heraus, wie die Bundesregierung sie hineingegeben hatte. Zwar übernahmen die Fraktionen die Grundstruktur einer zentralen Bundesfernstraßengesellschaft und eines Fernstraßen-Bundesamts. Eine unmittelbare oder mittelbare Beteiligung Privater an der Bundesfernstraßengesellschaft oder deren Töchter schlossen sie aber grundgesetzlich aus. Auch die schon in den ursprünglichen Gesetzentwürfen vorgesehene

Regelung, dass der Bund alleiniger Eigentümer am Bundesfernstraßennetz bleibt, behielten sie bei. Doch während die Bundesregierung dieses Eigentum durch vollständige Übertragung des wirtschaftlichen Nutzungsrechts unterhöhlen wollte, strichen die Koalitionsfraktionen die Möglichkeit eines solchen Vorgehens. Ebenfalls gestrichen wurden die von der Bundesregierung vorgesehenen eigenständigen Verschuldungsmöglichkeiten der Bundesfernstraßengesellschaft, zumindest soweit die Kreditaufnahme am Markt erfolgt. Sie hätten eine Umgehung der Schuldenbremse (und unter Umständen der europäischen Schuldenbegrenzungsregeln) erlaubt, was in der politischen und öffentlichen Debatte auf großen Widerspruch gestoßen war.

Doch schon der Umgang der Koalitionsfraktionen mit Öffentlich-Privaten Partnerschaften fiel weniger eindeutig aus. Zwar begrenzten sie ÖPP durchaus: Die besonders gefährlichen Netz-ÖPP schlossen sie grundgesetzlich aus, und die Länge einer einzelnen ÖPP beschränkten sie auf 100 Kilometer, eine Größe, die Autobahn-ÖPP bisher allerdings nicht einmal annähernd erreichten. Letzteres regelten sie gleichwohl nur einfachgesetzlich, so dass diese Begrenzung mit einfacher Mehrheit im Bundestag wieder aufgehoben werden kann. Die Begrenzung von ÖPP war in den Verhandlungen zwischen den beiden Koalitionsfraktionen eine Schlüsselfrage. Die SPD hatte – in Anlehnung an Vorschläge des Bundesrechnungshofes – deutlich weitergehende Forderungen zur ÖPP-Begrenzung als die Unionsfraktion. Sie konnte sich damit allerdings insbesondere gegen den Wirtschaftsflügel von CDU/CSU nur teilweise durchsetzen.

ÖPP wird es auf Autobahnen also weiterhin geben, und sie könnten durchaus an Bedeutung gewinnen. Schließlich entfallen mit den Länder-Regierungen zukünftig mögliche ÖPP-Gegenspieler, wie etwa ab 2013 das rot-grüne Niedersachsen einer war. Und da die Bundesfernstraßengesellschaft keine eigenen Kredite aufnehmen darf, besteht ein Anreiz, mittels ÖPP zumindest eine versteckte Verschuldung einzugehen. Dass die Gesellschaft über den

Bundeshaushalt mit Krediten ausgestattet werden kann, wie die Koalitionsfraktionen es ersatzweise festgeschrieben haben, ändert daran nichts. Und auch nicht, dass die finanzielle Ausstattung des Straßenverkehrssektors momentan vergleichsweise gut ist. Denn dies kann und wird sich gewiss auch wieder ändern.[223]

Wenig überzeugen kann demgegenüber die Einschätzung der SPD-Bundestagsabgeordneten Bettina Hagedorn. Sie hatte in einem Interview mit dem RBB argumentiert, dass die neue Bundesfernstraßengesellschaft Personal der Länder übernehme, das mit Arbeit versorgt werden müsse – die ÖPP-typische Vergabe umfangreicher Aufgaben in Bau und Betrieb an Privatunternehmen sei da nicht zu erwarten.[224] Überzeugen kann diese Argumentation nicht, da man zunächst wird sehen müssen, wie viel Personal dies überhaupt sein wird. Möglicherweise ergeben sich schon hier Lücken, die über ÖPP geschlossen werden. Und erst recht wird sich in Zukunft zeigen müssen, ob die Gesellschaft dauerhaft einen Personalstand halten will und halten wird, der es ihr ermöglicht, Aufgaben im bisherigen Umfang auch weiterhin selbst zu erledigen.

Realistischer dürfte die Einschätzung des Bundesverbands der Deutschen Industrie (BDI) sein. Dessen stellvertretender Hauptgeschäftsführer Holger Lösch sprach von einem »Bekenntnis der Koalition zu Öffentlich-Privaten Partnerschaften als einer wirtschaftlichen Beschaffungsvariante«. Dies sei »wegweisend für die Infrastrukturpolitik in Deutschland«. In der Tat lassen sich die Beschlüsse so lesen: Bei den Bundesfernstraßen bleibt ÖPP trotz kritischer Gegenstimmen und trotz wiederholt nachgewiesener Unwirtschaftlichkeit als Beschaffungsvariante ausdrücklich erlaubt. Mehr noch: Der Verfassungsrechtler Christoph Degenhart verwies gegenüber der *Berliner Zeitung* darauf, dass »ÖPP-Projekte nunmehr sogar im Grundgesetz ausdrücklich als zulässig anerkannt« werden, »hierüber dürften wirtschaftlich ähnliche Ergebnisse erzielt werden wie im Rahmen einer Privatisierung«.[225] Und bei der Finanzierung kommunaler Bildungsinfrastruktur wird auf die Möglichkeit von

ÖPP eigens verwiesen, ohne dass es nötig gewesen wäre. Durch einmalige Vorabfinanzierungen und verlängerte Abrechnungsfristen werden hier zusätzliche Anreize für ÖPP geschaffen.

ÖPP ist also keineswegs tot, wie nicht zuletzt auch Bundesverkehrsminister Alexander Dobrindt (CSU) im Bundestag mit Blick auf Autobahnen klarmachte: »Natürlich sind öffentlich-private Partnerschaften auch in Zukunft möglich. Das haben wir genau so vereinbart. Es gibt eine Liste von elf Maßnahmen, die wir vorhaben. Dabei geht es um Projekte in öffentlich-privater Partnerschaft auf unseren Autobahnen mit einem Volumen in der Größenordnung von 15 Milliarden Euro, und wir sind übereingekommen, dass wir die auch weiterhin so einsetzen wollen und müssen, weil wir bei dem, was wir investieren und was wir an Hochlauf, Sanierung und Erneuerungs- und Erweiterungsarbeiten in unserem Autobahnnetz vor uns haben, auch private Unterstützung brauchen. Und dabei bleibe ich auch, meine Damen und Herren.«[226] Weniger überzeugen kann demgegenüber die Einschätzung des SPD-Haushaltspolitikers Johannes Kahrs, der in der gleichen Bundestagsdebatte zum Thema sagte: »Selbst die Bundesregierung gesteht es ein: Wir als Deutscher Bundestag, wir als Parlament, haben die Privatisierung verhindert.«[227]

Dennoch ist festzuhalten und anzuerkennen: Den ursprünglichen Privatisierungsgesetzentwürfen der Bundesregierung haben die Fraktionen von CDU/CSU und SPD (nicht zuletzt aufgrund des Drucks von kritischen Verbänden, grüner und linker Oppositionspartei und kritischer Öffentlichkeit) zahlreiche Zähne gezogen. Der *Berliner Tagesspiegel* schrieb sogar: »Selten zuvor wurde eine Vorlage aus dem Kabinett im parlamentarischen Verfahren so zerzaust«.[228] In der Tat, das ist beachtlich. Allerdings wurden eben nicht alle Zähne gezogen. ÖPP bleibt eine Option, und es spricht manches dafür, dass diese unwirtschaftliche, aber für Investoren profitable Beschaffungsvariante in Zukunft an Bedeutung gewinnen wird. Damit spricht auch manches dafür, dass es für Investoren keinen Grund gibt, sich die Haare zu raufen.

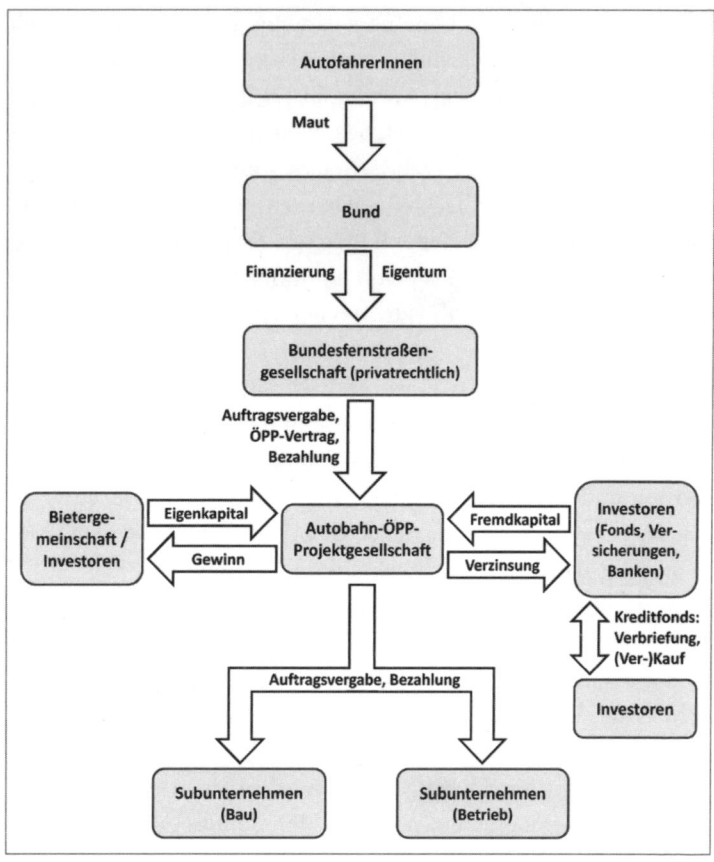

Schaubild 3: Kombination von Bundesfernstraßen-GmbH (oder -AG) und ÖPP als mögliches Modell der Bundesfernstraßenverwaltung. Eigene Darstellung.

Ein weiterer Zahn, der den Gesetzentwürfen nicht – oder zumindest nur unvollständig – gezogen wurde, betrifft die Rechtsform. Eine formelle Privatisierung findet nach wie vor statt, wenn auch nicht in der am weitreichendsten Variante. Nach dem Willen der Bundesregierung sollte die Bundesfernstraßengesellschaft perspektivisch in eine Aktiengesellschaft (AG) überführt werden können (und gewiss auch sollen). Dies hätte den politischen Einfluss ebenso auf fast null reduziert wie die Finanzkontrollmöglichkeiten des Bundestags und des Bundesrechnungshofes. Stattdessen wird sie nun als GmbH gegründet und mit vergleichsweise weitgehenden parlamentarischen Einflussmöglichkeiten versehen – und jede Rechtsformänderung bedarf der Zustimmung des Bundestags. Grundgesetzlich abgesichert und auf Dauer gestellt ist diese Rechtsform allerdings nicht. Eine andere Regierung kann mit einfacher Mehrheit eine Umwandlung in eine AG beschließen.

»Es handelt sich hier um eine formelle oder Rechtsform-Privatisierung, die auf der Projektebene Effekte einer materiellen Teil-Privatisierung haben könnte«, so lautete die Einschätzung des bereits erwähnten Verfassungsrechtlers Christoph Degenhart.[229] Gerade die Kombination von privater Rechtsform und Öffentlich-Privaten Partnerschaften (siehe Schaubild 3) könnte tatsächlich gravierende Folgen haben.

Die Forderung, statt einer privatrechtlichen Gesellschaft (GmbH oder AG) eine Anstalt öffentlichen Rechts (AöR) zu gründen, war letztlich nicht mehrheitsfähig. Sie war seitens verschiedener Gutachter, aber auch aus Gewerkschaften sowie Teilen der SPD und der Bundestagsopposition erhoben worden. Bei einer AöR hätten Bundestag und Bundesrechnungshof ein größeres Mitspracherecht behalten. Die Gesellschaft wäre nicht den privatrechtlichen Regeln von Kapitalgesellschaften unterworfen gewesen. Überhaupt wäre der Privatisierungscharakter des gesamten Vorhabens in der Rechtsform einer AöR ungleich geringer gewesen.

Die schwarz-rote Bundesregierung hat sich also mit einigen ihrer politischen Vorstellungen durchgesetzt, aber bei Weitem nicht mit allen. Ihr erstes, zentrales Anliegen war es offensichtlich, Privatisierungen voranzutreiben – allen anderslautenden Behauptungen etwa des damaligen Bundeswirtschaftsministers Gabriel zum Trotz. Hier ist ihr die Bundestagsmehrheit in einigen Punkten gefolgt, in vielen anderen hingegen nicht. Ebenso offensichtlich hatte die Bundesregierung allerdings ein zweites Anliegen: Neue

Verschuldungsspielräume zu schaffen. Hier ist ihr die Bundestagsmehrheit nicht gefolgt.

Die Gesamtkonstruktion der Bundesfernstraßengesellschaft
– insbesondere durch die staatsferne Nutzerfinanzierung – hätte
es in der ursprünglichen Variante der Bundesregierung erlaubt,
Schulden der Gesellschaft als nichtstaatliche (ergo private) Verschuldung zu verbuchen. Theoretisch wäre es sogar möglich gewesen, bestehende Staatsschulden auf die neue Gesellschaft zu
übertragen. In jedem Fall hätte Deutschland mit Blick auf Schuldenbremse und europäische Schuldenregeln (Fiskalpakt) rechnerisch plötzlich viel besser dagestanden. Und Bundesfinanzminister
Schäuble hätte sich einmal mehr feiern lassen können als der vermeintlich erfolgreichste Schuldenabbauer der Geschichte.

Um die Frage, ob und in welcher Form die Bundesfernstraßengesellschaft sich verschulden dürfe, wurde politisch entsprechend
viel gestritten. Dabei ging es zugleich um die Frage, ob man eine
»Gründungsverschuldung« der neuen Bundesfernstraßengesellschaft zulassen solle, ob diese also einen Teil der Schulden des Bundeshaushalts übernehmen (können) sollte. Grundsätzlich wäre eine
Verschuldungsmöglichkeit unabhängig von der Rechtsform gegeben, solange dies der Bundesfernstraßengesellschaft nicht gesetzlich verboten wird. Und eine Gründungsverschuldung wäre möglich, indem die Gesellschaft verpflichtet würde, dem Bund einen
festzulegenden, hohen Betrag zu bezahlen. Diese Mittel müsste sie
am Kapitalmarkt aufnehmen – während der Bund umgekehrt mit
diesen Mitteln seine Verschuldung zurückführen könnte. Würde
die Gesellschaft dabei so ausgestaltet, dass sie statistisch nicht dem
Staat zugeordnet wird, käme dies in der Statistik einem Abbau der
Staatsverschuldung um die entsprechende Summe gleich. Und jeder weitere Euro, den sie sich zu einem späteren Zeitpunkt leihen
würde, würde ebenfalls nicht als Staatsschuld gewertet.

Gegner eines solchen Vorhabens befürchteten, dies könne die
Handlungsfähigkeit der Gesellschaft einschränken. Denn diese
sollte ja über die LKW- und PKW-Maut finanziert werden, deren

Höhe aber auch weiterhin vom Bundestag festzulegen war. Da ein politischer Anreiz bestehe, die Maut möglichst niedrig zu halten, seien die Einnahmen der Gesellschaft faktisch begrenzt und im Zweifel eher zu niedrig. Würde sie nun zusätzlich Zinsen auf aufgenommenes Fremdkapital bezahlen müssen, so könne dies den Spielraum für Investitionen in Bundesfernstraßen reduzieren. Ein weiteres Argument gegen eine Gründungsverschuldung (und gegen jede Möglichkeit der Gesellschaft, sich zu verschulden) war, dass damit Schuldenbremse und Fiskalpakt umgangen würden.[230]

Vor diesem Hintergrund stieß die Idee einer Gründungsverschuldung bzw. einer eigenständigen Verschuldungsmöglichkeit in der öffentlichen Debatte und selbst bei Abgeordneten der Mitte-Links-Parteien auf Ablehnung – erstaunlicherweise, denn es gibt durchaus gute Argumente für eine solche. So sind Schuldenbremse und Europäischer Fiskalpakt fragwürdige, ja falsche politische Instrumente (siehe Abschnitt 4.1). Eine politische Mehrheit, sie wieder abzuschaffen, ist nur leider nicht absehbar. Daher wäre es aus finanz- und wirtschaftspolitischer Sicht durchaus sinnvoll, Umgehungsmöglichkeiten zu schaffen und zu nutzen. Diese wären allerdings selbstredend so transparent und demokratisch wie möglich auszugestalten. Und sie wären zwingend mit einer Staatsgarantie zu versehen.

Für eine Gründungsverschuldung der neuen Bundesfernstraßengesellschaft sprechen aber auch Umwelt- und Gerechtigkeitsgründe: Ein gewisser Teil der deutschen Staatsverschuldung resultiert aus Krediten, die der Bund einst zur Finanzierung von Bau, Ausbau und Erhalt der Autobahnen aufgenommen hat. Rund um die neue Bundesfernstraßengesellschaft wird nun ein eigenständiger Finanzierungskreislauf geschaffen, in dem die NutzerInnen für die Kosten der Autobahnen selbst aufkommen. Völlig unabhängig davon, ob man dieses Vorhaben für sinnvoll hält oder nicht, so ist doch festzuhalten: Die Zinsen, die der Bund auf jene Kredite bezahlt, mit denen einst Bau, Ausbau und Erhalt finanziert wurden, sind gleichfalls Kosten der Autobahnen. Die Nutzerinnen und Nutzer daran nicht zu beteiligen, widerspricht dem Prinzip eines eigenständigen Finanzierungskreislaufs. Denn nun müssen möglicherweise Steuerzahlerinnen und Steuerzahler systemwidrig für einen Teil der Autobahnkosten aufkommen – es läge eine Art versteckter Subvention des Auto- und insbesondere des LKW-Verkehrs vor. Durch eine Gründungsverschuldung in Höhe der auf die Finanzierung von Autobahnen zurückgehenden Staatsschulden hätte sich dies vermeiden lassen.

Trotz guter Argumente, die also für eigenständige Verschuldungsmöglichkeiten und eine Gründungsverschuldung der Bundesfernstraßengesellschaft sprechen, schließt das Begleitgesetz zur Grundgesetzänderung beides aus. Die dortige Formulierung ist allerdings in einem Detail nicht ganz eindeutig. So heißt es, die Gesellschaft sei »nicht berechtigt, Kredite am Markt aufzunehmen«. Diese Formulierung wird nun verschiedentlich so interpretiert, dass die Aufnahme von Krediten fernab des Marktes möglich sei – und zwar in Form so genannter Mezzanine-Finanzierungen, wie etwa Genussscheinen. Ob diese Auffassung zutreffend ist, wird die Zukunft zeigen müssen. Sollte dem aber so sein, dann wäre dies ein teures Geschenk an Investoren: Sie hätten dann eine Anlagemöglichkeit und könnten sich hohe Renditen sichern, ohne ein tatsächliches Risiko tragen zu müssen. Im Falle von Genussscheinen übrigens sogar besonders hohe Renditen.

Dies gilt umso mehr, als für etwaige Schulden der Bundesfernstraßengesellschaft keine Staatsgarantie gegeben wird. An diesem Punkt setzte sich die Bundesregierung durch. Möglicherweise gingen die Abgeordneten von CDU/CSU und SPD im Bundestag davon aus, dass eine Staatsgarantie nicht notwendig sei, da die Gesellschaft sich ohnehin nicht eigenständig verschulden dürfe. Dennoch könnte sich der Verzicht darauf letztlich als kurzsichtig erweisen, nämlich dann, wenn es zur Aufnahme von Mezzanine-Kapital kommt. Oder auch, wenn eine spätere Bundestagsmehrheit das einfachgesetzliche Schuldenaufnahmeverbot mit einfacher Mehrheit wieder streicht.

Insgesamt ist festzuhalten, dass die nun gefassten Beschlüsse durchaus zu jenen politischen Entwicklungen und Entscheidungen passen, mit denen auf europäischer Ebene und in Deutschland die rechtlichen Bedingungen für private Kapitalanlagen in Infrastruktur geschaffen wurden. Zudem sind sie gar nicht so weit von den Vorschlägen entfernt, die zuvor die Fratzscher-Kommission unterbreitet hatte. Auch jene präferierte das Modell einer Infrastrukturgesellschaft im Staatsbesitz (und ohne Staatsgarantie), an der sich privates Kapital indirekt beteiligen kann. Genussscheine nannte sie explizit. Auch ÖPP spielten im Abschlussbericht der Fratzscher-Kommission eine zentrale Rolle. Der wesentlichste Unterschied zwischen jenen Vorschlägen und den späteren Beschlüssen besteht darin, dass die Bundesfernstraßengesellschaft vergleichsweise staatsnah ausgestaltet werden wird und keine eigenen Kredite am Markt aufnehmen darf.

Diesen Abschnitt abschließend, wollen wir noch auf eine weitere bedenkliche Konsequenz der zurückliegenden Entscheidungen hinweisen. Die neu eingeführte PKW-Maut[231] in Deutschland – Kernbestandteil im Gesamtkonzept der geplanten Bundesfernstraßengesellschaft – ergänzt die 2005 eingeführte LKW-Maut. Beide weisen deutlich in Richtung einer stärkeren Nutzerfinanzierung öffentlicher Infrastruktur bzw. staatlicher Aufgaben. Der Kieler Wirtschaftswissenschaftler Stefan Kooths erfasst diesen Zusammenhang sehr richtig – was er allerdings begrüßt, ist in Wirklichkeit höchst problematisch: »Es besteht jetzt die Chance, die Nutzerfinanzierung zu stärken und somit die Infrastrukturbereitstellung stärker zu entpolitisieren, d. h. aus den Verteilungskämpfen herauszuhalten.«[232]

Was Kooths »entpolitisieren« nennt, droht faktisch eine Umverteilung zu Ungunsten der Menschen mit niedrigen und mittleren Einkommen (allen voran der Pendler) zu werden. Damit wäre die Nutzerfinanzierung nach wie vor Teil der »Verteilungskämpfe«, der aber lediglich nicht mehr als solcher erscheint. In gewisser Weise werden diese »Verteilungskämpfe« auf diese Weise selbst »entpoli-

tisiert«. Denn mit der Verschiebung öffentlicher Einnahmen weg
von Steuern und hin zu Gebühren verschieben sich Finanzierungs-
lasten. Anders als Nutzungsgebühren werden Steuern gemäß wirtschaftlicher Leistungsfähigkeit erhoben. Zumindest im Grundsatz
bezahlen Menschen mit hohen Einkommen also mehr Steuern als
Menschen mit niedrigen und mittleren, auch wenn dieses Prinzip
in den zurückliegenden Jahrzehnten in Deutschland fatalerweise
geschwächt wurde.[233] Und auch Arbeitgeber etwa finanzieren die
Autobahnen über ihre Steuern mit. Die Höhe einer Maut hingegen hängt von der Nutzungsintensität der jeweiligen Verkehrsinfrastruktur ab – wer häufiger oder länger fährt, etwa zur Arbeit
pendelt, muss mehr bezahlen. Sozial gerecht ist das nicht.

Nun mag die Ausweitung der Nutzerfinanzierung im Falle der
LKW-Maut noch gut nachvollziehbar sein. Dafür sprechen ökologische Gründe, und dafür spricht, dass die Beanspruchung des
Straßenmaterials durch LKWs ein Vielfaches der Beanspruchung
durch PKWs ausmacht. Die PKW-Maut ist in dieser Hinsicht allerdings anders zu beurteilen. Für sie hat die Bundesregierung
eine recht komplexe Konstruktion gewählt: Bis zu 130 Euro pro
Jahr und Auto wird diese »Infrastrukturabgabe« anfangs betragen,
die Zahlung soll im Falle inländischer AutofahrerInnen von der
KFZ-Steuer abgezogen werden können. Dies ist möglicherweise
europarechtswidrig, weil so nur ausländische AutofahrerInnen belastet werden.[234] Führt man sich überdies vor Augen, dass die Erhe-
bungskosten der Maut laut eines Gutachtens im Auftrag des ADAC
höher sein dürften als die dadurch erzielten Einnahmen,[235] so liegt
die Vermutung durchaus nahe, dass es zukünftig zu Anpassungen
der Maut nach oben kommen wird. Dann würden mit ziemlicher
Sicherheit auch inländische AutofahrerInnen belastet.[236] Innerhalb
der CDU sollen – in Abgrenzung zur bestehenden PKW-Maut, die
auf die CSU zurückgeht – sogar schon entsprechende Pläne aus-
gearbeitet worden sein, wie das *Handelsblatt* berichtete.[237]

Eine steigende Maut wäre insofern durchaus folgerichtig, als
erstens eine stärkere Nutzerfinanzierung es leichter machen würde,

staatliche Verschuldung vor Schuldenbremse und Europäischem Fiskalpakt zu »verstecken«. Wir werden im nachfolgenden Kapitel darauf genauer eingehen. Es wäre auch folgerichtig, weil zweitens das gesamte Finanzierungsmodell der Bundesfernstraßengesellschaft auf der Maut basiert. Der politisch gewünschte »geschlossene Finanzierungskreislauf« setzt eine Nutzerfinanzierung voraus. Und es wäre folgerichtig, weil drittens eine stärkere Nutzerfinanzierung ein Kernelement fast jeder Form von Privatisierung darstellt. In einem internen Gutachten für das Bundesverkehrsministerium, erstellt von der Kanzlei Graf von Westfalen, heißt es entsprechend: »Perspektivisch soll die Finanzierung der Bundesautobahnen auf Basis unmittelbar vom Nutzer bereitgestellter Finanzierungsbeträge vollständig außerhalb des Bundeshaushalts sichergestellt und abgewickelt werden können.«[238] Auch wenn die Bundestagsmehrheit dieses Vorhaben ihrer Regierung – wie auch das damit zusammenhängende Vorhaben, staatliche Verschuldung zu verstecken – vorerst vereitelt hat, ist diesbezüglich möglicherweise das letzte Wort noch nicht gesprochen. Mit der LKW-Maut, der PKW-Maut und der Bundesfernstraßengesellschaft sind die Grundlagen für einen geschlossenen Finanzierungskreislauf mit starkem privatwirtschaftlichem Charakter außerhalb des Bundeshaushalts jedenfalls gelegt.

Eine deutlich höhere und/oder auch für inländische Autos nicht mehr kostenneutral erhobene PKW-Maut dürfte vor diesem Hintergrund nicht unwahrscheinlich sein. Selbst wenn es noch Jahre dauern sollte. Spätestens dann aber wäre der nächste Schritt in Richtung einer unsozialen Nutzerfinanzierung öffentlicher Infrastruktur bzw. staatlicher Aufgaben gegangen. Verteilungspolitisch wäre die PKW-Maut das Pendant zur steuerlichen Entlastung hoher Einkommen, hoher Vermögen und Unternehmensgewinne. Systematisch wäre sie das Pendant beispielsweise zur Klo-Maut – also zu Toilettengebühren, wie sie heute schon an Autobahnraststätten und in Bahnhöfen, aber auch an mancher Schule erhoben werden.[239]

Dass das gesamte Finanzierungsmodell der neuen Bundesfernstraßengesellschaft auch eine ökologische Schlagseite hat, soll abschließend nicht unerwähnt bleiben: Die Einnahmen aus LKW-
und PKW-Maut sollen zukünftig ausschließlich dieser Gesellschaft
und damit dem Bundesfernstraßenbau zufließen. Die Finanzierung
umweltfreundlicherer Verkehrsmittel und Verkehrsinfrastrukturen
– Bahn, Öffentlicher Personennahverkehr, Fahrrad – aus diesen
Geldern soll dann nicht mehr möglich sein. Dass die PKW-Maut
offiziell dennoch »Infrastrukturabgabe« heißt, erscheint auch vor
diesem Hintergrund absurd.

5.4
War das System der
Auftragsverwaltung nicht reformierbar?

Im Zuge all der beschriebenen politischen Auseinandersetzungen
um das »Wie« einer Bundesfernstraßengesellschaft ging die Frage nach deren Sinn zunehmend unter. War das alte System der
Auftragsverwaltung wirklich nicht reformierbar? Immerhin hatte
es auch seine Stärken – und Vorschläge, wie seine Schwächen be-
hoben werden sollten, hatten sowohl die Gewerkschaft ver.di als
auch die Bodewig-II-Kommission vorgelegt.

    Die zentrale Stärke des bisherigen Systems lag darin, dass es
eine übergreifende Verkehrsplanung und Straßenbauverwaltung
ermöglichte. Maßnahmen auf der Ebene der Bundesautobahnen
und Bundesstraßen etwa haben im Regelfall auch Auswirkungen
auf das nachgelagerte Netz aus Landes- und Kreisstraßen. Die einzelnen Ebenen können und sollten daher nicht isoliert betrachtet
werden, entsprechende Planungen vielmehr ineinandergreifen.
Auch brachte die bisherige Verkehrsplanung aus einer Hand Synergieeffekte mit sich: Doppelstrukturen wurden vermieden.
Beschäftigte konnten – je nach Arbeitsanfall – auf Bundes- oder
Landesstraßen, in manchen Bundesländern auch auf kommunalen Straßen eingesetzt werden. Der insgesamt größere Personal-

pool ermöglichte dies auch kurzfristig. So wurden beispielsweise in nordrhein-westfälischen Ballungsgebieten gemischte Straßenmeistereien gebildet. Diese arbeiten in Autobahn-Hauptverkehrszeiten im nachgeordneten Landes- und Bundesstraßennetz. In verkehrsschwächeren Zeiten liegt ihr Einsatzschwerpunkt auf den Bundesautobahnen. Das hat unter anderem den Vorteil, dass Staus vermieden werden.

Zukünftig wird dieses flexible System nicht mehr aufrecht erhalten werden können. Ja mehr noch: Durch die Zentralisierung der Bundesfernstraßenverwaltung auf Bundesebene sind die verbleibenden Straßenbauverwaltungen in den Ländern mit den entsprechenden Arbeitsplätzen in ihrem Bestand gefährdet. Denn ein wirtschaftlicher Betrieb über alle Dienststellen und Regionen hinweg wird in vielen Fällen wohl nicht mehr möglich sein. Auch ÖPP und Privatisierungen könnten dann zum Mittel der Wahl werden. Hinzu kommt, dass alleine die Gründung der neuen Bundesfernstraßengesellschaft und die anschließende Überleitung und Neuordnung von Strukturen, Personal sowie Aufgaben mehrere Jahre in Anspruch nehmen werden. Die Bodewig-II-Kommission spricht von bis zu zwei Legislaturperioden, also bis zu acht Jahren.[240] Auch wenn Bundesregierung und Bundestag von kürzeren Fristen ausgehen: In dieser Zeit ist von beträchtlichen zusätzlichen Reibungsverlusten und Ineffizienzen auszugehen – und das in einer Situation, in der eigentlich rasche und umfangreiche Nachhol-Investitionen in das Bundesfernstraßennetz notwendig wären.

Dennoch war die Kritik am System der Auftragsverwaltung nicht unberechtigt. Die Reibungsverluste zwischen Bund und Ländern waren hoch, auch weil es zahlreiche Kompetenzüberschneidungen zwischen beiden Seiten gab. Schon 2004 kritisierte der Bundesrechnungshof, dass die Bundesregierung über kein ausgereiftes System verfüge, mit dem sie den Umgang der Länder mit Bundesgeldern kontrollieren könnte. Ihre Möglichkeiten, die eigenen Interessen im Bundesfernstraßenbau gegenüber den Interessen von Ländern und Kommunen durchzusetzen, seien begrenzt.[241] Die Bodewig-Kommissionen der Länderverkehrsminister verwiesen auf eine jahrelange, wechselhafte, insgesamt unzureichende Finanzierung des gesamten Verkehrssektors sowie auf ineffiziente Prozessabläufe.[242]

Das vielleicht größte Problem der Auftragsverwaltung war sicherlich, dass bereitgestellte Bundesmittel viel zu oft nicht abgerufen wurden – im Wesentlichen, weil die Länder die Kapazitäten nicht hatten, um die entsprechenden Investitionen in das Bundesfernstraßennetz auch umzusetzen. Ein wesentlicher Grund dafür war auch hier, dass in den meisten Ländern das entsprechende Personal abgebaut worden war.[243] In Zeiten, in denen Haushaltskürzungen und Personalabbau als angemessen und richtig galten, blieb fatalerweise auch die Straßenbauverwaltung nicht verschont. Der Bundesregierung wiederum diente dies umgekehrt als Argument für ihre Einschätzung, dass die Länder nicht mehr in der Lage seien, den ihnen übertragenen Aufgaben angemessen nachzukommen.

Das System der Bundesfernstraßenverwaltung war also in der Tat dringend reformbedürftig. Seine Schwächen anzugehen, ohne seine Stärken preiszugeben – das allerdings war politisch offenbar nicht mehr mehrheitsfähig. Dazu wird auch der zunehmende Druck beigetragen haben, leichtere Zugänge für privates Kapital zu schaffen.[244] Vorschläge, die auf eine Verbesserung der bestehenden Auftragsverwaltung zielten, blieben am Ende jedenfalls weitgehend ungehört. Der Wunsch der Länder nach höheren Bundesmitteln für eine Nachfolgeregelung zum Länderfinanzausgleich war der entscheidende Hebel, mit dem die Bundesregierung schließlich eine Zentralisierung (mindestens) der Bundesautobahnverwaltung durchsetzen konnte. Es steht zu befürchten, dass das Kind mit dem Bade ausgeschüttet worden ist.

Hierdurch kommt es nun zu einer enormen Umstrukturierung der Straßenbauverwaltung in Deutschland, von der mehrere tausend ArbeitnehmerInnen betroffen sein werden. Die zuständige Gewerkschaft ver.di konnte im Zuge des Gesetzgebungsprozesses

vergleichsweise günstige Bedingungen für die Beschäftigten aus-
handeln. Nachdem sich die Bundesregierung in Fragen der Mit-
bestimmung und der tariflichen Absicherung mehr als knauserig
zeigte, nahm der Bundestag noch zahlreiche Verbesserungen vor.
So muss die Bundesfernstraßengesellschaft wechselwillige Beschäftigte in jedem Fall übernehmen, diesen steht umgekehrt aber
ein individuelles Widerspruchsrecht zu. Auch haben sie das Recht,
am bisherigen Arbeitsplatz und -ort weiterbeschäftigt zu werden.
Die Infrastrukturgesellschaft wird gesetzlich verpflichtet, die Überleitung der Beschäftigten wie auch die Arbeits- und Entlohnungs-
bedingungen tarifvertraglich mit den Gewerkschaften auszugestalten.

6.
Was Öffentlich-Private Partnerschaften so attraktiv macht

Trotz der zahlreichen bekannten Nachteile und Probleme wurde in den vergangenen Jahren immer stärker auf ÖPP zurückgegriffen, und dieser Trend droht sich auch in Zukunft fortzusetzen. Die oben skizzierten politischen Diskussionen und Beschlüsse unterstreichen dies. Und auch die neuen Möglichkeiten des Bundes, finanzschwachen Kommunen bei der Investition in Bildungsinfrastrukturen unter die Arme zu greifen, dürfte die Anwendung von ÖPP eher ausweiten.

Welche Gründe sind dafür auszumachen? Was macht ÖPP so attraktiv? Um diese Frage zu beantworten, ist zu unterscheiden zwischen den Interessen einerseits der Privatwirtschaft, andererseits der Politik bzw. des Staates.

Um zunächst die Frage zu beantworten, warum der Staat bzw. PolitikerInnen sich immer häufiger dem Instrument ÖPP zuwenden, ist ein Blick auf die Entwicklung der Finanz- und Haushaltspolitik der vergangenen rund 20 Jahre aufschlussreich. Wir haben sie in ihren Grundzügen im Abschnitt zur Schuldenbremse und zum Europäischen Fiskalpakt dargestellt. Die öffentlichen Haushalte in Deutschland sind strukturell unterfinanziert. Nach der Jahrtausendwende sind insbesondere unter den von Gerhard Schröder geführten rot-grünen Bundesregierungen und auch unter der dann folgenden großen Koalition unter Angela Merkel erhebliche Steuersenkungen erfolgt. Letztere sind vor allem dem Unternehmenssektor und reichen Haushalten zu Gute gekommen und haben der öffentlichen Hand in erheblichem Umfang finanzielle Mittel entzogen.[245] Durch die 2009 verabschiedete Schuldenbremse und durch den zwei Jahre später auf den Weg gebrachten Europäischen Fiskalpakt sehen sich die öffentlichen Haushalte zugleich einem starken Konsolidierungsdruck ausgesetzt. Öffentliche Haushalte haben seither weitgehend ausgeglichen zu sein – und selbst die geringen Spielräume, die Schuldenbremse und Fiskalpakt noch lassen, bleiben aus ideologischen Gründen oft ungenutzt.

Dieser Konsolidierungsdruck trug und trägt über zwei Kanäle dazu bei, dass der Staat in immer stärkerem Umfang auf ÖPP zurückgreift: Zum einen führte er zu einem Investitionsstau, zum anderen zu einem Personalabbau in der öffentlichen Verwaltung. Die gesamte öffentliche Investitionstätigkeit fällt in Deutschland im internationalen Vergleich ausgesprochen schwach aus. Die Nettoinvestitionen des Staates sind (von den Jahren 2009 bis 2012 abgesehen) seit dem Jahr 2003 negativ. Das heißt im Klartext: Der öffentliche Nettokapitalstock ist spürbar geschrumpft, öffentliche Infrastrukturen verfallen. Dies liegt insbesondere an der extrem schwachen Investitionstätigkeit der Kommunen.

ÖPP scheint für alle Gebietskörperschaftsebenen ein probates Mittel zu sein, um diesem Investitionsstau entgegenzuwirken. Die im Zuge eines ÖPP-Projektes notwendige Kreditaufnahme erfolgt durch die beteiligten privaten Unternehmen und eben nicht durch die öffentliche Hand. Die Ausgaben für die entsprechenden Investitionen fallen für den Staat zudem nicht als größere Summe an. Sie erscheinen folglich nicht als große, defizitrelevante Zahlung in einem Jahr, die entsprechenden Entgelte an die Privatunternehmen werden vielmehr auf einen mehrjährigen Zeitraum verteilt.

Bund und Länder können durch ÖPP darüber hinaus die Schuldenbremse umgehen, da in den entsprechenden Berechnungen nur die im jährlichen Haushalt anfallenden Zahlungen an den jeweiligen privaten ÖPP-Partner erfasst werden.[246] Anders sieht die Sache allerdings im Rahmen des Europäischen Fiskalpakts aus. Nach dessen strengeren Regeln erfolgt eine defizitrelevante Verbuchung nur dann nicht bei der öffentlichen Hand, wenn der private ÖPP-Partner zwei von drei Risiken trägt, und zwar erstens das Errichtungsrisiko und zweitens das Nachfrage- und/oder das Verfügbarkeitsrisiko. Das Errichtungsrisiko betrifft zum Beispiel Verzögerungen in der Errichtungsphase. Das Verfügbarkeitsrisiko bezieht sich auf das vertraglich vereinbarte Zur-Verfügung-Stellen der entsprechenden Leistung. Ein Nachfragerisiko besteht im Falle einer Entlohnung des privaten Partners durch eine Gebühr auf die entsprechende Inanspruchnahme des ÖPP-Projektes durch die NachfragerInnen (zum Beispiel die Nutzung eines auf Basis von ÖPP errichteten Tunnels). Laut Angaben der Wirtschaftswissenschaftlerin Katja Rietzler werden »diese aufwendigen Prüfungen in Deutschland aber nicht durchgeführt, weil dem Statistischen Bundesamt nicht alle dafür notwendigen Informationen vorliegen. […] Im Zusammenhang mit den europäischen Fiskalregeln sind ÖPP daher nicht zur Umgehung geeignet, weil deren Verschuldung automatisch dem Staat zugerechnet wird.«[247] Eine andere Verbuchungspraxis des Statistischen Bundesamtes wäre grundsätzlich aber zulässig.

Auch wenn die faktische Handhabung des Europäischen Fiskalpaktes aktuell keinen Anreiz für ÖPP bietet, so gilt dies nicht für die Schuldenbremse und auch nicht für Beschränkungen von Investitionen auf der kommunalen Ebene etwa durch die Kommunalaufsicht. Hier bieten ÖPP sehr wohl Möglichkeiten, Schulden zu verstecken. Und selbst die Sache mit dem Fiskalpakt ist bei genauerer Betrachtung komplexer. Im Falle eines (beinahe) vollständigen, von regulären öffentlichen Haushalten unabhängigen Finanzierungskreislaufs nämlich würde ein öffentliches Unternehmen oder ein öffentlicher Fonds statistisch als privatwirtschaftliche Einrichtung bewertet. Seine Schulden wären entsprechend keine Staatsschulden, und seine ÖPP-Verpflichtungen würden gleichfalls nicht der Staatsverschuldung zugeschlagen. Und genau hier liegt der Hase im Pfeffer: Wäre nämlich die Bundesregierung mit ihren Plänen erfolgreich gewesen, eine Nutzerfinanzierung über

die (LKW- und PKW-)Maut in einem geschlossenen, vom Bundeshaushalt unabhängigen Finanzierungskreislauf rund um eine relativ unabhängige Bundesfernstraßengesellschaft zu gewährleisten,
so wäre die Verschuldung dieser Gesellschaft nicht dem Staatssek-
tor zugerechnet worden und damit nicht defizitrelevant gewesen.
Der politische Wille, Staatsschulden und finanzielle Verpflichtun-
gen aus ÖPP-Geschäften zu verstecken, war und ist also deutlich
erkennbar. Und auch wenn der Bundestag dieses Ansinnen der
Bundesregierung letztlich durchkreuzt hat, hat man sich mit der
neuen Bundesfernstraßengesellschaft den grundlegenden Strukturen für ein solches Umgehungsmodell zumindest angenähert.

Wird ÖPP gewählt, um die nationalen (und gegebenenfalls
europäischen) Verschuldungsregeln zu umgehen, dann werden auf
diesem Weg aufgrund der höheren Kosten von ÖPP gegenüber
einer konventionellen Beschaffung öffentliche Mittel zu Gunsten
privatwirtschaftlicher Gewinnerzielungsmöglichkeiten verschwendet. Paradoxerweise führen damit ausgerechnet Regelungen, die
öffentliche Ausgaben bremsen sollen, zu Mehrausgaben. Selbst der
Bundesrechnungshof spricht mit Blick auf ÖPP als Beschaffungsvariante im Autobahnbau von »Fehlanreizen«, die potenziell von
der Schuldenbremse ausgehen.[248]

Ein weiterer Grund für das Vordringen von ÖPP, der zunächst
nicht unmittelbar naheliegt, ist der Personalabbau der öffentlichen
Hand. Diesen haben insbesondere Länder und Kommunen gerade in vielen Bereichen der Verwaltung durch Streichung von frei
werdenden Stellen betrieben, um ihre Haushalte zu sanieren. Dies
verschärft das Problem des Investitionsstaus, weil den öffentlichen
Verwaltungen oftmals schlicht das Personal fehlt, um (vor allem
größere) Infrastrukturinvestitionen durchzuführen. So rechtfertigte auch der Offenbacher Landrat Peter Walter sein Schul-ÖPP-
Projekt unter anderem damit, dass das vorhandene Personal des
Landkreises nicht ausgereicht hätte, um den beträchtlichen Investitionsstau an den Schulen in annehmbarer Zeit aufzulösen. Auf die
Frage, ob eine konventionelle Beschaffung angesichts der explo-

dierten Kosten nicht günstiger gewesen wäre, antwortete er 2010: »Ein klares Nein: Mit dem damals verfügbaren Personal hätten wir die Schulen innerhalb von 20 Jahren sanieren können. Dann hätten wir pro Jahr nur ein bis vier Schulen bedienen können.«

Wohlgemerkt, das Problem ist hausgemacht. Zwischen 1991 und 2010 sank die Zahl der MitarbeiterInnen, die sich in Kommunalverwaltungen mit der Planung und Durchführung von kommunalen Infrastrukturmaßnahmen befassen, deutschlandweit um etwa ein Drittel. Bis 2015 ging sie um weitere knapp neun Prozent zurück. Selbst wenn man zurückliegende Auslagerungen (Privatisierungen) und die wiedervereinigungsbedingt höheren Bedarfe im Ostdeutschland der 1990er Jahre berücksichtigt, sind dies hohe Rückgänge,[249] zumal es nach 2010 kaum mehr Auslagerungen gab und die Wiedervereinigung Jahrzehnte zurücklag. Beim Bund und vor allem bei den Ländern dürfte die personelle Situation nur wenig besser aussehen.

Aufschlussreich ist, dass auch das unternehmernahe Institut der deutschen Wirtschaft (IW) und der Gesamtverband der deutschen Versicherungswirtschaft mit dem Personalmangel im öffentlichen Dienst für ÖPP werben: »[Der Abbau von Stellen] reduziert die Personalkosten, schlägt aber auch nachhaltig auf die Kapazitäten in den betroffenen Bereichen durch, was sich gerade im Baubereich zum größten Hemmschuh entwickelt. Fachwissen und Erfahrungswerte sind besonders im Bereich Bau und Bauaufsicht nicht zu ersetzen. Dennoch haben Länder und Kommunen seit Jahren ihren Bestand an qualifizierten Bauingenieuren deutlich zurückgefahren. Die Folge ist, dass viele Baubehörden überhaupt nicht mehr das Personal haben, um große Projekte friktionslos durchführen zu können (...). De facto fehlt den Bauämtern eine ganze Generation von Ingenieuren, denn die Gruppe der unter 34-Jährigen ist an dieser Stelle so klein, dass sie bei der Hochrechnung auf Basis des Mikrozensus zu statistischen Problemen führt. Sie ergibt, dass nicht einmal 8 Prozent der im öffentlichen Dienst beschäftigten baunahen Ingenieure 34 Jahre oder jünger sind. (...) Es erscheint fraglich, ob die finanziellen Konditionen der öffentlichen Hand so attraktiv sind, dass es gelingt, die ausscheidenden Experten adäquat zu ersetzen, denn der Bauingenieur ist längst ein Mangelberuf geworden, und in Anbetracht des derzeitigen Booms im Baubereich haben geeignete Kandidaten typischerweise auch die Möglichkeit, zu einem deutlich besseren Gehalt als in der öffentlichen Verwaltung in der Bauindustrie zu arbeiten.«[250]

ÖPP sei also notwendig, weil aufgrund der Sparzwänge in den öffentlichen Verwaltungen gar nicht mehr genug Personal vorhanden sei, um Infrastrukturinvestitionen selbst durchzuführen. Es ist mehr als entlarvend, dass ausgerechnet eine neoliberal ausgerichtete Forschungseinrichtung wie das IW mit einem solchen Argument für ÖPP wirbt, denn es ist eine jener Institutionen, die sich in den vergangenen Dekaden besonders vehement für Ausgabenkürzungen und für eine Steuerpolitik eingesetzt haben, die auf eine Schonung von reichen Haushalten und den Unternehmenssektor zu Lasten der öffentlichen Einnahmen abzielt. Diese Strategie war offensichtlich so erfolgreich, dass auf ihrer Basis nun eine weitere Bereicherung des Unternehmenssektors auf Kosten der Allgemeinheit propagiert werden kann.

Interessant und berechtigt ist, dass der Bundesrechnungshof eine Argumentation wie die des unternehmernahen Forschungsinstituts als nicht statthaft zurückweist: »Personelle und finanzielle Restriktionen der öffentlichen Hand dürfen nicht dazu führen, dass Baumaßnahmen bevorzugt im Wege von ÖPP-Projekten realisiert werden.«[251] Mit anderen Worten: Der Rückgriff auf intransparente und überteuerte ÖPP-Experimente darf nicht die Lösung für den selbstverschuldeten Personalmangel und die politisch zu verantwortende Unterfinanzierung der öffentlichen Haushalte sein.

Und die Interessen der Finanzwirtschaft an funktionaler Privatisierung und an Öffentlich-Privaten Partnerschaften? Die Investition in Infrastruktur gewinnt auch für sie zunehmend an Bedeutung, wie wir oben bereits ausführlich beschrieben hatten. Schon in der Vergangenheit haben Banken, Versicherungen, Pensions- und

Investmentfonds stark in Infrastruktur investiert, und sie tun dies auch weiterhin. Sie taten und tun dies allerdings indirekt, indem sie in großem Umfang Staatsanleihen oder mit öffentlichen Krediten besicherte Pfandbriefe erwarben. Der Bund, die Länder und Kommunen nehmen das Geld der Finanzwirtschaft, um damit unter anderem Infrastrukturen wie Straßen, Gebäude oder Brücken zu bauen oder zu ertüchtigen.

Diese Form der Infrastrukturfinanzierung hat für die Finanzwirtschaft allerdings an Attraktivität eingebüßt. Dies ist nicht nur, aber ganz wesentlich auf das aktuelle Niedrigzinsumfeld zurückzuführen. Mit klassischen Investments in Staats- und Unternehmensanleihen können Banken, Versicherungen, Pensions- und Investmentfonds kaum noch ausreichend Rendite erwirtschaften, um den eigenen GeldgeberInnen die versprochenen Zinsen auszuzahlen und sich selbst Profite zu sichern. Zudem beschränken Schuldenbremse und Fiskalpakt generell das Angebot an Anlagemöglichkeiten; genau dies ist ja ihr Sinn und Zweck. Daher ist es das Anliegen dieser so genannten institutionellen Anleger, neue und renditeträchtigere Anlagemöglichkeiten zu finden und zu nutzen – und zwar gerade auch in öffentlicher Infrastruktur.

Grundsätzlich können solche neuen Kapitalanlagemöglichkeiten sowohl durch Vermögensprivatisierungen (also den Verkauf öffentlicher Unternehmen an private Kapitaleigner) als auch durch funktionale Privatisierungen (also Öffentlich-Private Partnerschaften) geschaffen werden. Nach der Privatisierung von Post und Telekom etwa konnten Anleger deren Kapitaleigner werden, auch institutionelle Anleger haben diese Möglichkeit genutzt. Im Bereich öffentlicher Infrastrukturen sind Vermögensprivatisierungen allerdings politisch kaum durchsetzbar. Auch im Gesetzgebungsverfahren zur Umsetzung des Kompromisses zur Neuordnung der Bund-Länder-Finanzbeziehungen war sie recht schnell vom Tisch. Eine privatrechtliche Bundesfernstraßengesellschaft, die sich ganz oder teilweise im Besitz privater Kapitalanleger befindet, war undenkbar.

Vor diesem Hintergrund konzentriert sich die Finanzwirtschaft schon seit Jahren stärker auf die Ausweitung von ÖPP-Modellen im Infrastrukturbereich.[252] Nicht zuletzt in der Fratzscher-Kommission kam dies deutlich zum Ausdruck. Es ist inzwischen über ein Jahrzehnt her, dass Kornelius Kleinlein sehr offenherzig über die diesbezüglichen Interessen sprach: »Das Attraktive daran ist ein langfristiger Strom sicherer Einnahmen. Nach solchen Anlagemöglichkeiten suchen institutionelle Anleger, Rentenversicherungen und Ähnliche. Auch die Banken haben ein Interesse, weil es eine Möglichkeit ist, langfristig Geld anzulegen mit einer angemessenen, aber sicheren Rendite.«[253] Der Mann muss es wissen. Kleinlein ist Anwalt in einer großen ÖPP-Beratungsfirma; in den frühen 2000er Jahren war er Mitglied der SPD-Arbeitsgruppe zur Ausarbeitung des ÖPP-Beschleunigungsgesetzes.

Von geringerer Bedeutung, aber durchaus zu erwähnen ist das Investment von Banken, Versicherungen, Pensions- und Investmentfonds über die Eigenkapitalseite. ÖPP-Projektgesellschaften verfügen über ein (eher geringes) Eigenkapital; bei größeren ÖPP-Projekten etwa auf ganzen Autobahn-Teilnetzen wären auch größere Eigenkapital-Beteiligungen denkbar. Attraktiv daran ist die im Vergleich zu Fremdkapital-Investments höhere Rendite. Das Institut der deutschen Wirtschaft und der Gesamtverband der deutschen Versicherungswirtschaft sprechen von acht bis zehn Prozent pro Jahr bei einem mittelgroßen ÖPP-Projekt mit einer Laufzeit zwischen 20 und 30 Jahren.[254] Allianz-Lebensversicherungs-Chef Markus Faulhaber sprach 2014 von sieben Prozent, bei riskanten Anlagen auch mehr.[255] Die Bodewig-II-Kommission schätzte fünf bis neun Prozent, hält je nach Region und Objekt allerdings auch höhere Renditeerwartungen für möglich.[256] Insgesamt sind die entsprechenden Anlagemöglichkeiten aber begrenzt.

Von ungleich größerer Bedeutung ist das Zur-Verfügung-Stellen von Fremdkapital, etwa über Kredite oder Anleihen. Hier sind die Renditen zwar geringer; das Institut der deutschen Wirtschaft und der Gesamtverband der deutschen Versicherungswirtschaft nen-

nen 2,5 Prozent pro Jahr bei einer Kreditlaufzeit von 30 Jahren.[257]
Investments in das Fremdkapital von ÖPP-Projekten sind aus Sicht
der Finanzwirtschaft aber dennoch attraktiv, garantieren sie doch
langfristige und stabile Geldflüsse. Da der Aufwand für die privaten Investoren dabei allerdings recht hoch ist, dringen sie auf
möglichst große Projektvolumina mit standardisierten Abläufen
und Verträgen. Dies würde Kosten senken und Renditen erhöhen.
Mit der Limitierung auf eine maximale Länge von 100 Kilometern
haben die Koalitionsfraktionen diesem Bestreben zumindest für
Autobahn-ÖPP gerade einen Strich durch die Rechnung gemacht.
Bei kommunalen ÖPP hingegen könnte die Ende 2016 eingerich-
tete Infrastrukturgesellschaft für Kommunen »PD – Berater der öffentlichen Hand GmbH« eine entsprechende Entwicklung hin zu
größeren (»gepoolten«) Projekten anstoßen.

Daneben können institutionelle Anleger auch indirekt in Infrastruktur-ÖPP-Projekte investieren, nämlich über entsprechend
ausgerichtete Kredit- bzw. Investmentfonds. Diese bündeln das
Geld ihrer Anleger, um es auf verschiedene ÖPP-Projekte – oft solche aus verschiedenen Ländern – zu verteilen. Auch dies garantiert
langfristige und stabile Geldflüsse, zudem ist der eigene Aufwand
für die institutionellen Anleger geringer als bei direkter Beteiligung
am Fremdkapital von ÖPP-Projektgesellschaften. Gerade auf europäischer Ebene waren in den letzten Jahren verstärkte politische
und lobbyistische Anstrengungen zu beobachten, die darauf zielten, diese Form der Infrastruktur-Investitionen auszuweiten (siehe
Abschnitt 5.1).

Geld in Infrastruktur-ÖPP-Projekte zu investieren, hat für Banken, Versicherungen, Pensions- und Investmentfonds vier wesentliche Vorteile. Erstens ermöglicht es ihnen, ihre Anlagen breiter
zu streuen (zu »diversifizieren«). Sie investieren dann neben klassischen Anlageformen wie beispielsweise Unternehmensanleihen,
Pfandbriefe oder Staatsanleihen eben auch in Infrastruktur. Durch
die breitere Streuung reduziert sich das Risiko größerer Verluste
oder Renditeeinbußen.

Zum Zweiten sind Investitionen in Infrastruktur interessant, weil sie einen langfristigen Zeithorizont haben. Gerade Lebensversicherungen und Pensionsfonds müssen das Geld ihrer KundInnen langfristig anlegen. Papiere, deren Wert häufigen Schwankungen unterliegt oder die nur eine Laufzeit von wenigen Jahren aufweisen, sind dafür nur bedingt geeignet. ÖPP-Projekte hingegen laufen bis zu 30 Jahre. Sie sind für die privaten Geldgeber zudem gut kalkulierbar. Damit garantieren sie einen steten, kaum schwankenden Rückfluss an Geldern. Umgekehrt sehen sich gerade Versicherungen als idealen Finanzierungspartner für Infrastrukturmaßnahmen – wie Talanx-Vorstandschef Herbert K. Haas 2016 betonte: »Eine Bank finanziert in der Regel zehn, maximal zwölf Jahre solche Projekte. Aber wir sind wirklich langfristig orientiert und können auch 30 Jahre finanzieren, weil wir langlaufende Verbindlichkeiten haben. Wenn Sie ihre Prämie für den Lebensversicherungsvertrag für 30 Jahre einzahlen, dann wissen wir, dass wir das Geld erst in 30 Jahren zurückzahlen müssen, und können währenddessen die Prämienanteile investieren – das kann kein anderer.«[258]

Drittens ermöglicht die Investition in Infrastruktur der Finanzwirtschaft höhere Renditen, als dies bei einer Anlage in Staatsanleihen der Fall wäre. Dies liegt zum einen an der Art und Weise, wie Wirtschaftlichkeitsuntersuchungen durchgeführt werden. Wie wir im Kapitel zu Privatisierungen und ÖPP gezeigt haben, bestehen für die Beteiligten Anreize, die Gesamtkosten möglichst hoch zu kalkulieren. Dies kann den Unternehmen und Konsortien, die sich auf eine ÖPP-Ausschreibung bewerben, größere Renditespielräume eröffnen. Zum anderen sind die Renditen bei Investitionen in Infrastruktur schon deshalb höher als bei Staatsanleihen, weil unterstellt wird, dass die Privaten einen Teil des Risikos tragen. So wurde 2014 eine ÖPP-Projektanleihe für den Ausbau und Betrieb der A 7 in Hamburg und Schleswig-Holstein ausgegeben, die jährlich mit drei Prozent verzinst wird. Der Zinssatz von deutschen Staatsanleihen mit 30-jähriger Laufzeit betrug im gleichen Jahr nur 1,5 Prozent.[259]

Der Chefvolkswirt der Allianz, Michael Heise, regte 2014 »garantierte Renditen« bei ÖPP an.[260] Das ist Musik in den Ohren der Investoren – und faktisch längst Realität. Denn in vielen Fällen werden vertragliche Mindestrenditen indirekt gewährt, indem die öffentliche Hand sich verpflichtet, Kostensteigerungen quasi unbegrenzt zu übernehmen. Und beim Finanzierungsmodell der Forfaitierung mit Einredeverzicht erklärt sich die öffentliche Hand bereit, gemäß vereinbarter Zahlungsmodalitäten Zins und Tilgung an die Bank zu leisten, die eine ÖPP-Projektgesellschaft finanziert – und zwar auch dann, wenn letztere die vertraglich vereinbarten Aufgaben nicht erfüllt.

Mit der Frage der Renditen hängt der vierte Vorteil von Infrastruktur-Investitionen für Banken, Versicherungen, Pensions- und Investmentfonds eng zusammen: Die Übertragung von Risiken auf die Privaten, die höhere Renditen rechtfertigen soll, ist reine Fiktion. Bund, Länder und Kommunen können es sich schlicht nicht leisten, dass eine Infrastruktur (eine Autobahn, eine Schule …) nicht zur Verfügung steht. Womit sie sich auch die Pleite einer ÖPP-Projektgesellschaft schlicht nicht leisten können. Letztlich sind sie erpressbar. Sie werden Mehrkosten vertraglich akzeptieren oder aber für Mehrkosten nachträglich aufkommen, auch wenn das ÖPP-Projekt damit insgesamt unwirtschaftlich wird. Der Fall der Schulen im Landkreis Offenbach hat das beispielhaft gezeigt. Nicht die Privaten tragen die Risiken, sondern die öffentliche Hand.

Dass bei ÖPP zwischen Rendite und Risiko ein Missverhältnis besteht, räumte 2014 sogar Nikolaus Graf von Matuschka indirekt ein, Vorstandschef des Baukonzerns Hochtief. Sein Interview für ein Magazin des Gesamtverbands der deutschen Versicherungswirtschaft sei hier ein zweites Mal zitiert: »[ÖPP] haben einen ganz anderen Wert als Aktien, weil sie ähnlich sicher wie Staatsanleihen sind. Zudem versprechen sie eine Gewinnmarge, mit der man rechnen kann.«[261]

Umso schöner für Investoren.

7.
Zusammenfassung und Fazit

Es scheint durchaus übereinstimmende Interessen zwischen manchen PolitikerInnen und der Finanzwirtschaft zu geben: Der Staat solle und dürfe sich nicht weiter verschulden, müsse aber dennoch Infrastrukturen zur Verfügung stellen – Banken, Versicherungen und Fonds hingegen verfügten über ausreichend Kapital, für das sie gut verzinste Anlagemöglichkeiten suchten. Also sei es sinnvoll, beide Seiten zusammenzuführen: in Öffentlich-Privaten Partnerschaften.

So in etwa lautet eine gängige Argumentation, wie sie in Gutachten und Positionspapieren auf europäischer und Bundesebene, von Politik und Privatwirtschaft seit Jahren immer wieder zu lesen ist. Die wirtschaftsnahe *Frankfurter Allgemeine Zeitung* etwa schrieb 2014: »Typische Betreiber von Infrastruktur wie Verkehrswegen und Energie- oder Datennetzen sind häufig Staaten, aber viele Staaten haben hohe Schulden. Die Privatisierung von Infrastruktur füllte die Kassen und entlastete die Staaten von der Bürde künftiger Investitionen. Auf der anderen Seite suchen Großanleger wie Versicherungen, Versorgungswerke, Pensionskassen und Family Offices händeringend zuverlässige langfristige Kapitalanlagen, deren Rendite über jener für Staatsanleihen aus Ländern mit einer sehr guten Bonität liegt.«[262]

Was dabei gerne verschwiegen wird: Die hier beschriebene Situation ist nicht gottgegeben, sondern politisch gemacht. Wesentliche Weichenstellungen waren einerseits Verschuldungsregeln

wie die Schuldenbremse, die Kriterien von Maastricht und der
Europäische Fiskalpakt, andererseits die Teilprivatisierung der
Altersvorsorge bzw. generell die Stärkung kapitalmarktbasierter
Altersvorsorge-Modelle. Auch die zunehmende Ungleichheit bei
Einkommen und Vermögen dürfte dazu beigetragen haben, dass
die Finanzwirtschaft heute händeringend nach Anlagemöglichkei-
ten sucht. Parallel dazu hat man seit den 1990er Jahren Öffentlich-
Private Partnerschaften rechtlich und wirtschaftlich weiterentwi-
ckelt und ausgeweitet.

Wir halten diese Entwicklungen und die dahinterstehenden
politischen Entscheidungen für falsch. ÖPP sind aus demokratie-
theoretischen wie auch aus ökonomischen Gründen keine Alternativen zur konventionellen Beschaffung: Sie sind intransparent
– weder die Öffentlichkeit noch gewählte Parlamente können die
wirtschaftlichen Grundlagen einer Entscheidung pro ÖPP über-
prüfen. Sie sind manipulationsanfällig – sie setzen für alle Beteiligten falsche Anreize. Und sie sind teuer – sie bieten den Privaten
(zu) hohe Renditen, während sie zugleich das Versprechen höherer
Effizienz nicht oder nur unzureichend einhalten. Auch das Argument, ÖPP komme nur zum Tragen, wenn deren Wirtschaftlichkeit in Wirtschaftlichkeitsuntersuchungen nachgewiesen werde,
kann nicht überzeugen. Die Wirtschaftlichkeitsuntersuchungen
sind Teil des Problems, nicht der Lösung. Sie sind Teil der Manipulation, nicht der Kontrolle.

Ähnlich kritisch fällt unser Urteil zu Schuldenbremse und Fiskalpakt aus: Solche abstrakten Verschuldungs-Begrenzungs-Ver-
suche waren und sind falsche und unnötige wirtschaftspolitische
Experimente. Ihre Begründungen können nicht überzeugen. Und
ihre Folgen sind fatal. Der Personalabbau im Öffentlichen Dienst,
die Privatisierungswellen der letzten Jahre und die unzureichenden
öffentlichen Investitionen sind unmittelbare Konsequenzen der
politischen Überzeugung, dass Staatsschulden etwas Schlechtes,
etwas Abzubauendes und etwas zu Vermeidendes seien. Schuldenbremse und Fiskalpakt sind zwar nicht die Ursachen dieser Ent-

wicklungen, aber sie machen aus einer falschen politischen Überzeugung ein verbindliches politisches Ziel – und verschärfen damit
die Problematik. Sie sind in Gesetzes- bzw. Vertragsform gegossene
Ideologie.

Wenn es demgegenüber nicht gelingt, zu einem nüchternen
und ökonomisch angemessenen Umgang mit Staatsverschuldung
zurückzukehren, so dürften die wirtschaftlichen Auswirkungen verheerend sein. Deutschland hatte in den letzten Jahren noch Glück:
Die wirtschaftliche Entwicklung war vergleichsweise positiv, was
einen Rückgang der Staatsschuldenquote und der Schulden beim
Bund, bei manchen Ländern und einigen Kommunen ermöglicht
hat. Und zumindest auf Bundesebene sowie in einigen Ländern
kam es in dieser Zeit nicht mehr zu umfassenden Kürzungen bei
den Staatsausgaben. Zu den notwendigen, deutlich höheren Inves-
titionsausgaben kam es aber eben auch nicht. Im Gegenteil: Diese
fehlen beim Bund und bei den Ländern, vor allem aber bei den
Städten, Gemeinden und Landkreisen. Und wenn in Teilberei-
chen doch ausreichend Mittel zur Verfügung gestellt werden, wie
seit wenigen Jahren für den Bau und Erhalt von Autobahnen in
Deutschland, dann fehlt vielerorts das Personal im Öffentlichen
Dienst, das entsprechende Infrastrukturinvestitionen planen, be-
auftragen, durchführen und überwachen kann.

Vor diesem Hintergrund überrascht es nicht, wenn Politik heute – acht Jahre nach Einführung der Schuldenbremse und fünf Jahre nach der Beschlussfassung über den Europäischen Fiskalpakt
– nach Auswegen sucht. Sie sind in der Tat dringend notwendig.
Und angesichts der damals geschaffenen Tatsachen sind wohl tatsächlich »Neben- und Schattenhaushalte« solche Auswege.

Dies gilt zumindest, solange sich nicht die Erkenntnis durch-
setzt, dass Schuldenbremse und Fiskalpakt schnellstmöglich wieder abgeschafft oder an die ökonomischen Realitäten angepasst
werden sollten. Eine Möglichkeit für letzteres wäre etwa, Nettoinvestitionen – also die Ausgaben für Investitionen abzüglich der
darauf erfolgenden rechnerischen Abschreibungen – bei der Be-

rechnung der Staatsverschuldung nicht zu berücksichtigen. Das würde Investitionsspielräume eröffnen und Anreize für dringend notwendige Zukunftsausgaben setzen. Zu überlegen wäre ferner, als Investitionen in diesem Sinne auch Ausgaben für Bildung und Wissenschaft zu werten. Auch sie erhöhen die Leistungsfähigkeit einer Volkswirtschaft und zahlen sich daher zukünftig aus.

Die Erkenntnis, dass Schuldenbremse und Fiskalpakt in diesem Sinne abgeschafft oder angepasst gehören, scheint sich allerdings politisch noch längst nicht durchgesetzt zu haben. Daher dürfte auf absehbare Zeit die Einrichtung von »Neben- und Schattenhaushalten« das kleinere Übel sein. Nicht zuletzt die Bundesfernstraßengesellschaft hätte solch ein Neben- und Schattenhaushalt sein können. Die ursprünglichen Gesetzentwürfe der Bundesregierung zielten genau hierauf. Ähnliche Modelle sind auch auf Landesebene denkbar und teilweise sogar schon existent: Öffentliche Einrichtungen und öffentliche Fonds mit Staatsgarantie, die so ausgestaltet werden, dass sie Verschuldungsspielräume außerhalb von Schuldenbremse und Fiskalpakt eröffnen. Wenn es sie gibt, sind sie möglichst demokratischer Kontrolle und Lenkung zu unterwerfen – woran es in vielen Fällen mangelt. Auf intransparente und überteuerte Anlageformen wie etwa Genussscheine ist dabei zu verzichten.

Die Übertragung von Altschulden auf solche Einrichtungen und Fonds kann in diesem Zusammenhang durchaus ökonomisch angemessen sein. Dennoch standen weite Teile des Bundestags im Zuge des Gesetzgebungsprozesses zur Bundesfernstraßengesellschaft diesem Vorhaben äußerst skeptisch gegenüber. Dabei sollte genau dies doch im eigentlichen Interesse der Abgeordneten liegen. Eine Maßnahme, die die Verschuldungsspielräume und damit die politische Handlungsfähigkeit erhöht, ist zielführend. Dass sie im Fall der Bundesfernstraßengesellschaft (gemäß der ursprünglichen Gesetzentwürfe der Bundesregierung) mit verminderter parlamentarischer und demokratischer Kontrollierbarkeit einhergegangen wäre, ist da kein überzeugendes Gegenargument. Denn deren genaue Ausgestaltung lag in der Hand der Abgeordneten. Es war sehr viel mehr eine Frage des Wie als eine Frage des Ob.

Wir plädieren für institutionelle, demokratische und öffentliche Mittel und Wege zur Umgehung von Schuldenbremse und Europäischem Fiskalpakt, solange deren Abschaffung oder Anpassung politisch nicht durchsetzbar ist. Entsprechende Vorschläge haben unter anderem die Gewerkschaften unterbreitet, so etwa (auch im Rahmen der Fratzscher-Kommission) ein alternatives Modell zur Umgehung der Schuldenbremse und des Fiskalpakts. Es sah einen öffentlichen Fonds vor, der (mit einer Staatsgarantie ausgestattet) Kapital am Kapitalmarkt zu günstigen Zinsen aufnimmt, um es für Infrastruktur-Investitionen zu verwenden – ohne dabei auf ÖPP zurückzugreifen. Neben Verkehrsinfrastrukturen sollten auch soziale Infrastrukturen wie Krankenhäuser oder Bildungseinrichtungen gefördert werden können. Jeder Einfluss der privaten Investoren auf Investitionsentscheidungen wäre auszuschließen. Eine demokratische und kostengünstige Kapitalsammelstelle also, deren Verschuldung bei entsprechender Ausgestaltung nicht von Schuldenbremse oder Fiskalpakt erfasst worden wäre. Ein solches Modell war aber weder in der Fratzscher-Kommission noch bei den politischen EntscheidungsträgerInnen durchsetzbar.

Dieses Plädoyer dafür, Verschuldungsmöglichkeiten – und damit die Handlungsfähigkeit – des Staates wieder auszuweiten, lässt uns die Augen gleichwohl nicht vor dem Umstand verschließen, dass dabei eine weitere, gewiss noch wichtigere Stellschraube nicht außer Acht geraten darf: die ausreichende Finanzausstattung der öffentlichen Haushalte durch höhere Steuern auf Unternehmensgewinne, große Erbschaften und Vermögen sowie hohe Einkommen. Die Steuersenkungen der letzten fünfzehn Jahre haben in den öffentlichen Haushalten enorme Steuerausfälle zur Folge gehabt. Die Konsequenz waren ein drastischer Personalabbau in vielen Bereichen des öffentlichen Dienstes, Privatisierungen sowie unzureichende Staatsausgaben für Investitionen wie auch für staatlichen Konsum und soziale Sicherung. Dass die öffentlichen Finanzen seit

einigen Jahren dank einer vergleichsweise guten wirtschaftlichen
Entwicklung wieder besser aussehen, sollte über diese grundlegende Problematik nicht hinwegtäuschen. Der Nachholbedarf ist in
vielen Bereichen derart groß, dass etwa Steuersenkungen aktuell
alles andere als angemessen wären. Ganz im Gegenteil.

Während ein klug ausgestalteter Fonds oder ein klug ausgestal-
tetes Sondervermögen (in Verbindung mit einer klugen Steuerpolitik) das Öffentliche und den öffentlichen Dienst stärken können,
haben Öffentlich-Private Partnerschaften das genaue Gegenteil
zur Folge. Nicht zielführend, sondern fatal ist es daher, wenn auf
ein teures, intransparentes und undemokratisches Instrument wie
das der ÖPP zurückgegriffen wird, um Schulden zu verstecken.
Wir halten es für sinnvoll, in einem ersten Schritt die derzeit mit
Blick auf die Schuldenbremse und die Kommunalaufsicht bestehenden Anreize für ÖPP abzuschaffen. Dazu sind private ÖPP-
Infrastrukturinvestitionen ohne Ausnahme und vollumfänglich als
kreditähnliche Rechtsgeschäfte zu werten und in den öffentlichen
Haushalten als Verschuldung auszuweisen.

Zur Rentenpolitik seit den 1990er Jahren können wir kein
besseres Fazit ziehen: Die Entscheidung, die gesetzlichen Renten zu kürzen und die Menschen im Gegenzug zu stärkerer Nutzung privater und betrieblicher Vorsorgemodelle anzuhalten, war
nicht weniger falsch und unnötig als die Schuldenbremse und der
Europäische Fiskalpakt. Sie wird in absehbarer Zukunft eine größere soziale Ungleichheit sowie mehr Altersarmut zur Folge haben. Das einst oberste Ziel der Rentenpolitik, die Sicherung des
Lebensstandards im Alter durch die Gesetzliche Rente, ist heute
schon Geschichte. Die Finanzwirtschaft, die gerade in den späten
1990ern und frühen 2000ern in Fragen der Altersvorsorge einen
enormen Einfluss auf Politik und Öffentlichkeit nehmen konnte,
hat sich durchgesetzt. Dies gilt jedenfalls dann, wenn es jetzt nicht
gelingt, den damals eingeschlagenen rentenpolitischen Kurs doch
noch zu verlassen und die solidarische Gesetzliche Rente wieder
zu stärken.

Die zentralen ökonomischen Konzeptionen und Annahmen, die hinter der Teilprivatisierung der Rente standen und stehen, haben sich als falsch erwiesen. Erstens, so wurde behauptet, führe das Kapitaldeckungsverfahren zu einer höheren Ersparnis und diese wiederum zu höheren Investitionen, einem höheren Wachstum und höheren Renditen. Zweitens könne und solle man im Kapitaldeckungsverfahren Geld im Ausland anlegen, wodurch man die höheren Wachstums- und Renditechancen »jüngerer«, demografisch weniger belasteter Gesellschaften nutze. Geschehen ist das genaue Gegenteil: Weder kam es zu höheren Investitionen und einem höheren Wachstum, noch legen die Banken, Versicherungen, Pensions- und Investmentfonds ihr Geld überwiegend im »demografiefesteren« (außereuropäischen) Ausland an. Wofür sie gewiss gute betriebswirtschaftliche Gründe haben werden. Ganz im Gegenteil rufen sie seit einigen Jahren nach dem deutschen Staat bzw. nach der Europäischen Union. Diese sollen ihnen über Kreditfonds und Öffentlich-Private Partnerschaften neue, renditeträchtigere Anlagemöglichkeiten verschaffen, um die einst versprochenen Renditen auf das private und betriebliche Altersvorsorgevermögen überhaupt noch erwirtschaften zu können. Damit sollen diese Renditen also doch wieder von der öffentlichen Hand bezahlt werden – mithin von uns allen. Es wäre effektiver und sozialer gewesen, unsere Altersvorsorge weiter vollständig über eine starke und solidarische Gesetzliche Rente abzusichern.

Es ist schwierig einzuschätzen, welcher Aspekt bei der Erarbeitung und Umsetzung der neugeordneten Bund-Länder-Finanzbeziehungen stärker zum Tragen kam, der politische Wille, sich größere Verschuldungsspielräume zu verschaffen, oder der politische Wille, Kapitalanlagemöglichkeiten buchstäblich aus dem Boden zu stampfen. Als wir in den ersten Monaten des Jahres 2017 im politischen Berlin einigen EntscheidungsträgerInnen und politischen BeobachterInnen genau diese Frage stellten, bekamen wir sehr unterschiedliche Antworten. Manche argumentierten, mehr Verschuldungsspielräume seien nicht notwendig, schließlich sei der Verkehrsetat des Bundes seit einigen Jahren ausreichend ausgestattet. Andere versicherten wiederum, die Frage der Kapitalanlagemöglichkeiten spiele in den Gesprächen und Verhandlungen keine Rolle.

Überzeugen können beide Aussagen nicht: Die erste nicht, weil auch wieder finanziell schwierigere Zeiten kommen werden und weil sich die ÖPP-Problematik keineswegs nur auf den Verkehrsbereich beschränkt. Die zweite nicht, weil die öffentlichen Aussagen von VertreterInnen der Finanzwirtschaft, die Verhandlungen und Ergebnisse der Fratzscher-Kommission und manche Äußerung von PolitikerInnen zu eindeutig anderslautend sind. Zutreffend ist allenfalls, dass sich die Finanzwirtschaft mit zu offensivem und offenem Lobbyismus ab etwa Spätherbst 2016 auffallend zurückgehalten hat – ein anderes Vorgehen wäre aus ihrer Sicht wohl kontraproduktiv gewesen. Für diese Einschätzung spricht auch, dass das unternehmernahe Institut der deutschen Wirtschaft Köln (IW) im Dezember 2016 in einer knappen Stellungnahme die Frage der Beteiligung privaten Kapitals an der Bundesfernstraßengesellschaft als »Phantomdebatte« herunterspielte – nachdem es zuvor gemeinsam mit dem Gesamtverband der deutschen Versicherungswirtschaft selbst solche Beteiligungen gefordert hatte.[263]

Es spricht also einiges dafür, dass die politisch Handelnden von beiden Zielen getrieben waren: erstens Investitionen und Verschuldung fernab von Schuldenbremse und Europäischem Fiskalpakt zu ermöglichen, und zweitens Kapitalanlagemöglichkeiten für Banken, Versicherungen und Fonds zu schaffen. Beides hängt mit Schuldenbremse, Fiskalpakt und kapitalmarktbasierten Rentenmodellen eng zusammen, ja stellt sogar Reaktionen auf jene dar. Bei alledem dürfte die inhaltliche Nähe vieler PolitikerInnen zur Kapitalseite eine Rolle gespielt haben. Und oft trat gewiss noch das Motiv hinzu, dass »privat« immer irgendwie besser sei als »staatlich« und Privatisierung sowie ÖPP daher schon grundsätzlich zu stärken seien.

Schuldenbremse, Fiskalpakt und Teilprivatisierung der Altersvorsorge waren bewusste politische Entscheidungen, die mit den aktuellen politischen Beschlüssen zur Bundesfernstraßengesellschaft, zur Gründung einer Infrastrukturgesellschaft für Kommunen und zur direkten Bundesförderung für kommunale Bildungsinfrastruktur im Zusammenhang stehen. Dass die Koalitionsfraktionen im Bundestag den ursprünglichen Gesetzentwürfen der Bundesregierung einige Zähne gezogen haben, ändert daran nichts Grundsätzliches. In gewisser Weise lassen sich die Fratzscher-Kommission und die Ergebnisse der Verhandlungen über eine Neuordnung der Bund-Länder-Finanzbeziehungen als eine Art verstecktes Eingeständnis verstehen. Sie sollen die politischen Fehlentscheidungen der Vergangenheit halb umgehen und halb übertünchen. Anstatt aber den undemokratischen, teuren und unwirtschaftlichen Weg zu wählen, den man nun gewählt hat, wäre ein echtes Eingeständnis sinnvoller gewesen. Auch, weil das der erste Schritt gewesen wäre, die finanzpolitischen und rentenpolitischen Fehlentscheidungen der Vergangenheit rückgängig zu machen. Vermutlich ist dies allerdings mindestens solange nicht zu erwarten, wie jene PolitikerInnen noch aktiv sind, die Schuldenbremse, Fiskalpakt und Teilprivatisierung der Altersvorsorge zu verantworten haben.

Für die US-amerikanische Demokratieforscherin Wendy Brown ist das zentrale Merkmal jenes Zeitgeistes, den wir als »Neoliberalismus« zu bezeichnen gelernt haben, dass dieser »den eindeutig politischen Charakter, die Bedeutung und Tätigkeit der wesentlichen Bestandteile der Demokratie in etwas Ökonomisches« umwandle.[264] Privatisierung und ÖPP sind anschauliche, ja geradezu perfekte Beispiele dafür. Demokratische und parlamentarische Lenkung und Kontrolle werden noch unter ein absolutes Minimum reduziert – mit dem (letztlich falschen) Argument, Privatunternehmen seien effizienter und besser für alle. Das Öffentliche wird auf die Rolle des Rahmensetzers, Geldgebers, Renditegaranten und Retters in letzter Instanz beschränkt. Nicht mehr Interessengegensätze und demokratischer Streit um politische Konzepte, sondern Marktgläubigkeit und Konsens über den Primat des Privaten sind dann handlungsleitend. Und das, obwohl bei ÖPP von Märkten gar nicht wirklich gesprochen werden kann.

Anhang

Anhang 1:
Ablauf der wichtigsten Ereignisse

10/1991: Gründung der Deutsche Einheit Fernstraßenplanungs- und -bau GmbH (DEGES)

02/1992: Vertrag von Maastricht wird unterzeichnet, Neuverschuldung und Schuldenstände der EU-Mitgliedstaaten sollen fortan begrenzt werden (»Konvergenzkriterien«)

08/1994: Fernstraßenbauprivatfinanzierungsgesetz ermöglicht Bau und Finanzierung von Bundesfernstraßen durch Privatunternehmen

09/1998: Die SPD geht als Siegerin der Bundestagswahl hervor, vorausgegangen war ein »Rentenwahlkampf«, in dem die SPD unter anderem eine Rücknahme der von Union und FDP beschlossenen Rentenkürzungen versprochen hatte; ein rot-grünes Kabinett unter Kanzler Schröder (SPD) übernimmt kurz danach die Regierung

06/1999: Bundesarbeitsminister Riester (SPD) legt Eckpunktepapier für eine Rentenreform vor, das Rentenkürzungen und die Stärkung kapitalgedeckter Vorsorgemodelle vorsieht

09/2000: Kommission »Verkehrsinfrastrukturfinanzierung« (Pällmann-Kommission) schlägt zentrale, privatrechtlich organisierte Finanzierungs- und Betreibergesellschaften für die Bundesstraßen und Autobahnen vor

05/2001: Teilprivatisierung der Rentenversicherung – SPD und Grüne beschließen die »Rentenreform 2001«, die Kürzungen bei der gesetzlichen Rente sowie eine Stärkung der kapitalgedeckten privaten und betrieblichen Rente vorsieht

09/2002: SPD und Grüne behalten bei der Bundestagswahl die Regierungsmehrheit

12/2002: SPD-Bundestagsfraktion setzt Arbeitsgruppe zur Erarbeitung von Gesetzesvorschlägen für die Erleichterung von ÖPP ein, mehr als die Hälfte der Mitglieder sind LobbyistInnen

06/2003: Gründung der Verkehrsinfrastrukturfinanzierungsgesellschaft (VIFG) des Bundes

10/2004: Bundesrechnungshof spricht sich für Zentralisierung der Bundesautobahn-Verwaltung beim Bund aus

01/2005: Einführung der LKW-Maut in Deutschland

06/2005: Rot-grüne Bundestagsmehrheit beschließt das »ÖPP-Beschleunigungsgesetz« und regelt darin unter anderem den »wettbewerblichen Dialog« als wesentlichen Bestandteil von ÖPP-Vergabeverfahren

09/2005: Bei der Bundestagswahl verliert Rot-Grün die Mehrheit, es bildet sich kurz danach eine Große Koalition unter Kanzlerin Merkel (CDU)

10/2005: Der designierte Bundesfinanzminister Steinbrück (SPD) will Autobahnen privatisieren und verkaufen, um Haushaltslöcher zu stopfen; intensive Diskussionen über eine PKW-Maut

11/2005: CDU/CSU und SPD kündigen im Koalitionsvertrag an, künftig Autobahnen per ÖPP bauen und betreiben lassen zu wollen

03/2007: Der Bundestag beschließt mit den Stimmen von Union und SPD die »Rente mit 67«

05/2007: Das erste ÖPP-Projekt auf einer deutschen Autobahn startet

11/2008: Gründung der ÖPP Deutschland AG, einer ÖPP-Werbe- und Beratungsgesellschaft von Bundesregierung und Privatwirtschaft

01/2009: Bundesrechnungshof stellt in einem Gutachten die Wirtschaftlichkeit von ÖPP-Projekten im Fernstraßenbau infrage

06/2009: Bundesverkehrsminister Tiefensee (SPD) kündigt 2. Staffel ÖPP an

08/2009: Die Schuldenbremse tritt in Kraft

09/2009: CDU/CSU und FDP gewinnen die Bundestagswahl, kurz danach übernimmt ein schwarz-gelbes Kabinett unter Kanzlerin Merkel (CDU) die Regierung

09/2011: Bundesrechnungshof und Landesrechnungshöfe stellen in einem gemeinsamen Gutachten die Wirtschaftlichkeit von ÖPP-Projekten infrage

12/2011: Länder-Verkehrsministerkonferenz setzt Kommission »Zukunft der Verkehrsinfrastrukturfinanzierung« ein (Daehre-Kommission)

03/2012: Der EU-Fiskalpakt wird von 25 EU-Mitgliedstaaten (unter anderem Deutschland) unterzeichnet

05/2012: Europaparlament und Europäischer Rat einigen sich auf EU-Projektanleiheninitiative

11/2012: EU-Kommission und Europäische Investitionsbank unterzeichnen Vereinbarung zur Projektanleiheninitiative, die auf europäischer Ebene private Investitionen in Infrastrukturprojekte voranbringen soll

12/2012: Daehre-Kommission legt Abschlussbericht vor: beziffert Investitionsdefizite, untersucht Formen der Finanzierung und Durchführung von Infrastruktur-Investitionen

04/2013: Länder-Verkehrsministerkonferenz setzt Kommission »Nachhaltige Verkehrsinfrastrukturfinanzierung« ein (Bodewig-I-Kommission): soll Zukunftskonzept für die Verkehrsinfrastrukturfinanzierung erarbeiten

07/2013: Inkrafttreten des Kapitalanlagegesetzbuchs, soll in Deutschland unter anderem private Investitionen in öffentliche Infrastrukturprojekte erleichtern

09/2013: Bodewig-I-Kommission legt »Konzeptdokument« (Abschlussbericht) vor

Bundestagswahlen, kurz danach übernimmt eine Große Koalition unter Kanzlerin Merkel (CDU) die Regierung

11/2013: CDU/CSU und SPD schließen Koalitionsvertrag: ÖPP sollen weiterentwickelt, Mittel für Infrastrukturinvestitionen erhöht, die Auftragsverwaltung Straße gemeinsam mit den Ländern reformiert werden

06/2014: Bundesrechnungshof stellt in einem Gutachten die Wirtschaftlichkeitsberechnungen des Bundesverkehrsministeriums zu sieben Autobahn-ÖPP-Projekten infrage

07/2014: Bundesverkehrsminister Dobrindt (CSU) stellt sein Konzept für eine PKW-Maut vor

08/2014: Bundeswirtschaftsminister Gabriel (SPD) setzt Expertenkommission »Stärkung von Investitionen in Deutschland« ein (»Fratzscher-Kommission«): soll Möglichkeiten zur Nutzung privaten Kapitals bei der Infrastrukturfinanzierung erarbeiten

03/2015: Bundestag beschließt mit schwarz-roter Mehrheit die PKW-Maut

04/2015: Fratzscher-Kommission legt Abschlussbericht vor: spricht sich für Gründung einer Bundesfernstraßengesellschaft, für eine Infrastrukturgesellschaft für Kommunen sowie für den Einbezug privaten Kapitals in die Infrastrukturfinanzierung aus

05/2015: Bundesminister Dobrindt (CSU) und Schäuble (CDU) stellen 3. Staffel ÖPP vor

07/2015: Konferenz der Länder-Verkehrsminister spricht sich für Beibehaltung der Verwaltung der Bundesfernstraßen durch die Länder aus und setzt Kommission »Bau und Unterhaltung des Verkehrsnetzes« ein (Bodewig-II-Kommission)

09/2015: Der Europäische Fonds für strategische Investitionen (EFSI) startet in Deutschland
Die Europäische Kommission präsentiert einen Aktionsplan zur Schaffung einer Kapitalmarktunion: sieht unter anderem Finanzmarkt-Deregulierungen und die Stärkung von Verbriefungen sowie von Kapitalmarktfinanzierungen vor

12/2015: Bundesverkehrsminister Dobrindt legt Positionspapier für eine Bundesfernstraßengesellschaft als GmbH vor, die ÖPP machen und private Kredite aufnehmen können soll
Länder einigen sich auf gemeinsamen Vorschlag für eine Neuregelung der Bund-Länder-Finanzbeziehungen

02/2016: Bodewig-II-Kommission legt Abschlussbericht vor
Landesverkehrsminister lehnen Bundesfernstraßengesellschaft ab, zeigen sich aber offen gegenüber Einbezug privaten Kapitals und zentralisierter Fernstraßen-Finanzierungsgesellschaft des Bundes

10/2016: Bund und Länder geben Einigung in Verhandlungen zur Zukunft der Bund-Länder-Finanzbeziehungen bekannt, unter anderem soll der Bund eine Bundesfernstraßengesellschaft gründen und finanzschwache Kommunen bei Bildungsinfrastruktur-Investitionen stärker unterstützen können

11/2016: Schäuble legt ersten Entwurf für Umsetzung der Bund-Länder-Einigung vor (insbesondere Zentralisierung und Privatisierung der Bundesfernstraßenverwaltung sowie der ÖPP-freundlichen Bundesförderung kommunaler Investitionen)

Bundesrechnungshof macht Vorschläge für die Umsetzung einer Bundesfernstraßengesellschaft

Schwarz-rote Bundesregierung einigt sich auf Rentenreform, die unter anderem eine weitere Stärkung der kapitalgedeckten privaten und betrieblichen Renten vorsieht

12/2016: Bundeskabinett beschließt Grundgesetzänderung und Gründung einer Bundesfernstraßengesellschaft des Bundes

»ÖPP Deutschland AG« wird in ausschließliches Bundeseigentum überführt und in »PD – Berater der öffentlichen Hand GmbH« umbenannt

Europäische Kommission stimmt einem Kompromiss mit der Bundesregierung zu und akzeptiert die PKW-Maut

03/2017: Bundesrat verzichtet darauf, in Sachen PKW-Maut den Vermittlungsausschuss anzurufen; weitere Schritte zu deren Einführung können damit eingeleitet werden

06/2017: Bundestag und Bundesrat stimmen der Zentralisierung und Privatisierung der Bundesfernstraßenverwaltung sowie der ÖPP-freundlichen Bundesförderung kommunaler Bildungsinvestitionen zu

Anhang 2:
Mitglieder der Kommission
»Stärkung von Investitionen in Deutschland«

Wissenschaft (4 Mitglieder):

Prof. Marcel Fratzscher (DIW Berlin, Vorsitz)

Prof. Lars P. Feld (Walter Eucken Institut, Freiburg)

Prof. Veronika Grimm (Universität Erlangen-Nürnberg)

Prof. Monika Schnitzer (Ludwig-Maximilians-Universität München)

Verbände (4 Mitglieder):

Dr. Stephan Articus (Deutscher Städtetag)

Dr. Markus Kerber (Bundesverband der Deutschen Industrie, Vertretung Dr. Klaus Günter Deutsch, Dieter Schweer)

Dr. Hans-Hartwig Loewenstein (Zentralverband Deutsches Baugewerbe, Vertretung Dr. Andreas Geyer)

Dr. Eric Schweitzer (Deutscher Industrie- und Handelskammertag, Vertretung Dr. Achim Dercks)

Gewerkschaften (5 Mitglieder):

Frank Bsirske (ver.di, Vertretung Frank Werneke, Dr. Dierk Hirschel)

Robert Feiger (IG Bauen, Agrar, Umwelt, Vertretung Dietmar Schäfers)

Reiner Hoffmann (DGB, Vertretung Dr. Mehrdad Payandeh)

Wolfgang Lemb (IG Metall)
Michael Vassiliadis (IG Bergbau, Chemie und Energie, Vertretung Tomas Nieber)

Private Finanzwirtschaft (4 Mitglieder):
Jürgen Fitschen (Deutsche Bank, Vertretung Bernd Fislage, Michael Volkermann)
Dr. Helga Jung (Allianz, Vertretung Dr. Maximilian Zimmerer, Dr. Andreas
    Gruber, Dr. Wilhelm Ruprecht)
Dr. Thomas Mayer (Flossbach von Storch)
Dr. Torsten Oletzky (Ergo Versicherungsgruppe, Vertretung Dr. Daniel von
    Borries)

Andere Unternehmen (2 Mitglieder):
Prof. Siegfried Russwurm (Siemens, Vertretung Dr. Udo Niehage, Michael Hol-
    termann)
Dr. Harald Schwager (BASF, Vertretung Wolfgang Niedermark)

Politik und öffentliche Unternehmen (2 Mitglieder):
Franz-Josef Lersch-Mense (Staatskanzlei Nordrhein-Westfalen, Vertretung Jür-
    gen Thiele)
Dr. Ulrich Schröder (KfW, Vertretung Dr. Jörg Zeuner)

Anhang 3:
ÖPP-Projekte in Deutschland

ÖPP-Projekte nach Aufgabenbereichen in Prozent (Stand: 31.10.2015)

Aufgabenbereich	Nach Projektanzahl	Nach Projektvolumen
Straßen	8%	33%
Bildung, Schulen, Kitas	39%	22%
Gesundheitswesen	5%	15%
Verwaltungsgebäude	15%	12%
Freizeit, Kultur, Sport, Event	21%	9%
Sonstige	3%	5%
Justizgebäude	3%	3%
Sicherheit	6%	1%

Quelle: Bundesministerium der Finanzen 2016. Als Quelle wird dort www.ppp-pro-jektdatenbank.de angegeben. Die dort wiederum aufgenommenen Projekte beruhen auf freiwilligen Angaben und sind nicht vollständig, die aufgeführten Zahlen sind daher als grobe Orientierungswerte zu verstehen.

ÖPP-Projekte nach Gebietskörperschaften (Stand: 31.12.2015)

Gebietskörperschaft	Projektsummen insgesamt		Bisher geleistete Zahlungen
Bund	26,6 Mrd. Euro	78%	6,9 Mrd. Euro
Kommunen	3,9 Mrd. Euro	11%	1,7 Mrd. Euro
Länder	3,8 Mrd. Euro	11%	1,1 Mrd. Euro
Insgesamt	34,3 Mrd. Euro	100%	9,7 Mrd. Euro

Quelle: Statistisches Bundesamt, Fachserie 14 Reihe 5, eigene Berechnungen.
Summenabweichungen resultieren aus Rundungsdifferenzen.

ÖPP-Projekte von Ländern und Kommunen nach Land (Stand: 31.12.2015)

Bundesland	Projektsummen insgesamt		davon Kommunen	
Hessen	1941 Mio. Euro	25%	1080 Mio. Euro	56%
Niedersachsen	1213 Mio. Euro	16%	928 Mio. Euro	76%
Baden-Württemberg	943 Mio. Euro	12%	233 Mio. Euro	25%
Schleswig-Holstein	818 Mio. Euro	11%	279 Mio. Euro	34%
Nordrhein-Westfalen	765 Mio. Euro	10%	742 Mio. Euro	97%
Brandenburg	477 Mio. Euro	6%	95 Mio. Euro	20%
Bayern	416 Mio. Euro	5%	189 Mio. Euro	46%
Rheinland-Pfalz	351 Mio. Euro	5%	60 Mio. Euro	17%
Sachsen-Anhalt	284 Mio. Euro	4%	201 Mio. Euro	71%
Berlin	143 Mio. Euro	2%	-	-
Saarland	106 Mio. Euro	1%	22 Mio. Euro	21%
Bremen	80 Mio. Euro	1%	-	-
Thüringen	67 Mio. Euro	1%	25 Mio. Euro	37%
Sachsen	59 Mio. Euro	1%	30 Mio. Euro	50%
Hamburg	17 Mio. Euro	0%	-	-
Meckl.-Vorpommern	5 Mio. Euro	0%	5 Mio. Euro	100%
Insgesamt	7686 Mio. Euro	100%	3888 Mio. Euro	51%

Quelle: Statistisches Bundesamt, Fachserie 14 Reihe 5, eigene Berechnungen. Summenabweichungen resultieren aus Rundungsdifferenzen.

Anhang 4:
ÖPP-Projekte auf Bundesfernstraßen

1. ÖPP-Staffel (»Pilotprojekte«)		
Bundesfernstraße	**Vertragsbeginn, Laufzeit, Kosten**	**Konsortium Fremdkapitalgeber**
A 8 Augsburg – München	Mai 2007, 30 Jahre 843 Mio. Euro	BAM PPP Egis Investment Partners Fluor Infrastructure Berger Bau --- DEPFA Bank
A 4 Umfahrung Hörselberge	Oktober 2007, 30 Jahre 672 Mio. Euro	Hochtief PPP Solutions (ausgeschieden) Vinci Concessions Meridiam Infrastructure --- Europäische Investitionsbank Dexia Halifax Bank of Scotland
A 1 Bremen – Hamburg	August 2008, 30 Jahre 1,0 Mrd. Euro	Bilfinger (ausgeschieden) John Laing Infrastructure Johann Bunte --- Unicredit Caja Madrid DZ Bank Commerzbank Deka Bank

A 5 Malsch – Offenburg	April 2009, 30 Jahre
	
	666 Mio. Euro
		Vinci Concessions
		Meridiam Infrastructure
		Strabag
		--- 	
		Banco Bilbao Vizcaya
		  Argentaria
		KBC Group
		NIBC Bank
		Santander
		Europäische
		  Investitionsbank

2. ÖPP-Staffel (gestartet)		
Bundesfernstraße	Vertragsbeginn, Laufzeit, Kosten	Konsortium Fremdkapitalgeber
A 8 Ulm – Augsburg	Juni 2011, 30 Jahre	Hochtief PPP Solutions Strabag ---
	1,3 Mrd. Euro	UniCredit Banco Bilbao Vizcaya Argentaria Landesbank Baden-Württ. Europäische Investitionsbank
A 9 Lederhose – Landesgrenze TH/BY	Oktober 2011, 20 Jahre	Vinci Concessions BAM PPP ---
	406 Mio. Euro	kfw IPEX Banco Bilbao Vizcaya Argentaria
A 7 Hamburg – Bordesholm	September 2014, 30 Jahre	Hochtief PPP Solutions DIF KEMNA Bau --- Axa Aegon kfw IPEX MassMutual ING Sun Life Europäische Investitionsbank Societé Generale Credit Agricole
A 97 Forstinning – Marktl	Februar 2016, 30 Jahre	BAM PPP Effiage Concessions Berger Bau --- ?
A 7 Göttingen – Salzgitter	Mai 2017, 30 Jahre	Vinci Concessions Meridiam Investments ---
	1 Mrd. Euro	?

2. ÖPP-Staffel (in Vorbereitung)	
A 6	Wiesloch/Rauenberg – Weinsberg
A 1/A 30	Lotte/Osnabrück – Münster/Rheine – Lotte
A 61, A 650, A 65	Worms – Landesgrenze RP/BW
A 44	Kassel/Süd – Diemelstadt

3. ÖPP-Staffel (angekündigt)	
A 6	Weinsberg – Feuchtwangen/Crailsheim
A 3	Biebelried – Fürth/Erlangen
A 8	Rosenheim – Bundesgrenze D/A
A 10/A 24	Neuruppin – Pankow
E 233	Meppen – Cloppenburg
A 26	Hamburg – Rübke
A 57	Köln/Nord – Moers
A 20	Elbquerung
A 4	Gotha – Landesgrenze TH/SN
B 247	Bad Langensalza – A 38
A 49	Kassel/West – Anschluss A 49

Quellen:
Thiele/Waßmuth 2016; Lehrstuhl für Infrastruktur- und Immobilienmanagement der TU Braunschweig 2016; Bundesregierung 2015.

Anmerkungen

1   Die offizielle gesetzliche Bezeichnung lautet »Infrastrukturgesellschaft für Autobahnen und andere Bundesfernstraßen«. Wir bezeichnen sie nachfolgend der Kürze halber ausschließlich als »Bundesfernstraßengesellschaft«.

2   Gammelin 2016.

3   Anonym 2016a.

4   Anonym 2016b.

5   Hessischer Rechnungshof 2012.

6   Rügemer 2013.

7   Vgl. dazu Gehrke 2013.

8   Aufschlussreich ist ein anlässlich des zehnjährigen Privatisierungsjubiläums am 29.9.16 erschienener Artikel von Gesa Cordes, der unter der Überschrift »Zehn Jahre nach der Privatisierung der mittelhessischen Unikliniken will niemand nachfolgen« eine sehr sachliche Bilanz zieht; Cordes 2016.

9   Siehe Anhang 3.

10   Vgl. zu den Details Rügemer 2011: 108 ff.; Hessischer Rechnungshof 2008; Hessischer Rechnungshof 2015.

11   Rügemer 2011: 110 f.

12   Hessischer Rechnungshof 2008: 155.

13   Zu ÖPP- und Privatisierungsformen siehe Kapitel 3.

14   Hessischer Rechnungshof 2008: 159

15   Hessischer Rechnungshof 2008: 151.

16   Hessischer Rechnungshof 2008: 175.

17   Enders 2010.

18   Die Verurteilung erfolgte aufgrund von Walters Wirken im Zusammenhang mit dem Verkauf von Anteilen am Regionalflughafen Egelsbach; Wikipedia 2016a.

19   http://www.ppp-verein.de (1.8.17).

20   Ritz 2010.

21   Vgl. für die GEW zum Beispiel das Interview mit Manfred Tybussek aus dem Jahr 2008; Althoff 2008.

22   Hessischer Rechnungshof 2015: 334.

23   Vgl. Eschenauer 2015.

24   Persönliches Interview mit Karsten Arendt im Februar 2017.

25   Hessischer Rechnungshof 2015: 347.

26 Schlegl 2017.
27 Eschenauer 2016.
28 Bundesministerium für Verkehr, Bau und Stadtentwicklung 2008.
29 Bundesrechnungshof 2012: 3-4, 27.
30 Siehe Abschnitt 3.2.
31 PricewaterhouseCoopers, PTV et al. 2012.
32 Bundesrechnungshof 2012: 24-28.
33 Der Streit dreht sich um die Frage, ob man die zum Zeitpunkt der Wirt-
    schaftlichkeitsuntersuchung gültige Zinsstrukturkurve des Bundes oder
    einen mehrjährigen Durchschnitt zu Grunde legt. Letzteres führt in der
    aktuellen Zinslage zu einem überhöhten Diskontzinssatz; Mühlenkamp
    2016a: 17 und 23; Bundesrechnungshof 2013b: 14-16.
34 Mühlenkamp 2016a: 19-21.
35 Die vorliegenden Unterlagen sind lückenhaft, so dass unklar bleiben
    muss, wo genau an Stellschrauben gedreht wurde. Die große Anzahl
    möglicher Stellschrauben und offener Fragen lässt Skepsis aber sehr be-
    rechtigt erscheinen.
36 Bundesrechnungshof 2013a: 9.
37 Schminke 2012; Schmaler 2013; Vereinte Dienstleistungsgewerkschaft
    2012; Vereinte Dienstleistungsgewerkschaft 2013.
38 Niedersächsischer Landtag 2013: 1152.
39 Ipsen 2013: 21, 26.
40 Heinzel 2013; Schumann 2013; Schlieter 2013.
41 Niesen 2014; Knoblich 2013.
42 Bundesministerium für Verkehr und digitale Infrastruktur 2017.
43 Vgl. Liedtke 2007: 17 ff.; vgl. zu Privatisierungen den Artikel im Online-
    Lexikon Wikipedia, Wikipedia 2017a.
44 Weitere öffentlich-rechtliche Betriebsformen sind die Anstalten des öf-
    fentlichen Rechts (zum Beispiel die Landesrundfunkanstalten), Körper-
    schaften des öffentlichen Rechts (zum Beispiel Ortskrankenkassen, Ärz-
    tekammern und die meisten Hochschulen) und öffentliche Stiftungen
    (zum Beispiel Stiftung Preußischer Kulturbesitz).
45 Gerstlberger/Siegl 2011: 11-15.
46 Vgl. Rügemer 2011: 17 ff. Großbritannien ist aktuell auch der größte
    ÖPP-Markt. Einen kurzen Überblick über den jeweiligen ÖPP-Markt
    in Großbritannien, Frankreich und Polen liefert PricewaterhouseCo-
    opers 2016: 20 ff.
47 Zahlreiche Beispiele für ÖPP-Projekte enthält Engartner 2016.
48 Vgl. Bundesministerium der Finanzen 2016: 7.
49 Bundesministerium der Finanzen 2016: 8.
50 Vgl. zu ÖPP den Artikel im Online-Lexikon Wikipedia, Wikipedia
    2017b; Bundesministerium für Verkehr und digitale Infrastruktur 2013;
    die entsprechenden Erläuterungen auf der ÖPP-Homepage der Deut-
    schen Bauindustrie (http://www.oepp-plattform.de, 2.2.17); Institut der

deutschen Wirtschaft/Gesamtverband der deutschen Versicherungswirtschaft 2016: 12 ff.

51 Boll 2007: 75-112, 224-246.

52 Boll 2007: 76-82.

53 PricewaterhouseCoopers 2016. Eine Zusammenfassung ist zu finden im Monatsbericht des Wirtschaftsministeriums vom Dezember 2016; Anonym 2016d.

54 PricewaterhouseCoopers 2016: 96.

55 PricewaterhouseCoopers 2016: 57, 93.

56 Einen kurzen historischen Überblick der Privatisierungen in Deutschland liefert Deckwirth 2008.

57 Friedrich August von Hayek und Milton Friedman sind die wohl prominentesten und bis heute einflussreichsten Vertreter des Neoliberalismus. Hayek wendet sich strikt gegen staatliche Interventionen in das Marktgeschehen und gegen eine Politik, die bewusst gestalten will. Wettbewerb, Marktsystem und Privateigentum sind für Hayek gleichsam Gipfel und Endpunkt der menschlichen Entwicklung – eine prägnante Zusammenfassung seiner ökonomischen Ziele ist in seiner im Jahr 1944 erschienen politisch motivierten Schrift »Der Weg zur Knechtschaft« zu finden (Hayek 1994). Genau wie für Hayek sind auch für Friedman Nachfragesteuerung und Wohlfahrtsstaat ein Graus. Er fordert stattdessen in seiner 1962 publizierten wirtschaftsliberalen Streitschrift »Kapitalismus und Freiheit« einen »wettbewerblich organisierten Kapitalismus – also die Organisation der ganzen Masse der wirtschaftlichen Aktivität durch private Unternehmen, die auf freien Märkten operieren« (Friedman 2011: 27). Zum Neoliberalismus vgl. auch Schreiner 2017b.

58 Engartner 2016. Nach wie vor lesenswert sind auch Lippert 2005; Rügemer 2006; Liedtke 2007.

59 Brandt/Schulten 2008; Schulten/Böhlke 2009.

60 Vgl. Rügemer 2011; Engartner 2016. Siehe dazu auch Mühlenkamp 2011: 89-92; Mühlenkamp 2016a.

61 Besonders wichtige Gutachten waren etwa Bundesrechnungshof 2009; Bundesrechnungshof 2013b; Bundesrechnungshof und Rechnungshöfe der Länder 2011.

62 Mühlenkamp 2012: 107.

63 House of Commons 2011. Vgl. dazu auch Hall 2014.

64 Rügemer 2010.

65 Zitiert nach Hall 2014: 48.

66 Vgl. Bundesrechnungshof und Rechnungshöfe der Länder 2011: 6 f.; Mühlenkamp 2012: 86-87.

67 Mühlenkamp 2016b: 6-7.

68 Meurers/Wenske 2017: 16.

69 Greilinger 2012: 16; Mühlenkamp 2016b: 7.

70 Bundesministerium der Finanzen 2016: 20. Siehe dazu auch Mühlenkamp 2011: 77; 2012: 77; 2016a: 8.

71 Ab ca. Minute 19.40: https://www.bmwi.de/Redaktion/DE/Videos/2015/20150421-investitionskongress-rede-minister.html (5.6.17).

72 Quennet-Thielen 2016.

73 Stang 2016.

74 Bundestag 2017c.

75 Institut der deutschen Wirtschaft/Gesamtverband der deutschen Versicherungswirtschaft 2016: 4.

76 Mühlenkamp 2016a: 2-3; Bundesrechnungshof 2013: 17-18.

77 Beckers/Wagemann/Klatt o.J.: 13; Mühlenkamp 2016a: 4-8.

78 Zu den nachfolgenden Ausführungen Mühlenkamp 2016a; Mühlenkamp 2016b; Mühlenkamp 2015; Mühlenkamp 2011; Mühlenkamp 2012; Greilinger 2012; Beckers/Wagemann/Klatt o.J.; Bundesrechnungshof und Rechnungshöfe der Länder 2011; Rügemer 2011; Bundesrechnungshof 2013c; Bundesrechnungshof 2013b.

79 Bundesrechnungshof und Rechnungshöfe der Länder 2011: 7.

80 Bundesrechnungshof 2013b: 39-41.

81 Greilinger 2012: 26-27; Mühlenkamp 2011: 84-87; Mühlenkamp 2014.

82 Bundesrechnungshof und Rechnungshöfe der Länder 2011: 15.

83 Bundesrechnungshof und Rechnungshöfe der Länder 2011: 9.

84 Vgl. zur Schuldenbremse den Artikel im Online-Lexikon Wikipedia, Wikipedia 2016c.

85 Nach der »goldenen Regel« darf die jährliche Verschuldung der öffentlichen Hand nicht höher ausfallen als die Zunahme des staatlichen Vermögens durch Investitionen. Dahinter verbirgt sich die Vorstellung, dass kommende Generationen den Nutzen aus heutigen Investitionen ziehen, und deshalb auch die Lasten der gegenwärtigen Kreditaufnahme tragen können.

86 Vgl. zur Geschichte der Föderalismusreform II den Artikel im Online-Lexikon Wikipedia, Wikipedia 2017c.

87 Vgl. Sachverständigenrat zur Begutachtung der gesamtwirtschaftlichen Entwicklung 2007. Der Sachverständigenrat hat dabei aber unter anderem die Verengung der Kreditfinanzierung auf die Nettoinvestitionen vorgeschlagen.

88 Großbritannien, Tschechien und Kroatien unterzeichneten den Fiskalpakt nicht.

89 Vgl. zum Europäischen Fiskalpakt den Artikel im Online-Lexikon Wikipedia, Wikipedia 2017d.

90 Vgl. hierzu das Konzept der Budgetmultiplikatoren; Scherf 1985; vgl. auch Heine/Herr 2003: 554 ff.; und Oberhausers Überlegungen zum so genannten Schuldenparadoxon; Oberhauser 1985.

91 Quelle: Ameco-Datenbank.

92 Quelle: Ameco-Datenbank.

93 Müller/Hesslach 2012.

94 Quelle: Ameco-Datenbank. Inklusive Sozialversicherungen.

95 Seit dem 1. Januar 2007 gibt es die so genannte »Reichensteuer«: Ab einem zu versteuernden Einkommen von aktuell 254.447 Euro wird ein Einkommensteuersatz in Höhe von 45 Prozent erhoben.

96 Eicker-Wolf/Truger 2013; Eicker-Wolf/Truger 2014; Schratzenstaller 2013.

97 Bund der Steuerzahler Hessen 2011.

98 Grohmann 2012: 1.

99 Vgl. Sachverständigenrat zur Begutachtung der wirtschaftlichen Entwicklung 2007: 1.

100 Vgl. dazu und generell zur Debatte um die Tragfähigkeit der Staatsverschuldung ausführlich Eicker-Wolf/Truger 2003: 345 ff.

101 Vgl. dazu die ausführliche Debatte von Kromphardt 1987: 164 ff. Neben den genannten werden auch Effekte auf den Wechselkurs und auf die Erwartungen im Privatsektor durch kreditfinanzierte staatliche Ausgabensteigerungen unter dem Begriff des Crowding-Out diskutiert.

102 Die Neoklassische Makroökonomie und ihre wirtschaftspolitischen Implikationen werden ausführlich dargestellt von Felderer/Homburg 2005: 51 ff. und 161 ff.; Heine/Herr 2003: 210 ff. und 565 ff. Eine kurze Darstellung liefert Reef 2010: 115 ff.

103 Disselbeck 2010.

104 Eicker-Wolf/Truger 2003: 345.

105 Fichtner/Junker/Schwäbe 2012.

106 Stützel 1978.

107 Vgl. Krebs/Scheffel 2016.

108 Reidenbach/Bracher et al. 2008: 76 ff.

109 Quelle: Ameco-Datenbank.

110 Dazu ausführlich Gornig/Michelsen/Deuverden 2015; für Kommunen Gornig/Michelsen 2017.

111 Quelle: Statistisches Bundesamt, eigene Berechnungen.

112 Scheller 2017: 44.

113 KfW-Research 2017. Vgl. dazu auch Scheller 2017: 41-42.

114 Vgl. zu dieser Problematik zum Beispiel Truger/Will 2012: 37 ff.

115 Paetz/Rietzler/Truger 2016.

116 Zur Haushaltspolitik in Hessen vgl. zum Beispiel Eicker-Wolf/Truger 2016.

117 Vgl. zur Gesetzlichen Rentenversicherung den Artikel im Online-Lexikon Wikipedia, Wikipedia 2017e.

118 Die folgenden Abschnitte enthalten einzelne Passagen aus Schreiner 2016.

119 Wehlau 2009: 141-144; Engartner 2016: 145; Auth 2002: 304.

120 Streeck 2001.

121 Wehlau 2009: 141-144; Engartner 2016: 145.

122 Wehlau 2009: 90-106; Auth 2002: 280-282.

123   Auth 2002: 285.

124   Bisweilen ist zu lesen, die Renten seien im eigentlichen Sinne gar nicht gekürzt worden. Eine solche Sichtweise ist wörtlich genommen korrekt, lässt aber die Inflation außer Acht. Zudem kann in einem weiteren Sinne sehr wohl auch dann von »Rentenkürzungen« gesprochen werden, wenn die Renten »nur« immer weiter hinter den Löhnen zurückbleiben.

125   Vgl. zur Riester-Rente den Artikel im Online-Lexikon Wikipedia, Wikipedia 2017f.

126   Schäfer 2015.

127   Engartner 2016: 145-146; Staiger 2014; Wehlau 2009: 80-84; Schmähl 2011; Leitner 2009; Auth 2002: 299-304.

128   Deutsch 2001: 3.

129   Quelle: Deutsche Rentenversicherung, eigene Berechnungen.

130   Etzemüller 2010; Bryant 2011.

131   So etwa Bräuninger/Wolgast 2000; Miegel 2001; Bundesbank 1999; Börsch-Supan 2000; Börsch-Supan 2011.

132   Vereinte Dienstleistungsgewerkschaft 2016a: 5, 14-15; Schreiner 2017a.

133   Börsch-Supan 2000.

134   Sinn 1999: 96.

135   Bundesbank 1999: 16-17.

136   Bräuninger/Wolgast 2000: 3.

137   Grundsätzlich kann auch der Staat bzw. eine staatliche Rentenversicherung eine kapitalgedeckte Altersvorsorge betreiben, wie es etwa in Deutschland bis 1957 der Fall war.

138   Wehlau 2009: 255-256, 260-261.

139   LobbyControl o. J.

140   Wehlau 2009: 262.

141   Wehlau 2009: 218-230.

142   Wehlau 2009: 262.

143   Sommer/Wehlau 2012.

144   Bundestag 2001.

145   Allianz Dresdner Asset Management 2003.

146   Zitiert nach Rürup 2016.

147   Rürup 2014; Rürup/Huchzermeier et al 2014. Anders der Gesamtverband der deutschen Versicherungswirtschaft, der die Mackenroth-These in Bausch und Bogen zurückweist, auf diesen Punkt aber nicht eingeht; Gesamtverband der deutschen Versicherungswirtschaft 2003.

148   Rürup 2014.

149   Börsch-Supan 2000: 2-3; Fehler im Original.

150   Rürup 2014; Rürup/Huchzermeier et al 2014; Bundesbank 1999.

151   Rürup 2014.

152   Bundesbank 2002: 26. Das Scheitern solcher Konzeptionen mag auch folgender Umstand belegen: 2017 forderte der IWF die Bundesrepublik zu Rentenreformen auf, die zu geringerem (!) Sparen führen – weil in

Deutschland inzwischen zu viel gespart werde; Internationaler Währungsfonds 2017.

153 Quelle: Statistisches Bundesamt, Fachserie 18 Reihe 5, 2015, eigene Berechnungen.

154 Fichtner/Junker/Schwäbe 2012.

155 Bundesbank 2017; Krämer 2015: 133; Steinhardt/Grunert 2016; Lindner 2012.

156 Krämer 2015: 53, 101; Flassbeck 2013.

157 Fratzscher/Gornig/Schiersch 2016; Expertenkommission »Stärkung von Investitionen in Deutschland« 2015: 22-24.

158 Eine Variante dieses Arguments lautet, dass am Kapitalmarkt generell höhere Zinsen zu erwirtschaften seien als im Umlageverfahren – denn bei letzterem sei die Rendite auf Lohnsteigerungen beschränkt, die notwendig unter der Verzinsung an Kapitalmärkten liegen; so etwa Breyer/ Franz et al. 2004: 52. In Zeiten von Finanzmarktkrisen und Niedrigzinsen erscheint diese These äußerst gewagt.

159 Windhövel 2005: 14.

160 Bräuninger/Wolgast 2000: 5.

161 Joebges/Meinhardt et al. 2012: 8.

162 Christen 2010; Joebges/Meinhardt et al. 2012; Grabau/Joebges 2012.

163 Christen 2010; Wikipedia 2016b.

164 Kamp/Welp 2013. Grobe Vermutungen über den Anteil mit staatlichen Krediten besicherter Pfandbriefe und über den Anteil nicht-deutscher bzw. nicht-europäischer Anlagen der Lebensversicherungen und Pensionsfonds lassen sich anhand von Daten des Bundesamts für Finanzdienstleistungsaufsicht (BaFin) und des Verbands deutscher Pfandbriefbanken anstellen.

165 Wolff 2013: 69-70.

166 Inderst 2013: 21-22.

167 Inderst 2013; Ehlers 2014; Europäische Kommission 2013; Europäische Kommission 2014; Creditreform 2014: 6-15; Della Croce/Yermo 2013; OECD 2014; Firzli 2016.

168 Europäische Kommission 2013: 3.

169 Barroso 2009: 35.

170 Gabrisch 2016.

171 Europäische Kommission 2015.

172 »Es handelt sich hierbei offensichtlich um jenes Argumentationsmuster, mit dem die Wirtschaftstheorie seit ca. 30 Jahren der Wirtschaftspolitik den Legitimationsrahmen für die Liberalisierung und Integration der Kapitalmärkte liefert«; Gabrisch 2016: 894.

173 Ein Klumpenrisiko liegt vor, wenn die Ausfallrisiken verschiedener Geldanlagen im Portfolio eines Investors derart miteinander verknüpft sind, dass der Ausfall einer Anlage mit einem Ausfall (zu) vieler anderer Anlagen einhergeht und dies die Existenz des Investors gefährdet.

174 Gabrisch 2016: 894.

175 Hübner 2016; Europäische Kommission 2014; Creditreform 2014; Stockhammer/Reissl 2016; Liebert/Ötsch/Troost 2012; Wagenknecht/ de Masi 2017; Gabrisch 2016.

176 Creditreform 2015.

177 Europäische Investitionsbank 2012; Horsch/Fiedler 2015.

178 Lemb 2017; Europäischer Wirtschafts- und Sozialausschuss 2016.

179 Europäische Kommission 2016.

180 Aber keineswegs nur Versicherungen, (klassische) Investmentfonds und Banken. Wie die Frankfurter Allgemeine Zeitung berichtete, jammert sogar die als »Heuschrecken« verschriene Private-Equity-Branche über zu viel anlagesuchendes Kapital; Smolka 2017: »Die Finanzinvestoren ringen mit einem Luxusproblem: zu viel Geld. Viel zu viel. Mussten sie früher mühsam um Mittel für die Geldtöpfe werben, aus denen sie Unternehmensübernahmen finanzierten, so sind ihre neuen Fonds heute oft überzeichnet. Niedrigzinsen, billiges Geld: Die Private-Equity-Profis können die viele dargebotene Liquidität gar nicht aufsaugen und die aufgesogene dann kaum in Unternehmensbeteiligungen unterbringen.«

181 Anonym 2014.

182 Zimmerer 2015.

183 Rügemer 2011: 55-56; Boll 2007: 246-252.

184 Lang 2015.

185 PricewaterhouseCoopers 2015.

186 Schlieter 2013; Rügemer 2011; Adamek/Otto 2008: 129-135.

187 Zitiert nach Adamek/Otto 2008: 135.

188 Schlieter 2012.

189 Malina/Bockmühl et al. 2007: 9, 41.

190 Häring 2014.

191 Eine namentliche Liste der Kommissionsmitglieder findet sich im Anhang.

192 Expertenkommission »Stärkung von Investitionen in Deutschland« 2015; Expertenkommission »Stärkung von Investitionen in Deutschland« 2016; Payandeh 2015.

193 Expertenkommission »Stärkung von Investitionen in Deutschland« 2015: 34-36.

194 Gornig/Michelsen 2017.

195 Expertenkommission »Stärkung von Investitionen in Deutschland« 2015: 37.

196 Anonym 2016e.

197 Expertenkommission »Stärkung von Investitionen in Deutschland« 2015: 37.

198 Waßmuth 2017: 55.

199 Thiele/Waßmuth 2016: 29.

200 Expertenkommission »Stärkung von Investitionen in Deutschland« 2015: 30.

201 Expertenkommission »Stärkung von Investitionen in Deutschland« 2015: 41.

202 Expertenkommission »Stärkung von Investitionen in Deutschland« 2015: 41.

203 Thiele/Waßmuth 2016: 42.

204 Expertenkommission »Stärkung von Investitionen in Deutschland« 2015: 41-43; Thiele/Waßmuth 2016: 43-45.

205 Zitiert nach Zuber 2017.

206 Expertenkommission »Stärkung von Investitionen in Deutschland« 2015: 44-45.

207 Schon heute versperren zu große Finanzierungsvolumina und zu komplexe Verträge den mittelständischen Bauunternehmen faktisch den Zugang zu ÖPP; Lehrstuhl für Infrastruktur- und Immobilienmanagement der TU Braunschweig 2016.

208 Expertenkommission »Stärkung von Investitionen in Deutschland« 2015: 15. Siehe auch S. 13.

209 Expertenkommission »Stärkung von Investitionen in Deutschland« 2015: 43.

210 Bundesverband deutscher Banken 2014: 8.

211 Kommission »Bau und Unterhaltung des Verkehrsnetzes« 2016: 78-79.

212 Presse- und Informationsamt der Bundesregierung 2016.

213 Presse- und Informationsamt der Bundesregierung 2016.

214 Zitiert nach Schlieter 2016.

215 Bundesregierung 2016a; Bundesregierung 2016b.

216 Etwa Gammelin 2016; Anonym 2016a; Anonym 2016b; Decker 2016.

217 Beckers/Hermes/Weiß 2017a; Hermes/Weiß/Beckers 2016.

218 Beckers/Hermes/Weiß 2017b: 10-11; Hermes/Weiß 2016.

219 Beckers/Hermes/Weiß 2016.

220 Beckers/Hermes/Weiß 2017b.

221 Wissenschaftlicher Beirat beim Bundesminister für Verkehr und digitale Infrastruktur 2017, Zitat S. 265.

222 Bundestag 2017a; Bundestag 2017b.

223 Nicht zuletzt, weil die Festsetzung der Maut auch in Zukunft politischen Kriterien folgt.

224 RBB-Kulturradio, Tagesthema, 22.05.2017. Der Beitrag ist im Internet nicht mehr verfügbar.

225 Zitiert nach Schlieter 2017b.

226 Bundestag 2017c.

227 Bundestag 2017c.

228 Funk 2017.

229 Zitiert nach Schlieter 2017c.

230 Beide Argumente wurden wiederholt in einflussreichen Gutachten vorgetragen; etwa Beckers/Hermes/Weiß 2017b; Beckers/Hermes et al. 2017; Hermes/Weiß 2017; Bundesrechnungshof 2016. Auch das unternehmernahe Institut der deutschen Wirtschaft Köln (IW) positionierte sich gegen eine Gründungsverschuldung der Bundesfernstraßengesellschaft (Puls 2016).

231 Die offizielle, irreführende Bezeichnung lautet »Infrastrukturabgabe«.

232 Initiative für eine zukunftsfähige Infrastruktur 2013.

233 Bach/Beznoska/Steiner 2016.

234 Wissenschaftlicher Dienst des Deutschen Bundestags 2017.

235 Ratzenberger 2017. Vgl. ergänzend dazu Runkel/Mahler 2016.

236 Schlieter 2017a; Delhaes 2017.

237 Delhaes 2017.

238 Zitiert nach Schlieter 2017a.

239 Bönisch 2010.

240 Kommission »Bau und Unterhaltung des Verkehrsnetzes« 2016: 79.

241 Bundesrechnungshof 2004.

242 Kommission »Bau und Unterhaltung des Verkehrsnetzes« 2016; Kommission »Nachhaltige Verkehrsinfrastrukturfinanzierung« 2013.

243 Kommission »Nachhaltige Verkehrsinfrastrukturfinanzierung« 2013: 26-27; Beckers/Hermes/Weiß 2016: 8; Bundesrechnungshof 2016: 23.

244 Dem Druck, leichtere Zugänge für privates Kapital zu schaffen, hatten allerdings auch die Länder bzw. die Bodewig-II-Kommission nachgegeben – Privatisierung bzw. ÖPP sind nicht zwingend an eine Zentralisierung der Bundesfernstraßenverwaltung gebunden; Thiele/Waßmuth 2016: 82-90.

245 Vgl. dazu ausführlich Eicker-Wolf/Truger 2014.

246 Vgl. dazu Bundesministerium der Finanzen 2015: 21; Bundesministerium der Finanzen 2016: 28; Wieland 2015: 66; Rietzler 2015: 19; Mühlenkamp 2011; Mühlenkamp 2014.

247 Rietzler 2015: 19. Diese Angabe wurde uns im März 2016 telefonisch und per E-Mail durch das Statistische Bundesamt bestätigt.

248 Vgl. Bundesrechnungshof 2014.

249 Gornig/Michelsen 2017.

250 Institut der deutschen Wirtschaft/Gesamtverband der deutschen Versicherungswirtschaft 2016.

251 Bundesrechnungshof 2014: 5.

252 Zu den nachfolgenden Ausführungen Braunberger 2014; Creditreform 2015; Firzli 2016; Institut der deutschen Wirtschaft/Gesamtverband der deutschen Versicherungswirtschaft 2016.

253 Zitiert nach Adamek/Otto 2008: 131.

254 Institut der deutschen Wirtschaft/Gesamtverband der deutschen Versicherungswirtschaft 2016: 39.

255 Jahberg 2014.

256 Kommission »Bau und Unterhaltung des Verkehrsnetzes« 2016: 78.

257 Institut der deutschen Wirtschaft/Gesamtverband der deutschen Versi-
     cherungswirtschaft 2016: 39. Die Bodewig-II-Kommission nennt zwei
     bis sieben Prozent, wobei der letztgenannte Wert übertrieben hoch er-
     scheint; Kommission »Bau und Unterhaltung des Verkehrsnetzes« 2016:
     78.

258 Anonym 2016c.

259 Institut der deutschen Wirtschaft/Gesamtverband der deutschen Versi-
     cherungswirtschaft 2016: 23.

260 Schlesiger 2014.

261 Anonym 2014.

262 Braunberger 2014.

263 Man vergleiche Puls 2016 und Institut der deutschen Wirtschaft/Ge-
     samtverband der deutschen Versicherungswirtschaft 2016.

264 Brown 2015: 15.

Literatur

Adamek, Sascha / Otto, Kim 2008: Der gekaufte Staat. Wie Konzernvertreter in deutschen Ministerien sich ihre Gesetze selbst schreiben. 3. Auflage. Köln.

Anonym 2010: Interview mit Ex-Landrat Peter Walter zu PPP. https://www.op-online.de/offenbach/interview-ex-landrat-peter-walter-cdu-4687126.html (14.3.17).

Anonym 2014: »Öffentlich-private Partnerschaften ähnlich sicher wie Staatsanleihen«. Interview mit Nikolaus Graf von Matuschka. http://www.gdv.de/2014/12/oeffentlich-private-partnerschaften-aehnlich-sicher-wie-staatsanleihen (5.2.17).

Anonym 2016a: Bundesregierung will Autobahnen doch nicht privatisieren. http://www.spiegel.de/wirtschaft/soziales/bundesregierung-will-autobahnen-doch-nicht-privatisieren-a-1122827.html (13.3.17).

Anonym 2016b: Die Autobahn bleibt staatlich. https://www.tagesschau.de/inland/autobahn-151.html (13.3.17).

Anonym 2016c: »Ein Umdenken sehe ich bisher nicht«. http://www.talanx.com/newsroom/aktuelle-themen/2016/2016-10-07_interview_haas_hb.aspx?sc_lang=de-de (16.3.17).

Anonym 2016d: Wege zu mehr öffentlichen Investitionen mit einer Infrastrukturgesellschaft – Gutachten gibt Diskussionsanreize. In: Bundesministerium für Wirtschaft und Energie Monatsbericht 12 (2016).

Anonym 2016e: »Unabhängig und unideologisch«. Interview mit Staatssekretär Werner Gatzer. http://www.bundesfinanzministerium.de/Content/DE/Interviews/2016/2016-11-30-neue-kaemmerer.html (4.4.17).

Allianz Dresdner Asset Management 2003: Europäische Altersvorsorgemärkte: Reformtrends und Wachstumspotentiale. München.

Althoff, Jan Peter 2008: »Ein Privatunternehmen hat nicht die gleichen Interessen wie die öffentliche Hand«. Manfred Tybussek über Public-Private Partnership im Landkreis Offenbach. In: WISO-Info 3 (2008). S. 4-7.

Auth, Diana 2002: Sicher – sicherer – versichert? Die Rentenpolitik der rot-grünen Regierung. In: Eicker-Wolf, Kai / Kindler, Holger et al. (Hg.): Deutschland auf den Weg gebracht. Rot-grüne Wirtschafts- und Sozialpolitik zwischen Anspruch und Wirklichkeit. Marburg. S. 279-311.

Bach, Stefan / Beznoska, Martin / Steiner, Viktor 2016: Wer trägt die Steuerlast in Deutschland? Verteilungswirkungen des deutschen Steuer- und Transfersystems. In: DIW Politikberatung kompakt 114 (2016).

Bajohr, Ulrike 2015: Bauen mit dem Geld von morgen. http://www.deutsch-landfunk.de/dossier-bauen-mit-dem-geld-von-morgen.media.4bb6f4c7e00 85d36627b8e0a67a3a72b.pdf (19.2.17).

Barroso, José Manuel 2009: Political Guidelines for the next Commission. http://ec.europa.eu/archives/commission_2010-2014/president/pdf/ press_20090903_en.pdf (16.3.17).

Beckers, Thorsten/Hermes, Georg/Weiß, Holger 2016: Ökonomische Beurteilung von Privatisierungsvarianten für die Bundesautobahnen und Gestaltungsempfehlungen für grundgesetzliche Privatisierungsschranken. Kurzgutachten.

Beckers, Thorsten/Hermes, Georg/Weiß, Holger 2017a: Errichtung einer Bundesautobahngesellschaft: Privatisierungsschranken, Staatsgarantie und Rechtsform als zentrale Ausgestaltungsfragen. Rechtsgutachten.

Beckers, Thorsten/Hermes, Georg/Weiß, Holger 2017b: Politische Steuerung der Investitionspriorisierung, Gründungsverschuldung und zukünftige Investitionsfinanzierung als zentrale Ausgestaltungsfragen bei einer Bundesautobahngesellschaft. Rechtsgutachten.

Beckers, Thorsten/Hermes, Georg/Weiß, Holger 2017c: Die zukünftige Verwaltung der Bundesstraßen nach der Abschaffung der Auftragsverwaltung bei den Bundesautobahnen. Rechtsgutachten.

Beckers, Thorsten/Hermes, Georg et al. 2017: Eliminierung von »Vorfinanzierungs-Fehlanreizen« zugunsten des ÖPP-Ansatzes bei der Beschaffungsvariantenauswahl im Kontext der Gründung der BAB-Gesellschaft. Kurzgutachten.

Beckers, Thorsten/Wagemann, Felix et al. 2014: Eine (institutionen-)ökonomische Analyse der Kalkulation von Lebenszykluskosten und der Erstellung von Wirtschaftlichkeitsuntersuchungen bei PPP-Vorhaben. Band I (Hauptband) des Endberichts zum Projekt »Ermittlung von Lebenszykluskosten und Vergleich verschiedener Beschaffungsvarianten im Hochbau unter Berücksichtigung institutionenökonomischer Erkenntnisse (LV-bau)«. Berlin.

Beckers, Thorsten/Wagemann, Felix/Klatt, Jan Peter o.J.: Wirtschaftlichkeitsuntersuchungen bei PPP-Vorhaben. Herausforderungen und Lösungsoptionen. http://www.wip.tu-berlin.de/fileadmin/fg280/forschung/ publikationen/2012/WIP_working_paper-wu_bei_ppp-herausforderungen_und_loesungsoptionen-STATUSBERICHT_v116.1_22_04_2012.pdf (15.3.17).

Boll, Philip 2007: Investitionen in Public Private Partnership-Projekte. Regensburg.

Bönisch, Julia 2010: Kleine Geschäfte, große Geschäfte. http://www.sueddeutsche.de/karriere/gebuehren-fuer-schultoiletten-kleine-geschaefte-grosse-geschaefte-1.27199 (8.4.17).

Börsch-Supan, Axel 2000: Was für die Kapitaldeckung und was für das Umlageverfahren spricht. In: Beiträge zur angewandten Wirtschaftsforschung 587 (2000).

Börsch-Supan, Axel 2011: Ökonomische Auswirkungen des demografischen Wandels. In: Aus Politik und Zeitgeschichte 10-11 (2011). S. 19-25.

Brandt, Torsten / Schulten, Thorsten 2008: Auswirkungen von Privatisierung und Liberalisierung auf die Tarifpolitik in Deutschland. Ein vergleichender Überblick. In: Brandt, Torsten / Schulten, Thorsten et al. (Hg.): Europa im Ausverkauf. Liberalisierung und Privatisierung öffentlicher Dienstleistungen und ihre Folgen für die Tarifpolitik. Hamburg. S. 68-91.

Bräuninger, Dieter / Wolgast, Michael 2000: Reform der Altersvorsorge – Fehlentscheidungen vermeiden. In: Deutsche Bank Research Aktuelle Themen 177 (2000).

Braunberger, Gerald 2014: Infrastrukturanlagen: Ein Becher, aber kein Wein. http://www.faz.net/aktuell/finanzen/fonds-mehr/infrastrukturanlagen-fristen-ein-schattendasein-12861940.html (16.3.17).

Breyer, Friedrich / Franz, Wolfgang et al. 2004: Reform der sozialen Sicherung. Berlin/Heidelberg.

Brown, Wendy 2015: Die schleichende Revolution. Wie der Neoliberalismus die Demokratie zerstört. Berlin.

Bryant, Thomas 2011: Alterungsangst und Todesgefahr. Der deutsche Demografiediskurs (1911-2011). In: Aus Politik und Zeitgeschichte 10-11 (2011). S. 40-46.

Bund der Steuerzahler Hessen 2011: Welche Bedeutung hat die Schuldenbremse für die Belastung kommender Generationen? http://www.steuerzahler-hessen.de/Welche-Bedeutung-hat-die-Schuldenbremse-fuer-die-Belastung-kommender-Generationen/34895c1513/index.html (7.4.17).

Bundesbank 1999: Möglichkeiten und Grenzen einer verstärkten Kapitaldeckung der gesetzlichen Alterssicherung in Deutschland. In: Deutsche Bundesbank Monatsbericht 12 (1999). S. 15-32.

Bundesbank 2002: Kapitalgedeckte Altersvorsorge und Finanzmärkte. In: Deutsche Bundesbank Monatsbericht 7 (2002). S. 25-39.

Bundesbank 2017: Die Rolle von Banken, Nichtbanken und Zentralbank im Geldschöpfungsprozess. In: Deutsche Bundesbank Monatsbericht 4 (2017). S. 15-36.

Bundesministerium der Finanzen 2015: Kompendium zur Schuldenbremse des Bundes. Berlin.

Bundesministerium der Finanzen 2016: Chancen und Risiken Öffentlich-Privater Partnerschaften. Gutachten des Wissenschaftlichen Beirats beim Bundesministerium der Finanzen. Berlin.

Bundesministerium für Verkehr, Bau und Stadtentwicklung 2008: Deutsche Autobahnen – Neue Autobahnen, weniger Staus. Pressemitteilung vom 26.6.08.

Bundesministerium für Verkehr und digitale Infrastruktur 2013: ÖPP-Modelle. http://www.bmvi.de/SharedDocs/DE/Artikel/StB/oepp-modelle.html?nn=12830 (7.4.17).

Bundesministerium für Verkehr und digitale Infrastruktur 2017: Dobrindt: A 7 wird mit privater Beteiligung weiter ausgebaut. Pressemitteilung vom 17.2.17.

Bundesrechnungshof 2004: Gutachten zur Neuordnung der Verwaltung im Bundesfernstraßenbau.

Bundesrechnungshof 2009: Gutachten zu Öffentlich-Privaten Partnerschaften im Bundesfernstraßenbau.

Bundesrechnungshof 2012: Mitteilung an das Niedersächsische Ministerium für Wirtschaft, Arbeit und Verkehr über die Prüfung Erhaltungsplanung für Bundesautobahnen in Niedersachsen.

Bundesrechnungshof 2013a: Bericht zur Wirtschaftlichkeitsuntersuchung für die Vergabe des Betreibermodells im Bundesautobahnbau A 7 Salzgitter-Göttingen.

Bundesrechnungshof 2013b: Bericht zu Wirtschaftlichkeitsuntersuchungen bei Öffentlich-Privaten Partnerschaften im Bundesfernstraßenbau.

Bundesrechnungshof 2013c: Anforderungen an Wirtschaftlichkeitsuntersuchungen finanzwirksamer Maßnahmen nach § 7 Bundeshaushaltsordnung.

Bundesrechnungshof 2014: Bericht über Öffentlich Private Partnerschaften (ÖPP) als Beschaffungsvariante im Bundesfernstraßenbau.

Bundesrechnungshof 2016: Gutachten zu Organisationsformen und Finanzierungsvarianten für die Bundesfernstraßen

Bundesrechnungshof und Rechnungshöfe der Länder 2011: Gemeinsamer Erfahrungsbericht zur Wirtschaftlichkeit von ÖPP-Projekten.

Bundesregierung 2015: Bericht der Bundesregierung über ÖPP-Projekte im Betrieb. Bundestags-Drucksache 18/6898.

Bundesregierung 2016a: Entwurf eines Gesetzes zur Neuregelung des bundesstaatlichen Finanzausgleichssystems ab dem Jahr 2020 und zur Änderung haushaltsrechtlicher Vorschriften.

Bundesregierung 2016b: Entwurf eines Gesetzes zur Änderung des Grundgesetzes (Artikel 90, 91c, 104b, 104c, 107, 108, 109a, 114, 125c, 143d, 143e, 143f, 143g).

Bundestag 2001: Plenarprotokoll 14/147.

Bundestag 2017a: Änderungsanträge der Arbeitsgruppen Haushalt der Fraktionen CDU/CSU und SPD zu TOP 2c): Entwurf eines Gesetzes zur Neuregelung des bundesstaatlichen Finanzausgleichssystems ab dem Jahr 2020 und zur Änderung haushaltsrechtlicher Vorschriften. Haushaltsausschuss, Drucksache 4314.

Bundestag 2017b: Änderungsanträge der Arbeitsgruppen Haushalt der Fraktionen CDU/CSU und SPD zu TOP 2a): Entwurf eines Gesetzes zur Änderung des Grundgesetzes (Artikel 90, 91c, 104b, 104c, 107, 108, 109a, 114, 125c, 143d, 143e, 143f, 143g). Haushaltsausschuss, Drucksache 4315.

Bundestag 2017c: Plenarprotokoll 18/237.

Bundesverband deutscher Banken 2014: Positionierung des Bankenverbandes zur Finanzierung von Infrastruktur. Berlin.

Christen, Christian 2010: Abgewirtschaft. Kapitalgedeckte Alterssicherung und Finanzmarktkrisen. In: Gegenblende 2 2010. http://www.gegenblende.de/02-2010/++co++88992020-209c-11df-6645-001ec9b03e44 (28.10.10).

Cordes, Gesa 2016: Zehn Jahre nach der Privatisierung der mittelhessischen Uni-kliniken will niemand nachfolgen. http://www.giessener-anzeiger.de/speci-al/giessen-trends/zehn-jahre-nach-der-privatisierung-der-mittelhessischen-unikliniken-will-niemand-nachfolgen_17346115.htm (16.2.17).

Creditreform 2014: Kreditfonds als alternative Anlageform. Hoher Bedarf an risikoarmen Investments und Auslagerung von Kreditrisiken – zwei Seiten derselben Medaille?

Creditreform 2015: Kreditfonds in Europa. Direct Lending im Aufwind.

Decker, Hanna 2016: Autobahnen bleiben unverkäuflich. http://www.faz.net/aktuell/wirtschaft/wirtschaftspolitik/laenderfinanzausgleich-keine-privati-sierung-von-autobahnen-14566553.html (17.4.17).

Deckwirth, Christina 2008: Der Erfolg der Global Player. Liberalisierung und Privatisierung in Deutschland. In: Bieling, Hans-Jürgen / Deckwirth, Chris-tina / Schmalz, Stefan (Hg.): Liberalisierung und Privatisierung in Europa. Münster.

Delhaes, Daniel 2017: CDU plant die echte Maut – teuer und für alle. http://www.handelsblatt.com/my/politik/deutschland/nach-der-bundestagswahl-cdu-plant-die-echte-maut-teuer-und-fuer-alle/19555070.html (24.3.17).

Della Croce, Raffaele / Yermo, Juan 2013: Institutional Investors and Infra-structure Financing. In: OECD Working Papers on Finance, Insurance and Private Pensions 36 (2013).

Deutsch, Klaus Günter 2001: Perspektiven der Alterssicherung. 12 Thesen zur deutschen Rentenreform. In: Deutsche Bank Research Aktuelle Themen 193 (2001).

Disselbeck, Fabian 2010: Fuß nicht von der Schuldenbremse nehmen. http://www.insm-oekonomenblog.de/3929-fus-nicht-von-der-schuldenbremse-nehmen (7.4.17).

Ehlers, Torsten 2014: Understanding the Challenges for Infrastructure Finance. In: BIS Working Papers 454 (2014).

Eicker-Wolf, Kai / Himpele, Klemens 2011: Die Schuldenbremse als politisches Projekt. In: Prokla 2/2011.

Eicker-Wolf, Kai / Truger, Achim 2006: Volles Risiko: Zur makroökonomi-schen Politik unter der großen Koalition. In: Beier, Angelika / Eicker-Wolf, Kai et al. (Hg.): Investieren, sanieren, reformieren? 2. Auflage. Marburg.

Eicker-Wolf, Kai / Truger, Achim 2013: Staatliche Handlungsfähigkeit und Zu-kunftsinvestitionen unter der Schuldenbremse. Die deutsche Steuer- und Fi-nanzpolitik am Scheideweg. In: Eicker-Wolf, Kai / Quaißer, Gunter / Thöne, Ulrich (Hg.): Bildungschancen und Verteilungsgerechtigkeit. Grundlagen für eine sachgerechte Bildungs- und Finanzpolitik. Marburg 2013.

Eicker-Wolf, Kai / Truger, Achim 2014: German Public Finances under the Debt Brake. Unmasking the »Model Pupil«. In: Dullien, Sebastian / Hein, Eckhard / Truger, Achim (Hg.): Makroökonomik, Entwicklung und Wirt-schaftspolitik. Festschrift für Jan Priewe. Marburg.

Eicker-Wolf, Kai / Truger, Achim 2016: Aktiver Staat statt »Magerstaat«. Ein

Umsteuern der deutschen und der hessischen Finanzpolitik ist nötig. In: Eicker-Wolf, Kai / Dizinger, Liv (Hg.): Strukturpolitik in Hessen gestalten. Darmstadt.

Enders, Ralf 2010: Ende gut, alles gut. https://www.op-online.de/region/dietzenbach/ende-gut-alles-605335.html (7.4.17).

Engartner, Tim 2016: Staat im Ausverkauf. Frankfurt.

Eschenauer, Michael 2015: »PPP hat Schulen geschadet«. Verdi und GEW verurteilen Vergabe an Privatfirmen. https://www.op-online.de/region/dietzenbach/dietzenbach-verdi-finden-ppp-schulen-geschadet-4846445.html (7.4.17).

Eschenauer, Michael 2016: »Schulen sind mit PPP zufrieden«. https://www.op-online.de/offenbach/schulen-sind-zufrieden-7105628.html (17.3.17).

Etzemüller, Thomas 2010: Ein ewigwährender Untergang. Der apokalyptische Bevölkerungsdiskurs im 20. Jahrhundert. Bielefeld.

Europäische Investitionsbank 2012: An Outline Guide to Project Bonds Credit Enhancement and the Project Bond Initiative. Luxemburg.

Europäische Kommission 2013: Grünbuch »Langfristige Finanzierung der europäischen Wirtschaft«. COM (2013) 150. Brüssel.

Europäische Kommission 2014: Mitteilung der Europäischen Kommission an das Europäische Parlament und den Rat über die langfristige Finanzierung der europäischen Wirtschaft. COM (2014) 168. Brüssel.

Europäische Kommission 2015: Die Wirtschafts- und Währungsunion Europas vollenden. Brüssel.

Europäische Kommission 2016: Kapitalmarktunion – Versicherer können künftig leichter in Infrastrukturvorhaben investieren. Pressemitteilung vom 1.4.16.

Europäischer Wirtschafts- und Sozialausschuss 2016: The Investment Plan and the Social Pillar. A step towards a new Strategy for Europe. Brüssel.

Expertenkommission »Stärkung von Investitionen in Deutschland« 2015: Stärkung von Investitionen in Deutschland. Berlin.

Expertenkommission »Stärkung von Investitionen in Deutschland« 2016: Stellungnahme der Expertenkommission »Stärkung von Investitionen in Deutschland«. Berlin.

Felderer, Bernhard / Homburg, Stefan 2005: Makroökonomik und neue Makroökonomik. 9. Auflage. Berlin/Heidelberg.

Fichtner, Ferdinand / Junker, Simon / Schwäbe, Carsten 2012: Die Einkommensverteilung: Eine wichtige Größe für die Konjunkturprognose. In: DIW Wochenbericht 22 (2012). S. 3-10.

Firzli, M. Nicolas J. 2016: Pension Investment in Infrastructure Debt: A new Source of Capital for Project Finance. http://blogs.worldbank.org/ppps/pension-investment-infrastructure-debt-new-source-capital-project-finance (21.1.17).

Flassbeck, Heiner 2013: Vorsorgen durch Sparen? https://makroskop.eu/2013/05/vorsorgen-durch-sparen (23.2.17).

Fratzscher, Marcel / Gornig, Martin / Schiersch, Alexander 2016: Investitions-schwäche der Unternehmen schafft Handlungsbedarf. In: DIW Wochen-bericht 15 (2016). S. 275-280.

Friedman, Milton 2011: Kapitalismus und Freiheit. 8. Auflage. München/Zürich.

Funk, Albert 2017: In neuer Verfassung. In: Tagesspiegel vom 2.6.17.

Gabrisch, Hubert 2016: Zur Kritik der Kapitalmarktunion. In: Wirtschafts-dienst 12 (2016). S. 891-899.

Gammelin, Cerstin 2016: Gabriel stoppt Autobahn-Privatisierung. http://www.sueddeutsche.de/politik/autobahnen-gabriel-stoppt-die-privatisie-rung-1.3257670 (13.3.17).

Gehrke, Dirk 2013: Die Privatisierung der Universitätskliniken Marburg und Gießen. In: Eicker-Wolf, Kai / Körzell, Stefan (Hg.): Hessen vorne? Zu den Herausforderungen in Hessen. Darmstadt.

Gerstlberger, Wolfgang / Siegl, Michael 2011: Öffentlich-Private Partnerschaf-ten. Ein Konzept für die zukünftige Gestaltung öffentlicher Aufgaben? Bonn.

Gesamtverband der deutschen Versicherungswirtschaft 2003: Altersvorsorge und demographischer Wandel: Kein Vorteil für das Kapitaldeckungsver-fahren? Berlin.

Gornig, Martin / Michelsen, Claus / Deuverden, Kristina van 2015: Kommuna-le Infrastruktur fährt auf Verschleiß. In: DIW-Wochenbericht 43 (2015).

Gornig, Martin / Michelsen, Claus 2017: Kommunale Investitionsschwäche. Engpässe bei Planungs- und Baukapazitäten bremsen Städte und Gemein-den aus. In: DIW Wochenbericht 11 (2017). S. 211-219.

Grabau, Maik / Joebges, Heike 2012: Das hohe Risiko von Fremdwährungsan-leihen. Warum sich Finanzierungsprobleme der Rentenversicherung nicht so einfach durch Kapitalanlagen im Ausland lösen lassen. In: IMK Working Paper 92 (2012).

Greilinger, Andrea 2012: Möglichkeiten und Grenzen von Public Private Part-nerships. Eine Analyse unter besonderer Berücksichtigung von kleinen und mittleren Handwerksbetrieben. In: Küpper, Hans-Ulrich / Semper, Lothar (Hg.): Chancen und Risiken von PPP. Eine Betrachtung aus ökonomischer und juristischer Perspektive. München. S. 7-63.

Grohmann, Lea 2012: Generationengerechte Finanzpolitik im Bundesstaat – ohne Aussicht auf Erfolg? Zur Effektivität der sogenannten Schuldenbremse in den Bundesländern. http://www.generationengerechtigkeit.de/images/stories/Tagungen/20120311_gg6_arbeit_grohmann.pdf (7.4.17).

Hall, David 2014: Öffentlich-Private Partnerschaften – die Lehren aus interna-tionaler Erfahrung. In: Prausmüller, Oliver / Wagner, Alice (Hg.): Reclaim Public Services. Bilanz und Alternativen zur neoliberalen Privatisierungs-politik. Hamburg. S. 41-64.

Häring, Norbert 2014: Gabriel gibt den Staat zur Ausplünderung frei. http://norberthaering.de/de/newsblog2/27-german/news/113-gabriel-gibt-den-staat-zur-auspluenderung-frei (11.2.17).

Hayek, Friedrich August von 1994: Der Weg zur Knechtschaft. München.

Heine, Michael / Herr, Hansjörg 2003: Volkswirtschaftslehre. 3. Auflage. München/Wien.

Heinzel, Matthias 2013: Disziplinarverfahren wegen Privatisierungskritik der A 7. http://www.goettinger-tageblatt.de/Goettingen/Uebersicht/Disziplinarverfahren-wegen-Privatisierungskritik-der-A7 (19.2.17)

Hermes, Georg / Weiß, Holger 2016: Kurzbewertung des Beschlusses der Konferenz der Regierungschefinnen und Regierungschefs von Bund und Ländern am 14. Oktober 2016 in Berlin zur Reform der Bundesfernstraßenverwaltung (B. 1. »Infrastrukturgesellschaft Verkehr«). Frankfurt am Main/Freiburg/Stuttgart.

Hermes, Georg / Weiß, Holger 2017: Neuordnung der Bundesfernstraßenverwaltung. Politische Steuerung, Privatisierung, Kreditaufnahme. Frankfurt am Main/Freiburg/Stuttgart.

Hermes, Georg / Weiß, Holger / Beckers, Thorsten 2016: Verhindert der Vorschlag der Bundesregierung vom 24.11.2016 zur Neufassung des Art. 90 GG eine Privatisierung der Bundesautobahnen? Kurzgutachten.

Hessischer Rechnungshof 2008: Kommunalbericht 2008. Achtzehnter Zusammenfassender Bericht. Darmstadt.

Hessischer Rechnungshof 2012: Bericht über die Wirtschaftlichkeitsberechnung zur Privatisierung von Betriebsleistungen der Justizvollzugsanstalt Hünfeld. Darmstadt.

Hessischer Rechnungshof 2015: Kommunalbericht 2015. Sechsundzwanzigster Zusammenfassender Bericht. Darmstadt.

Horsch, Andreas / Fiedler, Sylvia 2015: Perspektiven der Finanzierung von PPP-Vorhaben mit Hilfe von Projektanleihen. In: Kessel, Tanja / Gawlitta, Marcel et al. (Hg.): Aspekte der Baubetriebslehre in Forschung und Praxis. Wiesbaden. S. 509-539.

House of Commons 2011: Private Finance Initiative. Seventeenth Report of Session 2010-12. London.

Hübner, Marina 2016: Securisation to the Rescue. The European Capital Markets Union Project, the Euro Crisis and the ECB as »Macroeconomic Stabilizer of Last Resort«. http://pubman.mpdl.mpg.de/pubman/item/escidoc:2366999:2/component/escidoc:2366997/mpifg_p16_1509.pdf (9.12.16).

Inderst, Georg 2013: Private Infrastructure Finance and Investment in Europe. In: EIB Working Papers 2 (2013).

Initiative für eine zukunftsfähige Infrastruktur 2013: Wertverlust für die Infrastruktur. Interview mit Stefan Kooths. http://www.damit-deutschland-vorne-bleibt.de/Aktuelles/Politik/Infrastrukturfinanzierung/04479/Artikel/Wertverlust-fuer-die-Infrastruktur/03878 (02.04.2017).

Institut der deutschen Wirtschaft/Gesamtverband der deutschen Versicherungswirtschaft 2016: Volkswirtschaftlicher Nutzen privater Infrastrukturbeteiligungen. Gemeinsames Gutachten. Berlin/Köln.

Internationaler Währungsfonds 2017: Germany – Staff Concluding Statement of the 2017 Article IV Mission. http://www.imf.org/en/News/Articles/2017/05/15/mcs05152017-Germany-Staff-Concluding-Statement-of-the-2017-Article-IV-Mission (24.5.17).

Jahberg, Heike 2014: Wir würden gerne Autobahnen finanzieren. http://www.tagesspiegel.de/wirtschaft/chef-der-allianz-lebensversicherung-wir-wuerden-gerne-autobahnen-finanzieren/10795234.html (17.3.17).

Joebges, Heike / Meinhardt, Volker et al. 2012: Kapitaldeckung in der Krise. http://library.fes.de/pdf-files/wiso/09211.pdf (5.9.12).

Kamp, Matthias / Welp, Cornelius 2013: Wie Versicherer der Zinsfalle entkommen wollen. http://www.wiwo.de/finanzen/vorsorge/geldanlagen-von-allianz-und-co-wie-versicherer-der-zinsfalle-entkommen-wollen/8486980.html (26.2.17).

KfW-Research 2017: KfW-Kommunalpanel 2017. Frankfurt am Main.

Knoblich, Karsten 2013: »Nun verfallt mal nicht gleich in Trübsinn«. In: Seesener Beobachter vom 7.2.13.

Kommission »Bau und Unterhaltung des Verkehrsnetzes« 2016: Abschlussbericht.

Kommission »Nachhaltige Verkehrsinfrastrukturfinanzierung« 2013: Konzeptdokument.

Krämer, Ralf 2015: Kapitalismus verstehen. Einführung in die Politische Ökonomie der Gegenwart. Hamburg.

Kromphardt, Jürgen 1987: Arbeitslosigkeit und Inflation. Göttingen.

Lang, Christiane 2015: BAI kritisiert Beschränkungen für Kreditfonds beim Erwerb von unverbrieften Forderungen. In: Fonds&Finanzen vom 18.8.15.

Lehrstuhl für Infrastruktur- und Immobilienmanagement der TU Braunschweig 2016: Bericht zum Forschungsvorhaben »ÖPP- Infrastrukturprojekte und Mittelstand«. Braunschweig.

Leitner, Sigrid 2009: Alterssicherung nach dem Systemwechsel. In: Eicker-Wolf, Kai / Körzell, Stefan / Niechoj, Torsten / Truger, Achim (Hg.): In gemeinsamer Verantwortung. Die Sozial- und Wirtschaftspolitik der Großen Koalition 2005-2009. Marburg. S. 221-248.

Lemb, Wolfgang 2017: Juncker-Plan: Das Feigenblatt der Europäischen Union. http://gegenblende.dgb.de/-/QD9 (4.2.17).

Liebert, Nicola / Ötsch, Rainald / Troost, Axel 2012: Der graue Markt der Schattenbanken. In: Blätter für deutsche und internationale Politik 6 (2012). S. 83-90.

Liedtke, Rüdiger 2007: Wir privatisieren uns zu Tode. Fulda.

Lindner, Fabian 2012: Saving does not finance Investment. Accounting as an indispensable Guide to Economic Theory. In: IMK Working Paper 100 (2012).

Lippert, Inge 2005: Öffentliche Dienstleistungen unter EU-Einfluss. Berlin.

LobbyControl o. J.: Forschungszentrum Generationenverträge. https://lobbypedia.de/wiki/Forschungszentrum_Generationenvertr%C3%A4ge (28.2.17).

Malina, Robert / Bockmühl, Eva et al. 2007: Neuordnung der Infrastrukturver-
antwortung für die Bundesfernstraßen. Gutachten. Münster.

Meurers, Martin / Wenske, Lisa 2017: Öffentlich-Private Partnerschaft – Geeignete Alternative zur konventionellen öffentlichen Beschaffung? In: Bundesministerium für Wirtschaft und Energie Monatsbericht 2 (2017). S. 16-22.

Miegel, Meinhard 2001: Rentenreform 2001: Ende einer Illusion. In: Deutsche
Bank Research Aktuelle Themen 220 (2001).

Mühlenkamp, Holger 2011: Ökonomische Analyse von Public-Private Part-
nerships (PPP). PPP als Instrument zur Steigerung der Effizienz der Wahr-
nehmung öffentlicher Aufgaben oder als Weg zur Umgehung von Bud-
getbeschränkungen. In: Ziekow, Jan (Hg.): Wandel der Staatlichkeit und
wieder zurück? Die Einbeziehung Privater in die Erfüllung öffentlicher Aufgaben (Public Private Partnership) in/nach der Weltwirtschaftskrise. Baden-
Baden. S. 67-106.

Mühlenkamp, Holger 2012: Effizienzgewinne und Entlastungen öffentlicher
Haushalte durch Public Private Partnership (PPP)? In: Küpper, Hans-Ulrich / Semper, Lothar (Hg.): Chancen und Risiken von PPP. Eine Betrachtung aus ökonomischer und juristischer Perspektive. München. S. 63-128.

Mühlenkamp, Holger 2014: Public-Private Partnerships and Government
Debt. In: CESifo DICE Report 3 (2014). S. 24-30.

Mühlenkamp, Holger 2015: Wirtschaftlichkeit im öffentlichen Sektor. Wirt-
schaftlichkeitsvergleiche und Wirtschaftlichkeitsuntersuchungen. Berlin/
München/Boston.

Mühlenkamp, Holger 2016a: Wirtschaftlichkeitsuntersuchungen bei ÖPP. Zwischen methodischer Konsistenz und interessengeleiteter Ergebnisgestaltung.
http://www.uni-speyer.de/files/de/Lehrst%C3%BChle/M%C3%BChlen-
kamp/Publikationen/Schriftenverzeichnis/Wissenschaftliche_Zeitschrif-
ten/2016WU.bei.OEPP (6.2.17).

Mühlenkamp, Holger 2016b: Ziele, Definitionen und ökonomisch relevante
Merkmale von Öffentlich-Privaten Partnerschaften. http://www.uni-spey-
er.de/files/de/Lehrst%C3%BChle/M%C3%BChlenkamp/Publikationen/
Schriftenverzeichnis/Wissenschaftliche_Zeitschriften/2016Ziele.OEPP
(7.2.17).

Müller, Sven / Hesslach, Kai 2012: Sind die Jungen die Dummen? http://
www.esslinger-zeitung.de/startseite_artikel,-sind-die-jungen-die-dummen-_
arid,945392.html (7.4.17).

Niedersächsischer Landtag 2013: Stenografischer Bericht zur 14. Sitzung vom
29. August 2013.

Niedersächsisches Ministerium für Wirtschaft, Arbeit und Verkehr 2011: Privatisierung der Autobahnmeistereien im Zuge von PPP-Modellen an der A 7.
Pressemitteilung vom 9.12.11.

Niesen, Hans-Peter 2014: Gabriel: Privatausbau der Autobahn 7 ist nicht zu
stoppen. https://www.hna.de/lokales/northeim/gabriel-privatausbau-auto-
bahn-nicht-stoppen-3428618.html (19.2.17)

Oberhauser, Alois 1985: Das Schuldenparadoxon. In: Jahrbücher für Nationalökonomie und Statistik 200,4 (1985).

OECD 2014: Institutional Investors and Long-Term Investment. Project Report.

Paetz, Christoph / Rietzler, Katja / Truger, Achim 2016: Die Schuldenbremse im
Bundeshaushalt 2011. Die wahre Belastungsprobe steht noch aus. In: IMK
Report 117 (2016).

Payandeh, Mehrdad 2015: Deutschland im Investitionsmodus. http://gegen-
blende.dgb.de/-/g4O (10.2.17).

Presse- und Informationsamt der Bundesregierung 2016: Konferenz der Regierungschefinnen und Regierungschefs von Bund und Ländern am 14. Oktober 2016 in Berlin – Beschluss. https://www.bundesregierung.de/Content/
DE/Pressemitteilungen/BPA/2016/10/2016-10-14-beschluss-bund-laender.
html (12.2.17).

PricewaterhouseCoopers 2015: Neue Anlageverordnungen treten in Kraft. In:
Asset Management Tax & Legal Newsflash 1 (2015).

PricewaterhouseCoopers 2016: Rechtliche und institutionelle Voraussetzungen
zur Einführung neuer Formen zur privaten Finanzierung öffentlicher Infrastrukturvorhaben unter Einbindung einer staatlichen Infrastrukturgesellschaft. Gutachterliche Stellungnahme für das Bundesministerium für Wirtschaft und Energie. Schlussbericht, Berlin.

PricewaterhouseCoopers, PTV et al. 2012: Lösungen ohne Umwege. Ergebnis
VWU A 7 – Entwurf.

Puls, Thomas 2016: Effizientere Autobahnverwaltung. https://www.iwkoeln.
de/presse/iw-nachrichten/beitrag/neue-bundesfernstrassengesellschaft-effi-
zientere-autobahnverwaltung-318183 (16.4.17).

Quennet-Thielen, Cornelia 2016: Konferenz »Partnerschaftlich Bauen und Betreiben« des Hauptverbandes der Deutschen Bauindustrie e.V. Redebeitrag.
https://www.bmbf.de/de/konferenz-partnerschaftlich-bauen-und-betreiben-
des-hauptverbandes-der-deutschen-3465.html (15.3.17).

Ratzenberger, Ralf 2017: Abschätzung der Einnahmen aus der Infrastrukturabgabe für Pkw in der Ausgestaltung der Gesetzentwürfe vom 18.01.2017.
https://www.adac.de/_mmm/pdf/170209_Pkw_Maut_Gutachten_Ratzen-
berger_288267.pdf (02.04.2017).

Reef, Bernd 2010: Theoretische Grundlagen der Wirtschaftspolitik. Marburg.

Reidenbach, Michael / Bracher, Tilman / Grabow, Busso / Schneider, Stefan /
Seidel-Schulze, Antje 2008: Investitionsrückstand und Investitionsbedarf
der Kommunen. Berlin.

Rein, Stefan / Gottschling, Ines 2015: Wirtschaftlichkeitsuntersuchungen bei
öffentlichen Hochbauvorhaben. In: Kessel, Tanja / Gawlitta, Marcel et al.
(Hg.): Aspekte der Baubetriebslehre in Forschung und Praxis. Wiesbaden.
S. 277-290.

Rietzler, Katja 2015: Zum Umsetzung der Schuldenbremse in Nordrhein-Westfalen: Spielräume erhalten. Kurz-Expertise im Auftrag des DGB Nordrhein-
Westfalen. In: IMK Policy Brief 4 (2015).

Ritz, Achim 2010: 90 Schulen im Kreis Offenbach saniert. http://www.fr-online.de/rhein-main/public-private-partnership-90-schulen-im-kreis-offenbach-saniert,1472796,2876200.html (7.2.17).

Rügemer, Werner 2006: Privatisierung in Deutschland. 3. Auflage. Münster.

Rügemer, Werner 2010: Public Private Partnership. Die Plünderung des Staates. https://www.blaetter.de/archiv/jahrgaenge/2010/februar/public-private-partnership-die-pluenderung-des-staates (12.4.17).

Rügemer, Werner 2011: »Heuschrecken« im öffentlichen Raum. 2. Auflage. Bielefeld.

Rügemer, Werner 2013: Chronologie eines voraussehbaren Desasters. In: Eicker-Wolf, Kai / Körzell, Stefan (Hg.): Hessen vorne? Zu den Herausforderungen in Hessen. Darmstadt.

Runkel, Matthias / Mahler, Alexander 2016: Das Aufkommenspotential der deutschen Pkw-Maut. Kurzanalyse.

Rürup, Bert 2016: »Mackenroths Theorem«: Ein Zombie der Rentenpolitik. http://research.handelsblatt.com/assets/uploads/AnalyseMackenrothTheorem.pdf (5.8.16).

Rürup, Bert / Huchzermeier, Dennis et al. 2014: Die Zukunft der Altersvorsorge vor dem Hintergrund von Bevölkerungsalterung und Kapitalmarktentwicklungen. Düsseldorf.

Sachverständigenrat zur Begutachtung der wirtschaftlichen Entwicklung 2007: Staatverschuldung wirksam begrenzen. Expertise im Auftrag des Bundesministeriums für Wirtschaft und Technologie. Wiesbaden.

Schäfer, Ingo 2015: Die Illusion von der Lebensstandardsicherung. Eine Analyse der Leistungsfähigkeit des »Drei-Säulen-Modells«. Bremen.

Scheller, Henrik 2017: Kommunale Infrastrukturpolitik. Zwischen Konsolidierung und aktiver Gestaltung. In: Aus Politik und Zeitgeschichte 16-17 (2017). S. 39-46.

Scherf, Wolfgang 1985: Budgetmultiplikatoren. In: Jahrbücher für Nationalökonomie und Statistik 200,4 (1985).

Schlegl, Annette 2017: Trotz PPP-Kritik: Schulmanagement mit Externen. In: Frankfurter Rundschau vom 10.1.17.

Schlesiger, Christian 2014: Allianz fordert Renditegarantie. http://www.wiwo.de/unternehmen/versicherer/oepp-investitionen-allianz-fordert-renditegarantie/10885180.html (17.3.17).

Schlieter, Kai 2012: Der Wirtschaftstrojaner. http://www.taz.de/!5102041/ (3.4.17).

Schlieter, Kai 2013: Der Autobahn-Klau. Privatisierung um jeden Preis. http://www.taz.de/!5076252 (19.2.17).

Schlieter, Kai 2016: Dobrindts vernebelter Coup. http://www.taz.de/!5361952/ (15.4.17).

Schlieter, Kai 2017a: Deutsche Autofahrer müssen kräftig für Autobahnen zahlen. http://www.berliner-zeitung.de/politik/geheime-gutachten-zur-maut-deutsche-autofahrer-muessen-kraeftig-fuer-autobahnen-zahlen-26243034 (19.4.17).

Schlieter, Kai 2017b: Eine der schnellsten Grundgesetzänderungen aller Zeiten. http://www.berliner-zeitung.de/politik/privatisierung-der-autobahnen-eine-der-schnellsten-grundgesetzaenderungen-aller-zeiten-27015136 (1.6.17).

Schlieter, Kai 2017c: SPD täuscht die eigenen Genossen. http://www.berliner-zeitung.de/wirtschaft/autobahn-privatisierung-spd-taeuscht-die-eigenen-genossen-26972860 (1.6.17).

Schmähl, Winfried 2011: Die Riester-Reform von 2001. Entscheidungen, Begründungen, Folgen. In: Soziale Sicherheit 12 (2011). S. 405-414.

Schmaler, Dirk 2013: Rechnungshof: Staat baut A 7 günstiger aus als Private. In: Hannoversche Allgemeine Zeitung vom 4.6.13.

Schminke, Ronald 2012: ÖPP geht nur mit Lug und Trug! Pressemitteilung vom 21.8.12.

Schratzenstaller, Margit 2013: Für einen produktiven und solide finanzierten Staat. Determinanten der Entwicklung der Abgaben in Deutschland – Teilstudie 1. Bonn.

Schreiner, Patrick 2016: Des einen Freud, des anderen Leid. Wie die Rentenpolitik Ungleichheit fördert. In: ak – analyse & kritik 618 (2016).

Schreiner, Patrick 2017a: Von wegen unbezahlbare Renten: Produktivität schlägt Demografie. http://www.annotazioni.de/?p=1935 (3.3.17).

Schreiner, Patrick 2017b: Unterwerfung als Freiheit. Leben im Neoliberalismus. 4. Auflage. Köln.

Schulten, Thorsten / Böhlke, Nils (2009): Die Privatisierung von Krankenhäusern in Deutschland und ihre Auswirkungen auf Beschäftigte und Patienten. In: Böhlke, Nils / Gerlinger, Thomas et al. (Hg.): Privatisierung von Krankenhäusern. Erfahrungen und Perspektiven aus Sicht der Beschäftigten. Hamburg.

Schumann, Harald 2013: Sabotage an der Schuldenbremse. http://www.tagesspiegel.de/politik/public-private-partnerships-sabotage-an-der-schuldenbremse/7621732.html (19.2.17).

Sinn, Hans-Werner 1999: Die Krise der Gesetzlichen Rentenversicherung und Wege zu ihrer Lösung. In: Bayerische Akademie der Wissenschaften (Hg.): Jahrbuch 1998. München. S. 96-119.

Smolka, Klaus Max 2017: Ringen um Rendite. http://www.faz.net/aktuell/finanzen/aktien/investorenmesse-super-return-eroeffnet-in-berlin-14893990.html (31.3.17).

Sommer, Jörg / Wehlau, Diana 2012: Spendable Finanzbranche – Privatisierte Alterssicherung? In: WSI Mitteilungen 6 (2015). S. 419-426.

Staiger, Martin 2014: Schröder, Riester, Müntefering: Die Demontage der Rente. In: Blätter für deutsche und internationale Politik 3 (2014). S. 109-118.

Stang, Christian 2016: Bau der A 49 zieht sich hin. http://www.allgemeine-zeitung.de/politik/hessen/bau-der-a-49-zieht-sich-hin_17204589.htm (15.3.17).

Steinhardt, Paul / Grunert, Günther 2016: Die Banken und ihre Kreditvergabe: Viel Theorie, wenig Empirie? https://makroskop.eu/2016/02/die-banken-und-ihre-kreditvergabe-viel-theorie-wenig-empirie (1.3.17).

Stockhammer, Engelbert / Reissl, Severin 2016: Europäische Kapitalmarkt-union – ein Schritt in die falsche Richtung. http://blog.arbeit-wirtschaft.at/kapitalmarktunion-falsche-richtung/(22.1.17).

Streeck, Wolfgang 2001: Tarifautonomie und Politik. Von der konzertierten Aktion zum Bündnis für Arbeit. In: Gesamtverband der metallindustriellen Arbeitgeberverbände (Hg.): Die deutschen Arbeitsbeziehungen am Anfang des 20. Jahrhunderts. Köln. S. 76-102.

Stützel, Wolfgang 1978: Ober- und Untergrenzen der öffentlichen Verschuldung. In: Kredit und Kapital 11 (1978).

Thiele, Katja / Waßmuth, Carl 2016: Aktuelle Entwicklungen bei der Privatisierung der Daseinsvorsorge in Deutschland mit besonderem Fokus auf Bundesfernstraßen. Berlin.

Truger, Achim / Will, Henner 2012b: Eine Finanzpolitik im Interesse der nächsten Generationen. Schuldenbremse weiterentwickeln: Konjunkturpolitische Handlungsfähigkeit und öffentliche Investitionen stärken. Gutachten im Auftrag der Sozialdemokratischen Partei der Schweiz. In: IMK Studies 24 (2012).

Vereinte Dienstleistungsgewerkschaft 2012: Umgeht das Bundesverkehrsministerium mit dem PPP-Projekt an der A 7 die Schuldenbremse und verschwendet Steuergelder? Flugblatt vom März 2012.

Vereinte Dienstleistungsgewerkschaft 2013: Stopp des Bieterverfahrens zum Ausbau der A 7 begrüßt. Pressemeldung vom Februar 2013.

Vereinte Dienstleistungsgewerkschaft 2016a: Die gesetzliche Rente stärken! Gutes Leben im Alter ist möglich. Berlin.

Vereinte Dienstleistungsgewerkschaft 2016b: Stellungnahme zum Gesetzentwurf der Bundesregierung zur Änderung des Grundgesetzes (Art. 90 und 143e Grundgesetz) sowie der Artikel 13 und 15 des Begleitgesetzes.

Wagenknecht, Sahra / Masi, Fabio de 2017: Die EU-Kommission spielt mit dem Feuer. http://www.zeit.de/wirtschaft/2017-03/ezb-kapitalmarktunion-eu-kommission-konjunktur (7.3.17).

Waßmuth, Carl 2017: Schulprivatisierung per Grundgesetz. In: Lunapark21 37 (2017). S. 54-57.

Wehlau, Diana 2009: Lobbyismus und Rentenreform. Der Einfluss der Finanzdienstleistungsbranche auf die Teil-Privatisierung der Alterssicherung. Wiesbaden.

Wieland, Joachim 2015: Rechtliche Rahmenbedingungen und Gestaltungsspielräume bei Aufnahme einer Schuldenbremse in die Verfassung des Landes Nordrhein-Westfalen. Rechtsgutachten für die Kommission zur Reform der Nordrhein-Westfälischen Verfassung des Landtags von Nordrhein-Westfalen. Speyer.

Wikipedia 2016a: Peter Walter (Politiker). https://de.wikipedia.org/wiki/Peter_Walter_(Politiker) (7.4.17).

Wikipedia 2016b: Hypo Real Estate. https://de.wikipedia.org/wiki/Hypo_Real_Estate (2.3.17).

Wikipedia 2016c: Schuldenbremse (Deutschland). https://de.wikipedia.org/wiki/Schuldenbremse_%28Deutschland%29 (7.4.17).

Wikipedia 2017a: Privatisierung. https://de.wikipedia.org/wiki/Privatisierung (7.4.17).

Wikipedia 2017b: Öffentlich-private Partnerschaft. https://de.wikipedia.org/wiki/%C3%96ffentlich-private_Partnerschaft (7.4.17).

Wikipedia 2017c: Föderalismusreform II. https://de.wikipedia.org/wiki/F%C3%B6deralismusreform_II (7.4.17).

Wikipedia 2017d: Europäischer Fiskalpakt. https://de.wikipedia.org/wiki/Europ%C3%A4ischer_Fiskalpakt (7.4.17).

Wikipedia 2017e: Gesetzliche Rentenversicherung (Deutschland). https://de.wikipedia.org/wiki/Gesetzliche_Rentenversicherung_%28Deutschland%29 (7.4.17).

Wikipedia 2017f: Riester-Rente. https://de.wikipedia.org/wiki/Riester-Rente (7.4.17).

Windhövel, Kerstin 2005: Gesetzliche Rentenversicherung und Kapitaldeckung aus neoklassischer Sicht. http://doku.iab.de/grauepap/2005/Windhoevel_Rente-Kapitaldeckung.pdf (22.2.17).

Wissenschaftlicher Beirat beim Bundesminister für Verkehr und digitale Infrastruktur 2017: Infrastrukturgesellschaft Verkehr – Gestaltungs- und Privatisierungsoptionen. In: Wirtschaftsdienst 4 (2017). S. 261-265.

Wissenschaftlicher Dienst des Deutschen Bundestags 2017: Vereinbarkeit des Infrastrukturabgabengesetzes und des Zweiten Verkehrssteueränderungsgesetzes in der Fassung der von der Bundesregierung beschlossenen Änderungsgesetze mit dem Unionsrecht. Ausarbeitung. Berlin.

Wolff, Sarah 2013: Disaggregierte öffentliche Leistungserbringung zwischen Eigenerstellung und Wettbewerb. Wiesbaden.

Zimmerer, Maximilian 2015: Geld für die Infrastruktur. https://www.allianz.com/de/presse/news/unternehmen/standpunkte/150109-geld-fuer-die-infrastruktur.html/(5.2.17).

Zuber, Johannes 2017: Die Autobahn GmbH. Wer profitiert von der neuen Infrastrukturgesellschaft? http://www.deutschlandradiokultur.de/zeitfragen-24012017.media.3937dbb1be38b0c991ef2e1b69ce17fe.pdf (11.2.17).